염재현의
해외투자
이 야 기

# 염재현의
# 해외투자
# 이 야 기

*A Primer On The Global Equity Investment*

행복우물

## 3장. 아시아 이야기

## 4장. 아메리카 이야기

에필로그

프롤로그

첫 직장생활은 은행에서 시작되었다. 극심한 취업난을 힘겹게 뚫었기에 은행은 내게 남다른 의미가 있었다. 게다가 아버지도 은행원이었기에 자부심도 있었고, 행원으로는 보기 드물게 6개월 해외연수에도 선발되었다. 직장생활은 대체로 순조로웠다. 그러다 은행생활 6년차로 접어들었을 때, 내 가슴속에는 허전함이 찾아왔다. 단순한 매너리즘만은 아니었다. 마음 속 허전함이 자리잡아 갈 무렵, 새로 개설된 지점에 발령을 받았다. 공교롭게도 모교인 단대부고 바로 옆이었다. 친근한 지역이라 마음도 편했고, 옛날 생각도 떠올라 감회가 새로웠다. 발령을 받고 한달 쯤 지났을까. 점심시간에 내 발걸음은 모교로 향하고 있었다. 학교 벤치에 앉자 봄바람에 아이들의 웃음소리가 들려왔다. 풍경은 변한 것이 없는데 어느덧 나는 학생에서 직장인이 되어있었다. 그런데 아직도 꿈을 찾지 못해 방황하고 있는 것 같다는 생각이 들었다.

'난 어떤 사람이 되고 싶었지?'

잘 기억나지 않았다. 고등학교 시절에는 대학을 가야 한다는 의무감에 공부를 했고, 군대를 다녀 온 후에는 취직을 하기 위해 죽기살기로 노력했던 나였다. 지나온 날들이 머릿속에서 지나갔다. 어쩌면 정해진 길을 걸어오고 있었다는 생각이 들었다. 어느덧 30대 초반의 나는, 변함없이 그대로인 모교를 바라보다 스스로에게 물었다.

'재현아, 도대체 넌 무엇에 가슴이 설레니?'

스스로에게 답을 구하고 싶었다. 열심히 일을 했고 직장내에서는 자리를 잡아갔다. 직장동료와 선후배들은 더할나위 없이 좋았지만, 마음 한 구석의 공허함을 떨칠 수 없었다. 누구에게도 말하지 못했던 꿈이 있었기 때문이다. 그것은 다름아닌 펀드매니저였다. 펀드매니저라는 직업은 내겐 선망의 대상이었다. 기업을 분석하고 투자하는 진검을 겨루는 투자의 세계, 그곳에서 주체적으로 참여하는 그 업(業)의 본질에 마음이 끌렸다. '내가 앞으로 평생을 몰입할 수 있는 일이 무엇일까?' 라는 질문에 대해, 펀드매니저라는 직업은 거부할 수 없는 끌림이 있었다. 그 날 모교에서 나는 수 년간 머릿속에서만 맴돌던 꿈을 찾기로 결심했다. 교정을 나서며 다짐했다. 끌리는 곳으로 가겠다고. 이제부터는 나로서, 나다운 삶을 살아 보겠다고 말이다.

그날부터 나는 펀드매니저가 되기 위한 준비를 했고, 삼십대의 다소 늦은 나이에 펀드 매니저 채용에 합격했다. 그러나 합격의 기쁨도 잠시, 곧 초조함이 밀려왔다. 새로운 시작에 대한 두려움 때문이었다. 펀드매니저라는 타이틀은 좋았지만, 이직 당시 연봉이나 처우, 직업 안정성은 은행이 훨씬 좋았다. 연봉도 깎이는 조건이었고 펀드매니저의 특성상 성과가 좋지 않으면 해고의 위험도 있었다. 만약에 해고라도 당하면 가족은 어떻게 한단 말인가. 게다가 이직과 함께 6년 간의 은행 경력, 쌓아온 모든 인맥이 사라질 것 같았다. 한참 자리를 잡아갈 삼십대에 새로운 일을 다시 시작해야 한다는 것 또한 부담이었다. 이미 은행에는 사직서를 제출했다. 이제 돌이킬 수도 없었다. 며칠 후 인력개발실에 있던 선배에게 전화가 걸려왔다.

"소식 들었다. 안정적인 길을 포기하고 힘든 길을 개척해 나갈 네 모습을 상상해 보면 훗날 네가 어디에 서 있을지 기대된다. 쉽지 않겠지만 지금까지 노력한 만큼만 하면 잘 되리라 믿는다."

전화 한 통이 얼마나 마음의 위로가 되던지. 선배의 말 한마디는 내가 마음을 다잡는 계기가 되었다. 예상했던 대로 펀드매니저로서의 생활은 쉽지 않았다. 우여곡절을 겪으며 밤잠을 설치고 업무를 익혔다. 말 못할 좌절들도 겪었다. 하지만 그렇게 배운 주식투자는 이제 설레임으로 가득하다. 일을 하면서 설레는 마음을 가질 수 있다니. 그 자체로 큰 축복이라는 생각이 든다.

가끔 처음 비행기를 타고 이륙할 때의 느낌이 떠오른다. 기체가 덜컹거리고 비행기가 속도를 내며 지면에서 멀어져 간다. 공기가 내 몸을 밀어 올리는 듯, 어느 순간 떠오르는 해방감! 새로운 곳을 향하는 두근거림. 펀드매니저를 하며 비슷한 느낌을 받는 순간들이 있다. 내가 투자한 종목들의 가격이 상승하여 성과로 나타날 때이다. 그 두근거림을 생각하며 나는 오늘도 상승과 하락을 반복하는 주식시장과 함께 호흡한다. 쉴새 없이 변하는 살아있는 주식시장을 파악하기 위해 세계를 돌아다니며 세상 돌아가는 모습을 살핀다. 그리고 일이 힘들 때마다 첫 해외 여행의 설렘과 주식 운용이 가져다 준 뿌듯했던 순간들을 떠올려 본다.

책을 집필하며 어떤 것을 담아낼지 고민했다. 흔한 투자법이나 요령을 적어놓은 책이 아닌 독자들의 가슴에 오래 남을 책을 쓰고 싶었다. 그래서 해외 기업 담당자들과 나누었던 진솔한 이야기와 현장의 소리를 들려주기로 했다. 그리고 글로벌 펀드매니저로서 경험뿐만 아니라 문화적인 이야기도 함께 실었다. 힘이 들 때 선후배들에게 받았던 격려와 위로가 큰 힘이 되었던 것 처럼, 이 책이 글로벌 투자와 펀드매니저라는 업무에 대해 관심이 있는 독자들에게 버팀목이 되었으면 한다. 우리도 이제 세계적인 투자자들과 겨룰 수 있다는 믿음을 통해 실력을 키울 수 있도록 말이다.

———

## 추천의 글

2009년 하이자산운용에서는 글로벌 운용본부 안에 해외투자팀이 있었습니다. 그때까지 우리 회사는 해외투자 펀드를 모두 외국 운용사에 위탁하였습니다. 간접운용방식으로 자산을 수동적으로 관리하는 방식이었습니다. 그러나 저는 펀드매니저가 자신의 판단하에 소신과 책임을 가지고 운용할 수 있게끔 해주고 싶었습니다. 펀드매니저의 길을 묵묵히 걸어오면서 터득한 신념이었습니다. 그래서 대표이사로 취임하고는 운용프로세스를 바꾸는 작업을 시행하였습니다.

펀드매니저는 고객의 자산을 관리하는 철저한 책임의식과 윤리의식이 필요한 전문가입니다. 그러기에 투자의 성과에 대한 명확한 평가가 이루어져야합니다. 그리고 합당한 보상이 주어져야 합니다. 반면 투자성과가 저조한 경우 책임을 져야합니다. 운용 프로세스를 바꾸기 전까지는 우리 회사 펀드매니저들은 자신의 소신이 아닌 통일된 의견에 따라야 했습니다. 매니저가 삼성전자의 주식을 사야겠다고 판단했어도 주식운용본부장이 팔아야 한다고 생각하면 본부의 의견을 따랐던 것입니다. 이 단점을 극복하기 위해 국내주식운용을 멀티매니저 시스템으로 전환하였습니다. 펀드의 설정액이 100억 원이라고 하면 4명의 펀드매니저에게 25억씩 균등하게 배분하고 독립적으로 운용을 하는 것입니다. 운용성과가 저조한 매니저에게 배정된 금액은 줄여 나갑니다. 반면 성과가 우수한 매니저에게는 운용 금액을 많이 배정해 나가는 것이지요. 효율성을 극대화하는 방식으로 전환한 것이었습니다. 그런데 해외주식운용부문은 여전히 외국 운용사에 맡겨놓고 있었습니다. 어느날 염재현 팀장이 내 집무실로 두툼한 보고서를 들고 왔습니다.

"대표님. 제가 해외주식운용을 퀀트기법으로 선별해서 포트폴리오를 시뮬레이션 해보았는데, 놀라운 성과를 보여주는 모형을 개발하였습니다."

염 팀장의 보고서는 한 편의 학위논문 같았습니다. 보고를 받고 나는 운용시스템에 대해 특허 신청을 알아보라고 경영팀에 지시했습니다. 그리고 염 팀장에게 더 철저한 검증과정을 통해 세밀한 운용모형을 개발할 것을 전달했습니다. 이후 우리는 운용시스템을 완성하고 염 팀장에게 운용을 맡겼습니다. 염 팀장은 타의추종을 불허하는 탁월한 성과를 시현하였습니다. 염 팀장의 불굴의 노력 덕분에 우리도 독자적으로 운용할 수 있는 능력을 갖추게 된 것이었습니다.

그런 염재현 팀장이 해외투자에 대한 책을 발간한다니 기쁨을 금할 수 없습니다. 저는 이 책이 우리나라 투자자들에게 해외투자의 나침반이 되어줄 것이라 확신합니다. 현장에서 경험을 쌓은 펀드매니저가 들려주는 지혜가 책의 곳곳에 녹아 있기 때문입니다. 책을 읽다 보면 해외

투자에 대한 염 팀장의 내공과 노하우가 자연스럽게 느껴집니다. 그리고 그의 인간적인 따뜻함에 물들게 됩니다. 이 책을 통해 독자들은 해외투자라는 넓은 세계를 지혜의 눈으로 바라볼 수 있게 될 것이고, 학생들은 꿈을 키우는 계기가 될 것입니다. 투자자들뿐만 아니라 금융을 통한 삶의 지혜를 찾고자 하시는 모든 분들에게 일독을 권합니다.

2019년 4월 유승록

블랙넘버스 투자자문㈜ 대표

前 하이자산운용㈜ 대표이사
前 공무원연금공단 자금운용단장(CIO)
前 현대투자신탁운용 투자전략본부장
前 국민연금 기금운용본부 주식운용팀장

Investment

# 1장

## 펀드매니저의
## 생각 읽기

───────

불편한
진실들

애널리스트를 '자본시장의 꽃'이라고도 한다. 에널리스트들과 사석에서 나누는 진솔한 대화는 흥미롭다. 그런데 아들이 애널리스트를 하고 싶다고 하면 말리고 싶다. 일이 너무 고되기 때문이다. 얼마전 일곱 살 아들에게 꿈이 뭐냐고 물어봤다. 다행히 경찰, 군인, 소방관, 요리사라고 했다.

애널리스트는 기업의 매출, 이익 등을 예측하고 목표주가를 제시한다. 산업을 주시하며 투자자들에게 정보를 적시에 제공해야 한다. 에널리스트의 리포트 첫 장에는 두 가지가 제시된다. 투자의견과 목표주가이다. 투자의견은 매수, 보유, 매도로 제시된다. 처음 운용업계에 발을 들였을 때 나는 그들의 리포트에 전적으로 의지했다. 해외투자를 담당했으니 외국 애널리스트의 리포트는 소중한 자산이었다. 그런데 매도 의견이 너무 적었다. 시간이 흐를수록 이유가 궁금해졌다. 결국 투자업계의 구조 때문이라는 것을 알게 되었다.

첫째, 애널리스트는 회사의 정보를 취득하고 분석해야 한다. 그래서 주기적으로 기업을 방문하여 담당자를 만나 실적과 투자계획을 조사한다. 만약 애널리스트가 매도 의견을 내게 되면, 회사에서는 그를 출입금지시킨다. 그러면 그는 더 이상 정보를 구할 수가 없고 동료들과의 경쟁에서 도태된다. 결국 직장을 잃게 될 수도 있다.

둘째, 애널리스트의 리포트는 증권사 수수료의 원천이다. 증권사의 주요 고객은 개인투자자와 기관투자자이다. 기관투자자의 주문을 받기 위해 증권사는 운용사, 보험사, 연기금 등의 펀드매니저에 정보와 분석을 제공한다. 증권사가 주최하는 세미나나 미팅에서 애널리스트가 얼마나 양질의 정보를 제공하는가는 펀드매니저가 증권사를 평가하는 척도가 된다. 정보를 제공해 주었으니 증권사는 기관투자자로부터 주문을 받아야 한다. 수수료 수입을 올려야 하는 것이다. 그런데 매도는 펀드매니저가 이미 가지고 있는 종목에만 해당한다. 일회성 주문인 것이다. 하지만 매수는 계속 주문이 나올 수 있는 다회성 주문이다. 그러니 수수료로 수익을 내야하는 증권사 사장 입장에서도 매도 주문은 불편하다.

소신껏 매도의견을 내는 애널리스트는 최고의 전문가라고 칭송을 받을 것이다. 하지만 어느 날 회사의 임원이 조용히 그를 부를 것이다. "자네는 능력이 출중하여 우리 회사에 있기는 아까워. 다른 회사를 알아보게." 애널리스트들에게도 직장은 직장일 뿐이다.

목표주가는 애널리스트가 심혈을 기울여 계산한 기업의 적정 가치이다. 펀드매니저 시절 초기에 나는 목표주가를 유심히 보았다. 그리고 많이 오를 것 같은 종목들을 분석했다. 그런데 대다수 종목들은 시간이 지나도 목표주가 근처에도 못가는 경우가 발생했다. 왜 그런 것일까.

주가예측 모형에는 '가정'이 포함되어 있다. 미래에 예측하고 가정에 입각한 계산결과는 당연히 현실과는 다를 수 있다. 그들은 단지 본인들의 논리적 근거로 가격을 짐작할 뿐이다. 결국 주식의 가치는 투자자가 애널리스트의 근거를 바탕으로 판단해야 하는 것이다. 애널리스트들에게 많이 질문했지만 이제는 물어보지 않는 것이 있다. '지금 화학 주식 사야 합니까, 팔아야 합니까? 삼성전자 얼마까지 갈까요?'

살지 말지, 얼마에 팔지는 투자자의 몫이다. 애널리스트도 사람이다. 공부를 많이 한다고 미래를 예측할 수는 없다. '어제 미국 시장에서 애플의 주가가 골드만삭스 증권의 매도 의견으로 급락했습니다.' 라는 기사를 보면 알 수 있듯, 증권사의 의견은 시장을 움직일 만큼 파급효과가 커보인다. 그러나 사실 종목의 하락은 시장참여자들에 의한 현상이고 증권사 리포트는 그 일부인 경우가 많다. 시장참여자의 생각과 반대되는 리포트는 주가의 단기적 변동만 야기할 뿐, 주가는 원상태로 복귀하는 경우가 많다.

국내의 한 우량 화학업체의 주가가 폭락한 적이 있었다. 다른 화학업체는 상승했는데 그 회사만 유독 떨어졌다. 이유를 살펴보니 외국의 한 증권사에서 매도 의견을 낸 것이었다. 그 리포트를 입수해 급히 읽어보았는데 이론적으로는 짜임새가 있었다. 그러나 현실과는 동떨어진 교과서에서 나올 법한 분석이었다. 홍콩에 전화를 걸어 통화를 했다.

"전 한국 H운용사의 염재현이라고 합니다. 어제 AA화학 매도의견 내신 것이 저의 견해와 달라서 여쭤 보기 위해 전화 드렸습니다."

차분하게 의견을 말하는 것은 신뢰가 갔으나, 외국인이라 한국회사 이름 발음을 잘못하는 건 둘째치고 이름 자체를 혼동하고 있었다. 개운치 않은 통화였다. 곧바로 평소 알고 지내던 한국인 애널리스트에게 전화를 걸었다.

"경수야, 너희 회사 화학 담당 애널리스트와 통화했는데. 그 친구 아니?"
"말도 마세요. 그 친구 때문에 여기 발칵 뒤집혔어요. 얼마 전 아시아 화학 담당이 퇴사했거든요. 그래서 작년에 MBA를 갓 졸업한 영국 사람을 한국과 대만 화학 담당으로 발령 냈어요. 그 친구가 학교에서 배운 대로 공식 집어넣고 가치를 산정하고는, 가치가 낮다며 매도 의견을 내버린 거에요. 그래서 한국하고 대만에서 전화 오고 난리도 아니에요."

아니나 다를까. 다음날 주가는 폭락하기 전의 가격을 회복했다. 물론 이런 경우가 흔치는 않다. 하지만 애널리스트의 투자의견과 목표주가를 대하는 방향에 대해 시사점을 준 사건이었다.

산업과 기업을 아는데 애널리스트의 역할은 매우 중요하다. 사람마다 가치관이 다르듯 애널리스트가 보는 기업에 대한 평가도 제 각각이다. 내가 제일 좋아하는 분석방법은 한 기업에 대해 상반된 애널리스트의 리포트를 접하는 것이다. 동일한 기업에 대해 한 사람은 매수 의견을 또 다른 한 사람은 매도 의견의 냈을 때, 논리를 살펴보고 이에 근거해 투자자 자신이 판단을 해나가는 과정이 올바른 투자의 방법 중에 하나일 것이다.

실제 사례로 글로벌 명품 패션 브랜드인 프라다를 통해 애널리스트의 리포트를 어떻게 봐야 하는지 살펴보자. 프라다는 이탈리아 밀라노에 본사를 둔 기업이다. 연 매출액은 4조 원이며 경쟁사로는 오엣 헤네시 루이비통, 버버리, 페라가모, 에르메스 등이 있다.

2018년 3월 11일 연간 실적 발표를 했고, 다음 날인 3월 12일에는 서로 상반된 리포트가 나왔다. 한쪽은 매도 의견을 제시했고, 다른 곳에서는 매수 의견을 제시했다. 어떤 나라건 리포트 양식은 유사하다. 투자의견을 제시하고 보통 1년 후 목표주가를 제시하는 식이다

매수의견을 낸 CMB증권의 내용을 보자. 리포트의 내용은 작년의 저조한 경영 실적에서 벗어날 것이라고 판단한다. 온라인 판매가 늘어날 것이고 비용절감 등으로 실적이 개선될 것이라고 전망했다. 주가는 18년도 예상 이익의 28배 수준(PER 28배)에서 거래되고 있어 싸지는 않다고 보고 있다. 프라다의 주가는 PER 33배에 거래되는 것이 합당하다고 분석했다. 목표주가를 38.11 홍콩달러로 정했다. 리포트 발간 직전 주가가 32.4 홍콩달러였으니 앞으로 상승여력이 17% 있다고 본 것이다.

다음으로 매도 의견을 낸 CLSA증권의 내용을 살펴 보자. 별반 다르지 않다. 2017년의 저조한 경영성과에서 벗어나 2018년에는 매출액이 늘어날 것이라고 전망했다. 마찬가지로 온라인 판매가 성장을 견인할

것이라고 예측했다. 다만 현재 가격이 많이 비싸다고 봤다. 그러면서 2019년도 예상 이익의 20배가 적정가치라고 추정했다.

한쪽은 PER 33배가 적정하다고 했고 한쪽은 PER 20배가 적정하다고 했다. 누가 맞는 것일까?

보통 리포트 첫 장에는 요약된 내용이 나온다. 그 다음 페이지부터 논리적 근거가 나온다. 많은 부분들이 추정치이다. 투자자는 리포트를 통해 투자 판단의 근거를 얻어야 한다. 그리고 투자자 본인의 판단을 가미하는 것이다. 이런 경우 나는 판단을 위해 기술적 분석을 살펴본다. 우선 서로 다른 의견을 지닌 리포트를 읽어본 후 최근 주가의 흐름을 살펴본다. 프라다의 경우 3월 12일 주가 흐름은 이동평균선이 순배열로 전형적인 상승 추세이다. 따라서 내가 내린 결정은 매수에 가깝다. 단, 매도 리포트에서 언급한 위험요인들을 예의주시하면서 프라다 종목을 모니터링 한다. 이 리포트가 나온 뒤 주가의 흐름은 실제 어떠했을까? 당일 주가는 15% 급등했다. 그럼 매도 의견을 낸 애널리스트는 잘못한 것일까? 아니다. 그가 제시한 적정 가치는 1년을 본 가치이다. 당장 급등하더라도 주가는 1년 뒤 그가 예측한대로 하락할 수 있다.

매도 리포트를 냈던 마리아나 코우의 심경은 요즘 어떨까? 모르긴 해도 좌불안석일 것이다. 얼굴도 모르고 목소리도 들어 본 적 없는 그가 오늘 왠지 안쓰럽게 느껴진다. 상사의 쓴 소리와 기관투자자의 혹독한 질타에 퇴근하고 홀로 홍콩 밤바다를 배회하고 있지는 않을런지. 그에게 누군가 반지에 새겼다는 글귀를 들려주고 싶다. 기쁨이 차고 넘칠 때 자만하지 않도록, 슬픔과 절망에 빠졌을 때 용기를 줄 수 있도록.

이 또한 지나가리라
hoc quoque transibit.

—————

희망의 빛

"염 팀장! 잠시만 보자."

자금 운용 부장이 모니터 화면을 가득 메운 주가 차트를 보며 말했다. 내가 산림조합중앙회 주식운용팀장으로 근무하던 시기의 주식시장은 방향성 없이 상승과 반복을 거듭하고 있었다. 이런 박스권 장세가 5년째 이어졌다. 주식투자를 하면서 가장 힘든 시기는 주가 하락 시기가 아니다. 방향성을 알 수 없는 박스권 장세이다.

"염 팀장, 여기 그래프 보이지? 이게 내가 유심히 보는 지표 두 개를 합성한 거야. 이걸로 주식가격 저점을 예측하는데, 기가 막히게 들어맞어. 며칠 안에 코스피지수가 바닥 찍고 반등할 거야."

나는 그의 말을 유심히 듣지 않았다. 족집게도 아니고 어찌 저점을 맞춘단 말인가. 그런데 이런 일이 몇 번 반복되었다.

"염 팀장, 지난번에 말한 신호가 또 잡혔거든. 사흘안에 저점이 다시 형성될 거야."

신기하게도 며칠 후 주가는 바닥을 찍고 상승했다. 국내와 해외 주식을 총괄하는 주식운용팀장과 전체 자산을 관리하는 자산운용부장 사이의 대화는 그칠줄 몰랐다. 업무시간이나 퇴근 후에도 투자에 대한 이야기 뿐이었다. 한준 부장의 기술적 분석 능력은 탁월했다. 그의 기술적 분석 투자철학은 다음과 같았다.

첫째, 기술적 분석으로 고점보다는 저점을 확인하기가 수월하다. 다시 말해 매수 시점을 잡기가 상대적으로 용이하다는 것이다. 그런데 결국에는 팔아서 이익을 내야하는 주식투자에서 어떻게 팔아야 할 시점을 확인할까? 오랜 경험에서 나온 그의 답변은 다음과 같았다. "고점 맞추기는 어려워. 내 경험에는 불가능에 가까워. 그래서 파는 시점은 기관이나 개인의 투자 목표에 따라 정해 놓아야 하지. 투자 목표가 5%이면 주가가 5% 수익을 넘어서 계속 올라도 욕심부리지 말고 팔아야 하는 거야."

둘째, 기술적 분석을 통해서는 저점이 형성되는 시기를 파악하는 것이다. 하지만 그 시점을 족집게처럼 맞출 수는 없다. 여러 지표들의 흐름을 보고 저점이 형성되어 가는 것을 알 수 있지만, 지금이 딱 저점이다라는 식의 판단은 불가능하다는 것이다.

매크로 분석이나 기본적 분석은 많은 양의 자료를 분석한다. 그런데 언뜻 보기에 기술적 분석은 눈앞의 그래프만을 보고 판단하는 것처럼 보인다. 그런 기술적 분석을 신뢰해도 되는 것일까? 존 머피 John J. Murphy 는 <금융시장의 기술적 분석>이라는 저서에서 기술적 분석의 이론적 근거를 제시한다.

① 시장 움직임은 모든 것을 반영한다.
② 가격움직임은 추세를 이룬다.
③ 역사는 스스로 반복된다.

첫째, '시장 움직임은 모든 것을 반영한다'는 것이다. 이는 기술적 분석의 근간을 이루는 철학이다. 주가에 영향을 미칠 수 있는 요인들, 예를 들어 기본적 요인, 정치적 요인 그리고 심리적 요인 등이 주식 가격에 반영된다고 믿는다. 따라서 가격 움직임이 가장 중요하다는 것이다. 기술적 분석은 가격의 상승이나 하락을 유발하는 원인은 신경쓰지 않는다. 가격에 영향을 미칠 요인이 이미 가격에 반영되어 있는 것이다. 필요한 것은 오직 가격에 대한 연구인 것이다.

둘째, '추세는 기술적 분석에 있어 필수적 개념이다'는 것이다. 시장 가격의 움직임을 그래프로 그려보는 이유는 추세의 방향대로 거래하기 위해서이다. 이 전제가 가지는 철학은 '움직이는 추세는 역행하기 보다는 추세를 유지하려고 한다.'이다. 이는 물리학의 관성의 법칙과도 일맥상통한다. 기술적 분석에서는 추세전환의 신호가 나타날 때까지 지금의 추세가 유지된다고 판단한다.

셋째, '역사는 스스로 반복된다' 라는 근거다. 이는 심리학과 관련이 있다. 우리는 종종 사람은 절대 안 변한다라는 말을 한다. 한번 형성된 사람의 성향은 쉽사리 변하지 않는다. 사람들이 모여서 행동하는 주식시장도 심리의 집합체이다. 따라서 과거의 패턴이 미래에도 반복될 것이라 가정한다. '미래를 이해하는 열쇠는 과거에 있다'는 말처럼 미래는 과거의 반복이기도 하다. 주가가 상승과 하락을 반복하는 장기 차트를 보고 있으면 역사의 반복을 느낄 수 있다.

이렇듯 기술적 분석은 시장의 움직임을 연구하는 것이다. 반면 기본적 분석은 가격의 움직임을 유발하는 수요와 공급의 경제적 힘을 분석하는 것이다. 두 가지 분석 방법 모두 목적은 같다. 기본적 분석은 시장 움직임의 원인을 연구하는 것이고, 기술적 분석은 그것의 영향을 연구하는 것이다. 이는 마치 닭이 먼저냐 계란이 먼저냐와 같은 것이다.

실제 투자에서 느낀 점은 기본적 분석과 기술적 분석이 모두 중요하다는 것이다. 특히 해외투자에 있어서는 매크로 분석이 함께 되어야 한다.

매크로 분석을 통해서는 투자하려는 국가를 결정할 수 있다. 결정 방법도 투자자의 성향에 따라 달라질 수 있다. 경제가 계속 성장하는 국가에 투자하여 이익을 추구하는 투자자가 있다. 반면 경제가 어려움을 겪고 난 후 회복기에 접어드는 국가에 투자하려는 투자자도 있다. 간혹 경제가 극심한 혼란을 겪는 시기에 투자하여 막대한 수익을 올리는 투자자도 있다. 하지만 이는 투자라기보다 투기에 가깝다고 생각한다.

매크로 분석을 통해 국가를 정했다면 그 다음은 기술적 분석을 통해 단기적으로 현재 어떤 상황인지를 살펴보고 장기적인 추세도 파악해야 한다. 투자하기에 적절한 시기인지를 살펴보는 것이다. 마지막으로 개별 기업에 대한 기본적 분석으로 투자 포트폴리오를 구성할 종목을 선별해야 한다. 물론 이때도 개별 종목에 대한 기술적 분석을 통해 주가의 추세를 파악해야 한다.

위의 세 가지를 통해 넓은 해외시장에서 투자의 기회를 찾을 수 있을 것이다. 국내 앞바다에서 고기를 잡는 것보다 태평양으로 나가 고기를 잡는 것이 훨씬 수확이 크지 않겠는가. 멀리 나가는 만큼 준비도 많이 해야 하지만 겁먹을 필요는 없다. 멀리 가는 만큼 투자 기간을 길게 잡으면 된다. 그리고 매크로 분석, 기본적 분석, 기술적 분석의 세 그물을 이용해야 한다. 세 가지 분석 기법으로 장기투자의 배를 타고 나간다면 돌아오는 길에는 만선의 기쁨을 누릴 수 있을 것이다.

———

꿈을
다루는
사람들

신입 펀드매니저 시절 선배와 점심시간에 한강을 거닐게 되었다.

"지금 염 과장이 운용하는 펀드 규모가 얼마나 되지?"
"약 3천억 원 정도 됩니다."
"염 과장은 그 돈이 어떤 돈이라고 생각하나?"
쉽게 답을 할 수 없었다. 진지하게 생각해 본 적이 없었기 때문이다.
"염 과장, 자네가 운용하고 있는 펀드는 '꿈'이야. 새벽부터 시장에 나와 일하신 할머니의 꿈. 10년 뒤 어른이 될 손주들을 위해 입고 싶은 것, 먹고 싶은 것을 참고 아낀 소중한 돈. 꿈이 담긴 투자."

그렇다. 주식투자에는 꿈이 담겨 있었다. 예금이나 적금, 주식이나 채권, 땅을 사는 것 모두가 꿈을 가꾸는 것이다. 그래서 차분하고 신중해야 한다. 그런데 주식투자를 지인의 추천이나 감으로 하는 사람들이 의외로 많다. 당연한 이야기지만 주식투자를 위해서는 기업을 알아야 한다. 그런데 주식투자를 하면서 많은 사람들이 기업을 살피지 않는 경우가 많다.

"아는 사람이 그 회사에 다니는데, 나 한테만 알려준 정보거든."
"이거 누구에게도 말하지 마. 돈 되는 정보야."

이런 이야기를 듣고 투자하는 사람들이 간과하는 중요한 사실이 있다. 첫째, 내가 알게 될 정도의 정보라면 웬만한 사람은 이미 다 알고 있다. 그와 나만 모르고 있었을 뿐. 둘째, 사람은 이기적인 존재이다. 확실하게 일확천금을 벌 수 있는 정보를 들었다면 당신은 다른 사람에게 정보가 새나가기 전에 얼른 혼자만 주식을 살 것이다. 빚을 내서라도 주식을 최대한으로 끌어 모을 것이다. 그렇다면 누군가가 당신에게 알려 준 정보는 무엇일까? 애초에 그 정보가 불확실했기 때문에 그 불안감을 당신에게 전가한 것 뿐이다. 집이나 상가, 땅을 구입할 때 사람들은 현장에 직접 가 본다. 눈으로 보고 투자여부를 결정한다. 당연한 이야기지만 주식투자를 할 때도 철저하게 회사를 살펴봐야 한다.

회사를 살펴본다는 것은 어떤 의미일까? 펀드매니저와 같은 기관투자자들은 회사를 찾아가 현장을 보기도 하고, 직원을 만나서 이야기도 듣는다. 그리고 사장을 만나 사업에 대한 이야기도 들어본다. 하지만 개인투자자 입장에서 이 모든 것을 하는 것은 쉽지 않다. 개인이 삼성전자에 투자하기 위해 수원 공장을 가고 서초동 본사를 방문할 수는 없다. 개인투자자가 가장 합리적으로 접근하는 방법은 회사의 재무제표를 보는 것이다. 의사가 환자를 볼 때 진료기록 차트를 보듯이 말이다.

인류의
위대한
발명품

재무제표는 인류 역사상 가장 위대한 발명품 중 하나라고 한다. 재무제표는 르네상스 시대 베니스 상인들에 의해 전 세계로 보급되었는데, 기업의 거의 모든 정보가 들어있다. 그래서 워렌 버핏과 벤자민 그레이엄 같은 투자의 대가들도 투자의 세계에서 재무제표의 중요성을 강조했다.

재무제표(財務諸表, financial statement)는 회사의 재무(財務) 상태를 보여주는 여러가지(諸) 표(表)를 말한다. 여기서 말하는 '여러가지 표'에는 재무상태표, 손익계산서 등이 있다. 재무상태표는 특정 시점의 자산, 부채, 자본의 잔액을 표시해준다. 쉽게 말해 사진을 찍어 정지된 상태를 보는 것이다.

반면 손익계산서는 일정기간 동안 발생한 수입, 비용, 이익 등을 기록한다. 이는 동영상으로 해당 기간 동안 수입과 비용을 살펴보며 이

익 창출 과정을 보는 것이다. 실제로 재무제표를 보다 보면 쉽게 이해
할 수 있다. 우선 재무상태표(財務狀態表, Statement of Financial Position)는
대차대조표(貸借對照表, Balance Sheet)라 더욱 알려진 표로 국제회계기준
(IFRS)을 도입하면서 명칭이 바뀐 표다.

대차대조표를 처음 보면 눈에 안 들어온다. 우선은 '왼쪽에 자산을 기
록하고 오른쪽에 자산의 원천인 부채와 자본을 기록하는구나' 정도만
이해해 보자. 이름은 '대·차 대조표'지만 그림을 보면 차변(Debit)이 왼
쪽에 온다. 과거 한자를 쓸 때 글 순서가 오른쪽에서 왼쪽이었기 때문
이다. 광화문의 현판 글씨도 門化光이라고 되어있다. 오른쪽이 먼저 기
록되는 것이다. 대차대조표에서 대변을 먼저(오른쪽에) 기록한 이유는
부채나 자본이 우선 필요하기 때문이다. 즉, 돈(부채와 자본)이 있어야
자산을 살 수 있으니 대·차 대조표라고 표기한 것이다.

| 매출 Revenue | | |
| --- | --- | --- |
| - | 매출원가 | |
| 매출총이익 Gross Profit | | |
| - | 영업비용 | |
| 영업이익 EBIT | | |
| - | 영업외비용 | |
| - | 감가상각, 세금 | |
| 당기순이익 Net Income | | |

손익계산서는 이익이 나오는 과정을 보여주는 표다. 일정기간 회사가 물건을 팔아 기록한 매출에서 매출원가를 빼면 매출총이익이 나온다. 여기서 영업과 관련된 비용을 빼면 영업이익이 나온다. 마지막으로 이자와 같은 영업외비용, 세금 등을 차감하면 순이익이 나온다. 당기순이익은 대차대조표의 자본을 증가시켜준다. 이 표에는 주식투자에 활용할 수 있는 많은 시사점들이 있다.

주식투자는 기업을 살펴보고 기업의 가치를 판단하는 과정이다. 그리고 내가 판단한 기업의 가치와 현재의 주가를 비교하여 투자를 결정하는 것이다. 즉, 주가가 가치보다 낮다면 매수를 하고, 주가가 가치보다 높게 형성되면 매도하는 것이다. 단순한 논리지만 실행은 쉽지 않다.

그렇다면 가치는 어떻게 구할까? 우선 가치의 개념부터 이해해야 한다. 가치는 절대적인 게 아니다. 같은 물건을 보는 사람들에게도 가치가 다르듯이 말이다. 배고픈 사람에게 빵 한 조각의 가치는 크다. 하지만 배

부른 사람에게는 적다. 그림을 아는 사람에게는 피카소 작품의 가치가 크지만, 그림을 모르는 사람에게는 한낱 낙서일 수 있다. 주식도 마찬가지다. 같은 주식이라도 평가하는 사람에 따라 가치가 달라진다. 게다가 주식은 미래에 대한 예측을 통해 가치를 측정한다. 그래서 누구도 정확한 가치를 파악하기 어렵다.

옥수수를 생각해 보자. 옥수수 모종의 가치는 어떻게 평가할까? 모종을 심었을 때 열매가 얼마나 맺힐지 분석해야 할 것이다. 그러기 위해서 떡잎 색깔은 어떤지, 뿌리는 잘 내렸는지, 줄기는 튼튼한지를 살필 것이다. 주식도 마찬가지이다. 사업은 안정적인지, 매출은 늘어나는지, 경쟁력은 갖추고 있는지, 이익과 배당은 어떠한지를 따진다. 가치(적정주가)를 구하기 위해 다양한 가정을 하고 계산한다. 분석자마다 나름의 시나리오를 가정하여 가치를 산출한다. 이것이 애널리스트들마다 적정주가가 다른 이유다. 매출이 중요하다고 생각하는 투자자는 미래의 매출을 예측하여 적정주가를 산출할 것이다. 이익을 우선시하는 투자자는 이익을 전망하여 가치를 계산한다. 배당이 중요하다고 생각되면 미래의 배당을 예측하고 주가를 산출한다. 전문가들도 상황에 들어 맞는 방법을 사용할 뿐이다. 정답이란 없다.

실제로 주식에 투자할 때에는 무엇을 중요하게 봐야 할까? 보통은 매출의 증가, 이익의 성장성, 재무구조 등 모두 중요하다고 할 것이다. 하지만 나는 배당을 관심있게 본다. 채권을 사면 이자를 받듯이 주식을 사면 배당을 받을 수 있다. 내가 가지고 있는 투자철학은 "배당수익률이 높은 주식이 좋은 주식이다."라는 것이다.

주의할 점은 배당성향과 배당수익률은 다른 개념이라는 것이다. 배당성향은 회사의 이익 중 얼마를 배당하느냐를 말하는 것이다. A회사가 100원을 벌었는데 40원을 배당하면 배당성향은 40%가 된다. 배당수익률은 배당을 주가로 나눈 것이다. 현재 주식가격 기준으로 배당이익을 얼마나 받을 수 있을지 알려주는 것이 배당수익률이다. 40원을 배당한 A회사의 주가가 4,000원이면 A 회사의 배당수익률은 1%이다. 그런데 똑같이 100원을 벌어들인 B회사가 배당을 40원 해서 배당성향이 40%이었는데, 주가가 40,000원이라면 어떨까? B 회사의 배당수익률은 0.1%가 된다. 배당수익률의 관점에서 A회사가 투자하기 더 좋은 회사라는 결론이 나온다. 이런 관점에서 좋은 투자대상은 어떤 회사일까? 안정적인 배당을 지급하고 있고 배당수익률이 예금이자보다 높다면 분명히 좋은 투자대상이다.

시장을
움직이는
것들

주식시장은 길게보면 성장하며 상승하는 시장이다. 사람의 수명보다 기업의 수명이 길다. 기업보다 주식시장의 수명은 더 길다. 부도로 인해 회사가 퇴출이 되더라도 주식시장은 계속 성장해 간다.

1980년 코스피지수가 100으로 시작한 이후 2019년 3월 말 2,140 포인트이니 39년간 약 21배가 상승했다. 1956년 첫 상장 종목은 조흥은행, 경성방직, 대한해운공사 등 12개 종목이었다. 그런데 2019년 4월 상장 종목은 2,400여 개로 201배 증가하였다

주식시장을 성장시키는 원동력은 무엇일까? 다음 두 가지가 가장 큰 성장 동력이라고 볼 수 있다.

(1) 경제성장과 기업이익    (2) 금리와 유동성

## 경제성장과 기업이익

장기적인 관점에서 주식시장을 움직이는 힘은 두 가지이다. 국가의 경제성장과 기업이익의 성장이다. 경제성장을 통해 경제활동 규모가 커지고, 이에 따라 기업의 이익이 증가하게 되는 것이다. 이 기업들의 가치가 커지는 만큼 주식시장이 상승하게 된다. 해외투자의 가장 큰 장점이 전세계의 성장하는 국가에, 또 이익이 증가하는 기업의 투자를 통해 광범위한 투자대상이 있는 점이다. 최근 글로벌경기의 동조화 현상이 있기는 하다. 하지만 분명히 우리나라가 성장의 정체를 보일 때, 성장을 보이는 국가들이 있다. 실제 2014년 우리나라 주식시장이 -4.8% 하락할 때 아르헨티나 59.1%, 중국 53.1%, 인도 31.4%, 터키 26.4%의 상승을 보였다. 특히 2000년에는 우리나라 주식시장은 -50.9% 하락하며 전세계에서 가장 저조한 해를 보냈다. 반면 그해 중국 51.0%, 덴마크 26.0%, 노르웨이 9.8%, 스위스 7.5%의 상승을 보였다. 물론 반대로 우리나라의 수익률이 좋을 때 다른 국가의 수익률이 저조한 경우도 있었다.

## 금리와 유동성

그렇다면 중기적인(2~5년) 관점에서 주식시장을 움직이는 힘은 무엇일까? 투자자의 의사결정과정에서는 장기적 요인보다 중기적 요인들이 중요하게 작용한다. 중기적으로 주식시장은 금리와 유동성에 영향을 받는다.

금리가 올라가면 시중의 돈이 예금과 같은 안전자산으로 이동한다. 주식투자는 줄어든다. 사람들은 주식을 위험자산이라고 생각하기 때문이다. 금리가 2%에서 10%로 올라갔다고 하자. 사람들은 손해를 볼 수도 있는 주식에 투자하는 것보다 1년뒤 10% 수익을 가져다 주는 안정적인 정기예금에 가입할 것이다. 반대로 금리가 내려가면 자금은 위험자산으로 이동한다. 주식과 같은 위험자산은 상대적으로 높은 수익을 기대할 수 있기 때문이다.

유동성은 주식시장에 어떻게 영향을 미칠까? 정부가 유동성을 확대한다는 것은 시중에 돈을 푸는 것이다. 돈이 많이 풀리면 자금은 수익을 좇아 주식과 같은 위험자산으로 흘러든다. 유동성을 축소하는 정책을 펼치면 위험자산의 투자는 줄어들거나 멈추게 된다. 2008년 글로벌 금융위기 이후 미국 주식시장은 전고점 대비 무려 -53% 하락하였다. 하락세는 전세계에 전이되었다. 유럽 -56%, 일본 -58%, 한국 -48%, 러시아 -78% 등의 하락이 이어졌다.

보통 경기를 부양하기 위해 정부에서는 금리인하를 한다. 하지만 글로벌 금융위기와 같은 특수한 경우에는 이야기가 달라진다. 이런 상황에서는 중앙은행이 자산매입을 통해 직접 유동성을 공급한다.

당시 미국이 사용한 수단이 양적완화(QE: Quantitative Easing)를 통한 유동성 공급이었다. 돈을 찍는 것이다. 중앙은행은 돈을 찍는 발권 권한이 있다. 중앙은행이 돈을 찍고 그 돈으로 시중에 있는 자산을 사는 것이다. 주로 안정성이 있는 국채를 매입하면 그 돈은 시중으로 흘러들게 된다. 이렇게 얼어붙은 경기를 살려내는 것이다. 하지만 언젠가는 시중에 풀어놓은 돈을 회수해야 한다. 돈을 회수해야 할 때 쯤엔 경기가 회복되어 있을 것이라는 판단하에서 말이다. 실패할 우려도 있는 정책이다. 그런데 미국은 총 3차례 양적완화를 단행했다. 2008년 12월부터 2010년 3월까지 총 1.6조 달러를 1차 매입했다. 2차는 2010년 11월부터 2011년 6월까지 6,000억 달러를 매입했다. 마지막 3차는 2012년 9월부터 2014년 10월까지 4.5조 달러의 자산을 매입했다.

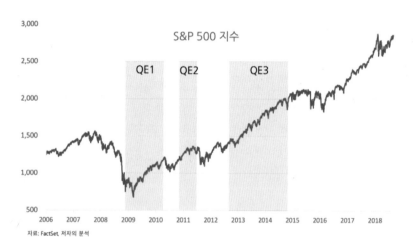

자료: FactSet, 저자의 분석

다행히 미국의 양적완화 정책은 전반적으로 성공적이었다고 평가받고 있다. 미국 경기는 2010년부터 회복되어 2010년 +2.6%, 2011년 +1.6%, 2012년 +2.2%의 GDP 성장을 보였다. 주식시장도 2009년 저점과 대비해서 2017년말에는 290% 상승하였다. 9년간 연평균 16% 성장하는 장기 상승세를 이어갔다. 2018년 들어 미국 주식시장은 오르내림을 반복하며 6.2% 하락하였다.

경기 개선에 따른 금융시장 정상화 방안에 대한 기대감이 한 가지 이유였고,  다른 이유는 금리 인상과 이에 따라 위험자산 투자의 축소 우려감 때문이었다. 하지만 2019년 상승 반전하여 3월 말 기준 13.0% 상승하였다.

바이어스를

넘어서


멕시코에서 이코노미스트 호세와 알베르토와 점심을 함께했다. 중남미 주식시장에 관해 대화를 나누다 알베르토가 말했다.


"지난 달 콜롬비아에서 연기금 담당자와 미팅을 했어요. 주식투자비중을 보니 콜롬비아가 너무 높은 거예요."

"콜롬비아는 불안한 나라인데 아무리 많아도 10% 정도겠지."

"아니에요. 주식 자산의 80%가 콜롬비아 주식이었어요. 너무 치중된 것 같다고 하자 대답이 가관이었어요."

"뭐래요?"

"콜롬비아 주식이 안전하다는 거에요. 가장 위험한 주식 아닌가요?"


투자자들이 범하게 되는 '홈 바이어스 Home Bias'였다. 자신이 살고 있는 나라의 주식을 잘 알고 있다고 착각하는 데서 오는 오류이다. 이런 편견(Bias)때문에 투자자들은 자신이 거주하는 지역의 주식 위주로 투자하게 된다. 경제 상황들을 종합해 보면 콜롬비아 주식은 매우 위험하다. 그런데 콜롬비아 사람들은 대부분 콜롬비아 주식에 투자하고 있다. 바로 옆에 자본시장을 선도하는 미국과 캐나다가 있는데도 말이다.

외국인들은 우리나라 주식을 어떻게 생각할까? 국내주식시장의 규모는 전세계의 약 2% 정도(2019년 3월 말, 시가총액 1.7조 달러 기준)이다. 이런 관점에서 해외투자 비중을 높이는 것이 좋다. 우리나라 연기금의 경우도 해외투자 비중은 매우 낮았다. 전세계에서 세 번째로 운용규모가 큰 국민연금의 경우에도 2005년까지 해외 주식의 구분이 없었다. 2007년 투자비중은 국내 86%, 해외 14% 였다. 이후 해외주식투자는 점진적으로 증가했다. 국민연금의 2019년 1월 기금운용현황을 보면 국내주식 49.3%, 해외주식 50.7%로 해외가 조금 높은 수준이다.

만약 삼성전자와 미국의 애플 주식 두 가지 중 하나를 골라야 한다면 어떤 주식을 고르는 것이 좋을까? 쉽게 생각해서 스마트폰을 사야한다면 갤럭시와 아이폰 중 어떤 제품이 더 좋을까? 개인의 취향에 따라 다른 선택을 할 것이다. 주식투자도 마찬가지이다. 회사의 가치를 어떻게 판단하느냐에 따라 결정이 달라질 것이다. 삼성전자도 애플과 비견할 만한 글로벌 기업이고 시가총액 또한 전세계에서 25위로 세계 2위인 애플에 결코 뒤지지 않는다. 시가총액 기준으로는 애플이 삼성전자보다 약 4배가량 크지만, 매출액 기준으로는 큰 차이가 없다. 2018년 매출액을 보면 애플은 삼성전자 보다 20% 정도 많다. 다만 순이익은 애플이 50% 가량 높다. 주가수익률(2019년 3월 31일 기준)을 보면 최근 1년 수익률은 애플이 13.2%, 삼성전자가 -9.0%였다. 하지만 3년 누적수익률은 애플이 76.4%, 삼성전자가 73.1%로 비슷했다.

| 순위 | 종목 | 국가 | 시가총액 | 매출액 | 순이익 | PER | PBR | 순이익 마진 | 주가 수익률 1년 | 3년 |
|---|---|---|---|---|---|---|---|---|---|---|
| 2 | Apple | | 895,667 | 265,809 | 59531 | 15.6 | 7.6 | 22.4 | 13.2 | 76.4 |
| 25 | 삼성전자 | | 234,826 | 221,506 | 39,882 | 6.9 | 1.3 | 18.0 | -9.0 | 73.1 |

자료: FactSet, 시가총액·매출액·순이익 단위: 백만달러, 직전 회계연도 기준, 2019년 3월 31일 기준

자동차업종을 살펴보자. 우리나라 자동차 제조업종의 시가총액은 600억 달러로 세계 7위다. 일본 4,800억 달러, 독일 2,200억 달러, 미국 2,100억 달러, 중국 1,300억 달러, 인도 1,000억 달러, 프랑스 800억 달러이다. 현대차의 시가총액은 전세계 609위 정도이다. 우리나라에서는 시가총액 4위이긴 하지만 글로벌 주식투자 종목으로 보기는 아쉬운 부분이 있다. 글로벌 자동차 제조사 중 현대차는 시가총액 규모로 17위이다.

일본에는 혼다, 스즈키 등이 있고, 독일의 경우 다임러(벤츠 제조사), BMW, 폭스바겐, 포르쉐 등이 있다. 미국에는 GM, 테슬라, 포드 등이 있고, 이탈리아에는 피아트, 페라리 등이 있다.

| 순위 | 종목 | 국가 | 시가총액 | 매출액 | 순이익 | PER | PBR | 순이익 마진 | 주가 수익률 1년 | 3년 |
|---|---|---|---|---|---|---|---|---|---|---|
| 39 | Toyota | | 191,237 | 265,122 | 22,502 | 9.9 | 1.0 | 8.5 | -5.2 | 5.4 |
| 163 | Daimler | | 62,766 | 197,445 | 8,552 | 7.7 | 0.9 | 4.3 | -24.2 | -21.3 |
| 204 | GM | | 52,292 | 147,049 | 8,084 | 6.6 | 1.3 | 5.5 | 2.1 | 18.9 |
| 223 | Honda | | 49,015 | 138,598 | 9,558 | 7.2 | 0.6 | 6.9 | -17.7 | -3.5 |
| 254 | BMW | | 46,472 | 115,002 | 8,435 | 6.4 | 0.8 | 7.3 | -22.0 | -14.5 |
| 388 | Ford | | 34,406 | 160,338 | 3,677 | 9.5 | 1.0 | 2.3 | -20.8 | -33.5 |
| 411 | Volkswagen | | 32,489 | 278,243 | 13,953 | 5.9 | 0.7 | 5.0 | -13.0 | 24.1 |
| 582 | Fiat Chrysler | | 23,108 | 130,259 | 3,920 | 5.7 | 0.8 | 3.0 | -19.6 | 95.9 |
| 609 | 현대차 | | 22,494 | 87,970 | 1,370 | 21.1 | 0.5 | 1.6 | -16.7 | -22.9 |
| 620 | Peugeot | | 22,088 | 87,333 | 3,335 | 6.9 | 1.1 | 3.8 | 11.2 | 43.0 |
| 1091 | 기아차 | | 12,624 | 49,222 | 1,050 | 12.4 | 0.5 | 2.1 | 11.0 | -29.3 |

자료: FactSet, 시가총액·매출액·순이익 단위: 백만달러, 직전 회계연도 기준, 2019년 3월 31일 기준

국가마다 주식시장을 구성하는 산업들은 다르다. 우리나라는 시가총액 상위를 대부분 제조업종이 차지하고 있다. 그렇다면 자동차, IT업종이 아니라 음식료 업종에 대한 투자는 어떨까? 매력적인 투자대상이 아니라고 생각하는 사람들이 많을 것 같다. 한국의 음식료업종 대표인 하이트진로와 롯데칠성은 국내에서도 100위권 밖이다. 전세계 주식시장에서도 시가총액 상위 5,000개 회사에 들어가지 못한다.

| 순위 | 종목 | 국가 | 시가총액 | 매출액 | 순이익 | PER | PBR | 순이익 마진 | 주가 수익률 1년 | 주가 수익률 3년 |
|---|---|---|---|---|---|---|---|---|---|---|
| 36 | Coca-Cola | | 200,334 | 31,697 | 6,734 | 31.2 | 11.8 | 21.2 | 7.9 | 0.8 |
| 43 | PepsiCo | | 172,095 | 64,660 | 12,515 | 14.0 | 11.9 | 19.4 | 12.3 | 20.9 |
| 45 | Kweichow Moutai | | 159,635 | 9,961 | 5,320 | 30.5 | 9.5 | 53.4 | 23.9 | 244.2 |
| 52 | AB InBev | | 142,138 | 54,619 | 4,368 | 39.9 | 2.6 | 8.0 | -16.3 | -31.9 |
| 92 | Diageo | | 97,955 | 16,365 | 4,066 | 26.1 | 8.1 | 24.8 | 30.1 | 67.3 |
| 168 | Heineken | | 60,848 | 26,510 | 2,245 | 28.2 | 3.7 | 8.5 | 7.8 | 18.6 |
| 627 | Kirin Holdings | | 21,821 | 17,480 | 1,487 | 14.4 | 2.5 | 8.5 | -6.1 | 63.6 |
| 921 | Carlsberg | | 14,859 | 9,893 | 840 | 23.9 | 2.8 | 8.5 | 15.3 | 35.6 |
| 5925 | Concha Y Toro | | 1,556 | 957 | 76 | 21.6 | 1.8 | 8.0 | 8.6 | 24.8 |
| 6853 | 롯데칠성 | | 1,247 | 2,132 | -44 | ### | 1.2 | -2.0 | 15.8 | -5.9 |
| 7230 | 하이트진로 | | 1,143 | 1,713 | 20 | 58.0 | 1.1 | 1.2 | -17.2 | -39.3 |

자료: FactSet, 시가총액·매출액·순이익 단위: 백만달러, 직전 회계연도 기준, 2019년 3월 31일 기준

이렇듯 국내에서는 음식료 업종은 큰 관심을 받지 못하는 것 같다. 하지만 세계시장으로 눈을 돌리면 다른 세계가 펼쳐진다. 글로벌 상위 200위의 기업에 미국의 코카콜라 36위, 펩시 43위, 중국의 마오타이 45위, 벨기에의 AB Inbev 52위, 영국의 디아지오 92위, 네덜란드의 하이네켄 168위 등이 자리잡고 있다. 매출규모도 수준이 다르다.

하이트진로의 매출액과 비교해 보면 인베브의 경우 31배 이상, 하이네켄도 15배 이상이다. 이익 규모는 더 큰 차이가 있다. 하이트진로와 비교해서 인베브는 220배 이상, 하이네켄 113배 이상의 이익 규모 차이

를 보인다. 특히 개별국가에서 이들이 차지하는 위상은 사뭇 다르다. 버드와이저, 코로나, 호가든 등을 제조하는 인베브(AB InBev)는 벨기에 시가총액 1위 기업이다. 하이네켄은 네덜란드에서 시가총액 3위 기업이고, 칼스버그는 덴마크 시가총액 7위 기업이다. 조니워커와 흑맥주 기네스를 제조하는 디아지오는 영국 시가총액 6위 기업이다.

해외투자는 국내에서는 투자하기 어려운 산업들까지 투자를 할 수 있게 해 준다. 우리나라에서는 에너지기업에 대한 투자효과를 얻기 힘들다. 산유국이 아니기 때문이다. 통상 원유를 생산하는 것을 업스트림 Upstream 이라고 하고 생산한 원유를 가지고 정제하는 것을 다운스트림 Downstream 이라고 부른다. 우리나라 에너지회사는 다운스트림으로 원유를 수입해서 정제하는 정유회사들이다. 하지만 해외주식투자를 하면 원유를 직접 시추하고 정제하는 종합에너지기업인 Exxon Mobil, Chevron, BP와 같은 기업들까지 투자가 가능하다.

해외주식투자가 확산되고 있는 것은 자연스러운 흐름이다. 지금 해외여행이 보편화된 것처럼 말이다. 개인투자자들의 직접투자도 늘고 있으며 국내증권사들도 해외기업에 대한 리포트를 발간하기 시작했다. 아직은 초기단계라 목표주가를 제시하는 수준은 아니다. 하지만 조만간 심도있는 리포트들도 발간될 것이다.

───────

데이터로
말한다

금리가 오르면 채권 가격이 떨어진다. 금융업계에 몸담고 있다면 상식이라고 생각할 것이다. 그런데 대학시절에 채권 가격과 금리의 움직임이 이해되지 않았다. 고백하자면 은행에서 채권을 담당할 때에도 이해하지 못했다. 실제로 채권을 본 적도 없었다.

금리와 채권과의 관계를 이해하려면 우선 금리에 대한 이해가 있어야한다. 금리가 오르면 안 좋은 걸까? 여유 자금이 있어 저축을 하려는 사람의 입장에서는 금리가 오르면 좋다. 금리가 오르면 더 높은 이자를받을 수 있으니 말이다. 반대로 돈을 빌려야 하는 사람 입장에서는 좋지 않다. 금리가 오르면 이자비용이 증가하기 때문이다.

그런데 이런 입장도 금리가 고정금리인지 변동금리인지에 따라 변한다. 1년간 고정금리 5%로 대출을 받아서 이자를 내는 사람을 생각해보자. 이 경우에 금리가 오르면 상대적으로 좋은 일이 된다. 시장금리가 10%로 오르면 이 사람은 1년간 계약한 5%의 이자만 내면 되니 이익인 셈이다. 변동금리로 대출을 받은 경우는 어떨까? 금리가 오르면 대출자에게 올라간 금리가 주기적으로 반영된다. 결국 돈을 빌린 사람에게 금리 상승은 안 좋은 일이 된다.

일반적으로 금리의 상승은 주식시장에는 좋지 않다. 투자자산은 안전자산인 채권과 위험자산인 주식으로 나뉜다. 금리가 오르면 사람들은 위험한 주식투자를 줄인다. 그리고 안정적으로 이자를 받을 수 있는 예금이나 채권투자를 늘리게 된다.

결국 금리상승은 전반적으로 주식시장에는 좋지 않은 영향을 미친다. 기업의 영업활동 측면에서도 금리의 상승은 비용을 증가시키며, 결국 기업이익의 감소를 초래할 것이다. 그리고 기업이익의 감소로 주가는 하락한다.

하지만 금리가 상승한다고 해서 모든 기업의 비용이 증가하는 것은 아니다. 은행산업의 경우 이야기가 달라진다. 은행에서 중요한 자산은 대출이다. 금리의 상승은 은행 수익의 원천인 대출 이자수입을 증가시킨다. 따라서 은행의 이익은 증가한다. 은행산업만큼은 금리 상승이 이익을 증가시킨다. 그렇게 되면 은행들의 주가는 상승할 가능성이 높다.

다음은 1988년부터 30년간 미국주식시장의 주가 흐름과 금리 추이이다. 이를 통해 실제 금리의 등락이 주식시장에 어떤 영향을 끼쳤는지 알아보자. 금리가 오르면 주식시장은 하락했을 것이고, 금리가 내리면 주가는 올랐을 것이다.

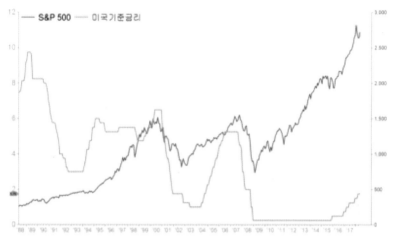

그런데 그래프를 보면 금리와 주식가격이 꼭 맞아 떨어지지는 않는다. 1988년부터 2000년까지 미국증시는 12년간 470% 상승했다. 그런데 이 기간에는 금리는 하락하는데 주가는 상승했다. 하지만 금리상승기에도 주가는 상승추세를 보였다. 더구나 차트에서는 주가와 금리가 같은 방향으로 움직이는 것처럼 보인다.

주가와 금리가 반대방향으로 움직인다는 이론이 틀린 것일까? 투자의 세계에서는 방향성을 결정하는 수 많은 변수들이 존재한다. 금리와 주가가 역의 상관관계로 움직인다는 것은 교과서의 이론이다. 맞는 경우도 많지만 그렇지 않은 경우도 있다. 단순히 금리가 오르면 주가가 하락할 것이라 여기는 것은 실제 투자에서는 경계해야 한다.

정책이 경제에 반영되기까지는 시간이 걸린다. 주가는 경기에 선행하지만 너무 앞서 갈 수는 없다. 정부가 금리를 낮출 때는 보통 경기가 좋지 않은 시기이다. 게다가 주가는 하락추세로 접어든 경우가 많다. 금리가 낮아져서 기업의 비용이 실제로 감소하고 이것이 이익의 증가로 이어져서 이익 발표를 할 때까지는 상당한 시간이 소요된다.

미국증시는 2007년 10월부터 2009년 2월까지 50%이상 하락했다. 이 시기는 미국 발 금융위기가 전세계를 뒤덮었던 시기이다. 주가는 폭락하기 시작했다. 이에 기준 금리를 몇 차례에 대폭(5.25% -> 0.25%) 낮춘다. 이렇게 금리를 낮추는데 왜 주가는 하락했을까? 이론대로라면 주가가 상승해야 했지만 경기 하락 강도가 워낙 강했다. 주가 반등은 쉽게 일어나지 못했다. 하지만 0.25%의 초 저금리가 되었을 때부터 변화가 일어났다.

주가는 반등하기 시작했다. 2009년부터 7년간 주가는 180% 넘게 상승한다. 그리고 금리가 인상되는 시점에 상승은 잠시 멈추고 하락과 상승을 반복하며 조정을 보인다. 그리고 2016년과 2017년 금리는 상승하는데 주가도 상승하는 현상이 나타난다. 역시 이론과 다른 현상이었다. 당시 금리 상승의 배경은 미국 경기가 좋다는 인식 때문이었다. 기업 실적도 증가하고 있었다. 거시경제의 강한 흐름이 금리 인상 우려보다 주식시장에 좋은 영향을 미쳐 주가가 상승한 것이다. 그러다 미국 증시는 2018년 6.23% 하락하였다. 이때는 금리 인상과 경기하강에 대한 우려가 복합적으로 작용했다. 이후 우려감은 희석되며 주가는 다시 상승했다.

일시적으로는 금리와 주가는 같은 방향으로 흐를 수 있다. 그러나 장기적으로 보면 금리와 주가는 역의 상관관계라는 것을 알 수 있다.

기업의 영업이익이 오르면 어떨까? 어떤 기업이 사상 최대 이익을 냈다는 발표가 나면 주가는 상승하곤 한다. 그러나 주가가 떨어지는 경우도 많다. 이 역시 여러 변수들이 얽혀있기 때문이다. 그리고 실적이 이미 주가에 반영되어 있는 경우도 있다.

금리와 채권의 관계를 살펴보자. 금리와 채권의 관계는 주식보다는 복잡하다. 채권은 발행하는 시점에 지급 이자를 확정한다. 그래서 채권을 영어로는 fixed income 또는 bond 라고 부른다. 접착제 본드처럼 수익이 붙어있기 때문에 이름이 본드라고 이해하자.

만기 10년, 표면이자 5%, 액면 100억 원 짜리 채권은 이자를 매년 5억 원씩 주고 10년 뒤 100억을 주겠다는 '약속하는 증서'다. 단순하게 생각해 보자. 만약 2년이 지나 시장의 금리가 8%로 오르면 이 채권은 5% 밖에 이자를 못 주니 가치가 떨어진다. 사람들은 이 채권을 팔고 새롭게 돈을 더 주는 채권을 사게 된다. 많이 파니 채권가격은 하락하는 것이다. 이것이 직관적으로 이해할 수 있는 채권과 금리의 역의 관계이다. 그런데 무엇보다 주식과 채권은 투자의 성격이 다르다. 사과를 먹을까 배를 먹을까의 문제가 아니다. 오히려 거주할 집을 고르는 것과 휴가철 숙소를 고르는 문제와 비슷하다.

와튼 스쿨의 제레미 시걸 Jeremy Siegel 교수의 연구는 200년간 1달러로 주식에 투자했다면 12,700,000 달러가 됨을 보여주었다. 천문학적 수익이다. 채권투자의 경우 장기채권은 18,235 달러, 단기채권은 5,061 달러였다. 하지만 금은 고작 33달러였다. 결국 금은 물가가 상승한 만큼 가격이 올랐다. 이 연구의 시사점은 장기적으로 주식 수익률이 최고라는 것이다. 5년을 투자했을 경우는 2년 정도는 채권보다 주식이 낮은 수익률을 보인다. 결론적으로 단기적으로는 주식이 위험해 보일 수 있으나 장기적으로는 주식이 덜 위험한 것이다. 시걸 교수는 주식투자는 평균 6.8%의 수익을 기대할 수 있다고 설명한다. 이는 10년을 투자할 경우 원금이 두 배로 증가하는 수치다. 그렇다면 장기투자를 할수록 주식투자 비중을 높아야 할 것이다.

미국인에게 시걸 교수는 주식의 3분의 1은 미국 이외의 국가에 투자해야 한다고 조언한다. 그렇다면 한국투자자들은 어떻게 해야 할까? 미국 주식시장의 규모는 시가총액 기준 전세계의 35% 수준이다. 반면 우리나라 주식시장의 규모는 세계 시장의 2%에 조금 못 미친다. 그렇다면 우리는 아무리 못해도 반 이상을 해외주식에 투자하는 것이 합리적이지 않을까.

미처
몰랐던
것들

업무를 하면서 항상 헷갈리는 것이 명목과 실질의 개념 차이였다. 책을 보면 이해가 되는 것 같은데 이상하게 시간이 지나면 머릿속에서 사라진다. 특히 둘 중에 뭘 써야 하는지는 헷갈렸다. 해외투자를 위한 국가분석을 할 때 GDP는 가장 먼저 봐야 하는 데이터이다. 일단 GDP가 무엇인지부터 살펴보자.

GDP(Gross Domestic Product, 국내총생산)는 한 나라에서 사람들이 생산한 것을 말한다. 가계, 기업, 정부 등 모든 경제주체가 일정 기간 동안에 생산한 최종 생산물의 합이다. 이와 비슷한 개념으로 GNP(Gross National Product, 국민총생산)가 있다. GNP는 국민이 생산한 것들의 합이다. GNP에는 국민이나 기업이 외국에 나가 생산한 것들이 포함되지만 GDP에는 포함되지 않는다. 과거에는 GNP를 사용하였으나 최근에는 GDP 개념을 더 많이 사용한다. 예를 들어 박지성 선수가 영국에서 받은 연봉은 대한민국의 GDP에는 포함되지 않는다. 하지만 GNP에는 포함된다. 그리고 히딩크 감독이 대한민국 국가대표팀에서 받은 연봉은 대한민국의 GDP에는 포함되고 GNP에는 포함되지 않는다.

그러면 실질 GDP(實質, Real)와 명목 GDP(名目, Nominal)의 차이는 무엇일까? 실질과 명목의 차이는 물가변동의 반영여부에 있다. 즉, 실질GDP는 물가 변동을 감안한 것이고 명목GDP 단순하게 계산된 GDP개념이다.

어떤 국가에서 2016년에 빵을 10개 생산했다고 해보자. 빵 하나의 가격은 100원이었다. 2016년의 명목 GDP는 1,000원(10개×100원)이 된다. 그런데 2017년에 빵을 생산한 것은 100개로 변화가 없는데, 빵 한 개 가격이 110원으로 오르면 2017년의 명목GDP는 1,100원(10개×110원)이 된다. 다시 2018년에 빵 가격이 떨어져 90원이 되었다고 해보자. 그럼 2018년의 명목 GDP는 900원(10개×90원)이 된다. 명목 GDP증가율을 보면 2017년 +10%, 2018년 -18.1% 가 된다.

생산량의 변화가 없는데 가격이 오르고 내렸다고 해서 경제규모가 변했다고 할 수 있을까? 그래서 사용하는 개념이 실질 GDP 인 것이다. 실질 GDP를 계산할 때는 기준년도를 정해놓고 그때의 가격으로 고정하여 계산을 한다.

2016년을 기준으로 하면 2016년의 실질 GDP는 1,000원(10개×100원)이 된다. 2017년에 빵의 가격이 110원으로 올랐으나, 기준년도 2016년도의 가격인 100원을 써서 2017년 실질 GDP는 변함없이 1,000원(10개×100원)이 된다. 마찬가지로 2018년 실질 GDP를 계산할 때도 기준년도

2016년도의 가격인 100원을 써서1,000원(10개×100원)이 된다. 이 경우 실질GDP증가율은 2017년 0%, 2018년 0% 가 된다.

명목 GDP와 실질 GDP는 용도가 조금 다를 뿐이다. 투자에 있어서 경제성장률을 보고자 할 때는 실질 GDP를 쓴다. 이것이 중장기적인 변화를 파악하는데 용이하기 때문이다. 반면 경제구조를 살펴보기 위해서는 명목GDP를 사용한다. 산식으로는 다음과 같다.

명목GDP증가률 = 실질GDP증가률 + 물가상승률

해외투자에 GDP를 어떻게 이용할 수 있을까? 2011년 금융공기관에서 해외투자 담당으로 근무할 때 강성석 금융투자 부장께서 부르셨다.

"해외 투자 전략의 일환으로 ETF로 주요 국가들에 선별적으로 투자하는 걸 시도해보고 싶은데 자네가 책임지고 해 보게나."

당시엔 매우 획기적인 전략이었다. 해외투자팀 초창기라 다들 외환 관리에 머리를 싸매고 있을 때였다. 원화를 달러, 엔, 유로 등으로 환전할 때 변동성을 어떻게 관리할지가 문제였다. '환 헤지를 얼마나 해야 할까? 환을 노출해야 할까?' 등의 문제로 머리 아파하던 직원들에게 부장님께서 말씀하셨다.

"뭘 그리 고민들 하나. 우리나라 통화가 전 세계적으로 중요도 높은 기축통화도 아닌데. 원화 평가절하나 절상이 해외투자에 있어 무슨 의미가 있나? 우리가 단기 투자하는 사람들도 아니고. 장기 투자하는 긴 안목을 가지고 기축통화 달러를 보유하면 되는 것 아닌가?"

부장님은 시대를 앞서가는 분이었다. 나는 희망을 갖고 몇 달을 연구를 거듭했다. 우선 주식투자 수익률이 가장 높을 국가를 분석하고 선별해야 책임있는 투자라고 생각했다. 그리고 외국 금융투자기관의 보고서를 읽고 또 읽었다. 각 국가들의 거시경제지표를 분석해 투자의 우선순위를 정하라는 분석이 많았다. 경제성장률, 실업률, 금리 등을 분석하여 투자 매력도가 높은 국가를 선별하라는 것이었다. 매우 체계적으로 보였다. 나는 거시경제 데이터를 기반으로 국가 선별모형을 만들었다. 전세계를 대상으로 투자를 시작했다는 것이 두렵기도 했지만 '행동하며 배운다'는 신조를 떠올리며 투자에 임했다.

국가를 선별하여 투자하는 전략에서는 다행히 이익을 냈다. 하지만 선별했던 국가 중에는 성과가 저조한 곳도 있었다. 매크로 지표가 좋은 나라들로 선별했는데도 말이다. 그 상처를 안긴 곳이 터키였다.

터키는 2001년 금융위기와 침체를 겪었다. 그 후 에르도안이 집권하며 회복을 해나갔다. 경제성장률도 높았고 주식시장도 상승세였다. 이런 흐름은 2013년 들어서도 유지되었다. 하지만 2013년 말 터키 주식시장은 13% 하락했다. 경제성장률은 8.5%로 견조했음을 고려하면 의외였다. 게다가 2013년 글로벌 주식시장도 전반적으로 좋았기에 이해할 수 없었다. 글로벌 금융시장의 환경도 좋았고 터키의 거시경제지표도 좋았던 2013년, 주가는 왜 저조했을까?

그 해 터키에서는 반정부 시위가 대대적으로 벌어졌다. 처음에는 도심에 위치한 게지공원을 재개발려는 정부의 계획을 반대하는 집회였다. 경찰은 최루제를 사용하는 등 과잉진압을 했다. 게다가 정부는 집회 및 결사의 자유에 제한을 두었는데, 이에 대한 반대로 시위는 오히려 더 심화되었다. 나는 매일 터키 현지의 이코노미스트와 전화 통화를 했다. 현지의 상황을 물어보면 그는 '별 거 아니다. 곧 진정될 것이다'라는 말 뿐이었다. 내부에서는 사태의 심각성을 냉철히 인식하지 못하는 경우가 있다. 전문가들도 마찬가지이다.

거시경제지표에만 입각한 투자판단은 정치적 리스크를 고려하지 못하는 경우가 많다. 경제성장률 등의 경제지표는 보완수단으로 써야지 이를 바탕으로 단편적인 결정을 내려서는 안된다. 경제지표의 문제점은 또 있다. 우리가 보는 경제지표는 과거의 모습이라는 것이다. 경제지표의 발표는 한달에서 수 개월 시간이 소요된다. 오늘 발표된 경제지표는 수 개월 전에 조사한 것이다. 그러니 우리가 접하게 되는 정보는 예전의 상황을 보여주는 것에 불과할 수 있다. 일반적으로 주가는 경기를 선행한다. 다시 말해 경제지표는 좋게 나왔어도 이미 실물경기와 주가가 하락하는 경우가 있다. 과거 자료인 경제지표로 경기를 선행하는 주가의 방향을 예측한다는 것이 애초에 무모한 도전일지도 모르겠다.

결국 바람직한 방법은 경제지표로 경기흐름을 파악하고 그 흐름에 맞춰 주식시장의 방향성을 예측하는 것이다. 명심할 점은 경기흐름이 변한다고 경솔하게 이리저리 투자수단을 바꾸지 말아야 한다는 것이다. 주식투자는 최소 10년의 긴 호흡으로 접근해야하는 장기투자라는 사실을 잊지 말자.

―――――

사람도
시장도
변한다


공기관에 주식운용팀장으로 근무할 때의 일상이다. 매일 아침 7시 투자총괄상무(CIO)와 미팅을 한다. '염 팀장, 어제 외국인이 샀나 팔았나?' 어제 주식시장에서 외국인들은 어떠한 움직임을 보였는지에 대한 물음이다.

해외출장을 가면 반드시 그 나라의 증권거래소를 방문한다. 재래시장에 가면 현지인들을 가장 잘 느낄 수 있고 박물관에 가면 역사와 문화를 이해할 수 있듯, 금융시장을 이해하는 첫걸음은 증권거래소에 가보는 것이라 생각한다. 그런데 외국의 증권거래소에서 외국인 동향을 물으면 답은 '모른다'였다. 그런 자료를 집계하지 않는다는 것이다. 멕시코 증권거래소에서 호세 Jose-Oriol Bosch Par 사장에게 멕시코 주식시장의 외국인 투자비중을 물어보았다.

"거래소에서 투자자의 개인정보를 보유하지 않습니다. 주문을 낸 증권사의 고객을 역추적하면 외국인인지 내국인인지 알 수는 있겠지만, 개인정보라 알 방법은 없습니다. 중요하지도 않구요."

맞는 말이었다. 그런데 우리는 왜 외국인 매매에 촉각을 곤두세울까? 우리나라 금융시장이 개방된 이후 외국인자금이 많은 영향을 끼쳤다고 한다. 이전까지는 폐쇄된 시장이었으니 우리의 시장분석 능력이 다소 미숙했는지 모르겠다. 주먹으로 싸우던 시장에 갑자기 총을 든 사람들이 나타난 것이다. 아마 당시 국내시장은 외국인들이 쉽게 이길 수 있는 시장이었을 것이다.

지금 생각에는 무기의 차이보다는 시장을 보는 눈의 차이였던 것 같다. 그들이 먼저 겪었던 일들을 우리가 겪고 있으니 외국인들 눈에는 시장의 흐름이 보였던 것이다. 요즘 우리나라 사람들이 베트남에 부동산을 많이 사는 것처럼 말이다. 이삼십 년 전에 한국에서 부동산 가격 상승을 겪어 봤기에 베트남에 과감히 투자할 수 있는 것이다.

초장기 펀드매니저들은 외국인이 사고 파는 것을 주시했다. 당시 시장은 정보의 비대칭성*이 많이 존재했던 것 같다. 시장이 비효율적일수록 시장 정보에 따라 초과수익을 낼 수 있다는 효율적 시장 가설에서 말하는 것처럼 말이다. 외국인의 동향을 먼저 알 수 있는 방법이 외국계 증권사의 주문내역을 미리 파악하는 것이었다. 외국인들은 골드만삭스나 도이치방크 같은 외국증권사에 국내주식주문을 낸다. 그들이 주문내는 정보를 외국증권사에 다니는 한국브로커들을 통해 얻는 식이다. 그렇게 국내 펀드매니저들은 추세를 보며 매매했다고 한다. 따라서 외국증권사에서 입수하는 정보가 중요했고 외국계 증권사에게 3배이상 높은 수수료 (0.7%) 까지 지불했다고 한다.

지금은 우리 금융시장도 많이 성장했고 시장참가자들의 수준도 높다. 오히려 외국 펀드매니저들보다 우리 펀드매니저들의 자질이 높은 것 같다. 그리고 더 이상 외국인에 의해 좌지우지되는 시장도 아니다. 이러한 변화는 국내증권사와 외국계증권사의 중계수수료 차이가 미미한 점을 보면 명확해진다. 외국인들이 샀는지 팔았는지에 집착하는 것은 구시대의 산물이 아닐까.

*정보의 비대칭성: 모든 정보가 공평하게 공개되어 있는 것이 아니라, 중요 정보는 특정인만이 알고 있는 경우 '정보의 비대칭성이 있다'고 한다. 현실적으로 주식시장에서는 정보의 비대칭성이 존재하기 마련이다.

가설과
투자
사이에서

술자리에서 S전자의 고위임원이 세상을 놀라게 할만한 신제품 개발을 했다는 정보를 들려주었다. 나만 알고 있는 정보로 주식시장에서 돈을 벌 수 있을까? 이것이 바로 주식가격(주식시장)이 비효율적이냐 효율적이냐를 이야기하는 기준이다.

위 논리가 금융경제학에서 중요하게 다뤄지는'효율적 시장가설'이다. 이론의 핵심은 정보의 비대칭성에 따라 주식시장이 효율적인가를 판단하는 것이다.'정보의 비대칭성'이란 누군가는 정보를 알고 누군가는 정보를 모르는 것을 말한다. 현대차가 내일 기업실적을 발표한다고 해보자. 현대차 재무팀 직원은 그 내용을 미리 알고 있다. 이 경우 회사의 내부자(직원)는 자신이 알고 있는 정보를 활용해 돈을 벌 수 있다. 만약 실적이 좋게 발표된다면 내일 주식은 오를 것이다. 그렇다면 오늘 현대차의 주식을 사서 내일 주식이 오를 때 팔면 돈을 벌 수 있다. 반면 일반인들은 현대차 실적에 대한 정보가 없다. 투자 결과는 정확한 정보를 아는 내부자가 유리하다.

이렇게 정보를 아는 사람과 모르는 사람 간의 격차가 존재하는 것을 '정보의 비대칭성이 존재한다'라고 표현한다. 그런데 이런 정보의 비대칭성은 현대차가 실적을 발표하며 사라져버린다. 실적은 누구나 알 수 있는 별 의미없는 정보가 된다.

만약 주식가격(주식시장)이 완벽히 효율적으로 움직인다면 어떻게 될까? 완벽하게 효율적으로 움직이는 주식시장이라면, 내가 비밀스럽게 얻은 정보로는 돈을 벌 수 없다. 이미 주식 가격은 모든 정보를 반영하고 있기 때문이다. 현재 시세표에 찍힌 가격 100만 원은 내가 알고 받아들이는 모든 정보를 반영하고 있다.

주식시장에 대한 효율성 가설은 크게 약형 효율적 시장, 준강형 효율적 시장, 강형 효율적 시장으로 구분한다. 중요한 것은 말 그대로 '가설'로서 진리가 아니라는 것이다. 가정을 토대로 석학들이 주장하는 이론이다. 효율적 시장가설에 대해 알아보기 전에 생각할 것이 있다. 이런 가설은 시장이 효율적이지 않다는 인식에서 시작한다. 시장이 비효율적이기 때문에 사람들은 주식시장에서 초과수익을 얻을 수 있다. 이를 위해 우리는 기술적 분석, 기업분석, 내부정보 습득 등 다양한 시도를 한다.

시장이 완벽하게 효율적으로 움직이면 투자자들은 초과이익을 얻을 수 없다. 모든 정보들이 실시간으로 주식 가격에 반영되기 때문이다.

## 약형 효율적 시장 Weak-form efficient markets

약형 효율적 시장은 주식시장이 효율적이긴 하나 그 강도가 약하다고 주장한다. 이 가설의 핵심은 '지금의 주가는 현재 취득할 수 있는 주식의 시장정보를 모두 반영하고 있다.'이다. 따라서 과거의 주가나 거래량의 흐름과 같은 정보는 향후 주가 움직임에 예측력이 없다고 본다. 결론적으로 과거의 주가 패턴이 반복된다는 생각에서 출발한 기술적 분석으로는 수익을 낼 수 없다는 말이다. 주가 차트를 보고 있어봐야 시간낭비라는 것이다.

하지만 주변에는 차트만 보고 투자하여 수익을 내는 사람들이 많다. 특히 증권사에도 기술적 분석만을 전문적으로 하는 애널리스트들이 있다. 이 이론은 틀린 것인가? 아니다. 언급했듯이 가설일 뿐이다. 약형 효율적 시장을 믿는 사람들은 기술적 분석이 아닌 다른 방법으로 수익을 내는 것이 가능하다고 본다. 기업의 가치를 분석하는 기본적 분석과 내부정보를 통해 이익 추구가 가능하다고 보는 것이다.

## 準강형 효율적 시장 Semistrong-form efficient markets

준강형 효율적 시장은 약형 효율적 시장보다 주식시장이 조금 더 효율적이라고 본다. 주가는 새롭게 공개된 정보를 빠르게 반영된다고 생각한다. 주가는 공개적으로 구할 수 있는 모든 정보를 반영하고 있다는 것이다. 시장정보 뿐만 아니라 비시장정보까지 주가에 반영되어 있다는 것이다. 쉽게 생각해서 시장은 효율적이니 차트를 보는 기술적 분석도 의미가 없고 기업의 가치를 분석하는 기본적 분석으로도 초과 이익을 얻을 수 없다는 말이다. 준강형 효율적 시장은 초과이익을 위해선 기업의 내부정보를 알아야한다고 주장한다. 준강형이라는 가설은 좀 강한 것 같은데 그렇다면 강형은 어떻다는 말일까.

## 강형 효율적 시장 Strong-form efficient markets

강형 효율적 시장은 모든 공공 정보나 내부정보까지 주가에 반영되어 있다고 말한다. 결국 투자자들은 초과이익을 얻을 수 없다는 의미이다.

여기서 초과수익을 얻을 수 없다는 의미를 명확히 이해하자. 이것은 주식시장에서 수익을 얻을 수 없다는 말이 아니다. 강형 효율적시장은 시장을 초과하는 수익은 얻을 수 없으므로 시장수익율을 따라가는 전략만이 현명한 전략이라 말한다. 개별 주식에 대한 투자보다는 ETF투자를 통해 시장수익률을 추구하는 것이 현명한 투자라는 것이다.

나름 체계적인 가설이다. 그런데 한가지 의문이 든다. 인간은 과연 효율적으로 행동하는가? 현명한 척하지만 한없이 어리석은 우리다. 많은 사람들이 투자하는 주식 시장이 과연 효율적일까를 생각해 보자. 어릴 적 한해 걸러 반복되는 양파 파동을 보면서 생각했다. 양파가 풍년이 들어 출하량 증가로 가격이 폭락한다. 다음해 사람들이 양파를 심지 않는다. 결국 한해가 지나서는 양파의 공급이 줄어들어 가격이 폭등한다. 가격이 오르자 이번에는 양파를 많이 심는다. 이런 식의 반복이다. 그리고 어김없이 반복되는 양파 가격 폭락. 왜 사람들이 효율적이지 않는 걸까. 나라면 양파 가격이 폭등했다면 다음 해는 심지 않을 텐데. 다른 사람들이 많이 심을 것이 분명하니 말이다.

그런데 내가 간과한 것이 있었다. 양파 농사는 생존이 걸린 문제라는 사실이다. 내 가족의 생계가 걸려 있는데 양파 가격이 폭락했을 때 양파를 다시 심을 사람이 몇이나 될까? 또 다시 가격이 내리면 가족이 굶을 수 있는 상황에서 말이다. 평범한 사람들이 참여한 주식시장 역시 효율적일 수만은 없다. 그래서 나는 지금도 투자분석 기법을 잘 활용하면 주식시장에서 초과수익을 얻을 수 있다고 생각한다.

Europe

# 2 장

# 유럽 이야기

RUSSIA
라쉐노바를
떠올리며

2018년 평창 동계올림픽의 열기를 몸소 느끼고 싶었다. 폐막식 직전 주말 평창을 찾았다. 열정과 함성, 현장에서만 느낄 수 있는 설렘이다. 어느 순간 가슴속에서는 15세 소년의 감성이 되살아 난다. 1988년 서울 올림픽의 기억들과 함께.

30년전 글로벌 정세는 지금과 사뭇 달랐다. 동서 냉전의 시대였다. 이런 분위기가 올림픽에도 반영되었다. 1980년 모스크바 올림픽에는 미국, 한국, 서독 등이 불참했다. 이에 대한 보복으로 1984년 로스앤젤레스 올림픽에는 소련, 동독, 체코 등 동구권 국가들이 불참했다. 이런 극한 대립에 화합의 장을 마련한 것이 바로 1988년 서울 올림픽이었다. 당시 소련은 우리나라와 미수교국이었다. 어색함을 깨기 위해서인지 소련은 올림픽 개막 몇 달전 서울에서 열린 친선 체조경기에 참가했다. 지금의 컬링 만큼 당시 체조는 선풍적인 인기가 있었다. 주말에 멍하니 TV를 보던 내게 마루운동을 하는 선수가 눈에 들어왔다. 아니, 가슴에 들어왔다. 라쉐노바 나탈리아 Laschenova Natalia 였다. 그날 이후 동갑내기 러시아 소녀의 얼굴이 하루종일 맴돌았다. 중학교 시절의 첫사랑이었다. 체조결승전이 열린다는 날, 친구들과 나는 체조경기장을 찾아갔다. 나는 첫사랑을 직접 볼 수 있다는 설렘에 들떠있었다.

"염통! 입장권은 있냐?"
내 별명은 언제나 염소, 염통, 염오빠 등이었다. 내 성(姓)이 염이라는 휘귀성이기 때문이다.
"입장권? 매표소 가서 사면 되지."
"아마 체조 인기가 많아서 매진됐을걸."
친구 규진이 말이 맞았다. 표는 이미 매진이었다. 난감했다. 한참을 고민했다. 그러나 내 사랑을 눈앞에 두고 이대로 돌아 갈 수는 없었다.
"규진아, 콜라 사러 가자!"
"왠 콜라?"
콜라 두 병을 사들고 경기장 입구에 들어섰다.
"입장권 보여주세요."
자원봉사자가 입구를 막았다. 나는 들고 있던 콜라를 자원봉사자에게 건네며 최대한 정중히 말했다.

"누나, 안녕하세요. 저는 단대부중 3학년에 재학중인 염재현이라고 합니다. 지금 저 안에서 제 첫사랑이 경기를 하고 있어요. 오늘 경기가 끝나면 소련으로 돌아갈텐데. 저 들어가서 꼭 만나야 돼요!"

순간 주변의 자원봉사자들과 경찰들은 박장대소를 터트렸다. 그런데 검표를 하던 봉사자들은 난색을 표했다. 표가 있어야 입장이 가능하니까 어쩔수 없다는 것이었다. 울먹이며 주변을 서성였다. 경찰 형들이 우리를 불렀다.

"너희들, 이쪽으로 와 봐."

열정이 전달된 것일까. 경찰은 진행요원들이 다니는 곳으로 들어가라고 했다. 기적적으로 경기장에 입장한 것이다. 그런데 뭔가 이상했다. 체조선수들이 모두 남자였다. 남자체조 결승전이었다. 날짜를 착각한 것이었다. 관람석에 앉긴 했지만 라쉐노바가 눈앞에 맴돌았다. 경기가 끝날 때쯤 라쉐노바가 자국 선수들을 응원하러 왔을지도 모르겠다는 생각이 들었다. 후문으로 달려갔다.

경기가 끝나 선수들과 팬들이 기념사진을 찍고 있었다. 선수들의 모습을 유심히 보았지만 라쉐노바는 없었다. 그런데 멀리 한 선수가 사진을 찍는 동료들을 바라보고 있었다. 아무에게도 관심을 받지 못하는 모습이 처량해 보였다. 나는 그에게 다가가 사진을 찍자고 청했다. 사인도 받았다. 나중에 알고보니 그 선수는 LA 올림픽에서 금메달 3개를 비롯해 총 7개의 메달을 거머쥔, 중국 남자체조의 간판스타 리닝(Li Ning)이었다. 그는 부상으로 서울 올림픽에서 아쉽게 메달을 따지 못했다. 아마 그는 마지막 경기를 끝내고 지금껏 그가 걸어온 길을 회상하고 있었는지 모르겠다. 올림픽이 끝나자 그는 은퇴했고 스포츠 용품 회사를 세워 사업가로 성공한다. 그 회사가 현재 홍콩거래소에 상장되어 있다. 시가총액 2조 원이 넘는 Li Ning Company이다. 그는 2008년 베이징 올림픽 최종 성화주자로 메인 스타디움에 불을 붙였다. 지금도 내 사진첩 한쪽에는 서울 올림픽 입장권과 리닝의 사인이 있다.

나는 서울올림픽 조직위원회에 내 소개와 사연, 라쉐노바의 주소를 알려달라는 편지를 보냈다. 감사하게도 박영철 국장이란 분이 답장을 보냈다. 당시 소련은 미수교국이라 선수들이 개인주소를 공란으로 했다는 내용이었다. 그러면서 소련 올림픽 조직위원회 연락처를 주셨다. 몇 차례 소련 올림픽 조직위원회에 편지를 보냈으나 답신은 없었다. 대학에 들어가면 반드시 러시아로 날아가겠다고 다짐했지만 라쉐노바도 서서히 잊혀져갔다.

2017년 러시아 출장길에 올랐다. 러시아에 대해 이야기를 하다보면 가장 먼저 들리는 말이 독재다. 소비에트정권을 수립한 레닌은 1917년부터 1922년까지 5년정도 짧게 국가수장에 머문다. 급작스런 뇌출혈로 쓰러져 스탈린이 차기 서기장에 오른다. 그가 1922년부터 1953년까지 무려 31년동안 독재를 하게 된다. 두 사람에 대한 러시아 사람들의 평가는 엇갈린다. 레닌은 아직도 추앙을 받고 있다. 어머니곁에 묻어달라 했던 유언과는 달리 방부처리되어 붉은 광장에서 참배객을 받는다. 반면 스탈린은 사후 레닌 옆에 똑같이 누워 있었지만, 그가 저지른 숙청이 대학살로 평가되어 무덤에서 쫓겨났다. 지금은 크렘린 벽 구석 묘지로 옮겨졌다.

최근 국제사회는 푸틴의 장기집권을 우려스러운 눈으로 보고 있다. 푸틴은 2000년 대통령이 되었다. 임기 4년, 중임가능 대통령제인 러시아에서 2번 대통령을 한 뒤, 3회 연임이 금지된 헌법에 따라 2008년에는 총리가 된다. 이때 세계 1위의 천연가스 생산기업 가스프롬 Gazprom의 회장 메르베데프가 대통령이 된다. 개헌을 통해 임기 6년, 중임가능 대통령제를 만든 후 푸틴은 2012년 다시 대통령이 되었다. 총리는 전직 대통령 메르베데프가 되었다. 그런데 2018년 3월 대선을 통해 다시 2024년까지 푸틴은 대통령직을 수행하게 되었다.

우리도 독재에 대한 기억이 있다 보니 러시아 사람들도 푸틴의 독재에 대해 부정적일 것이라 생각했다. 그런데 모스크바의 기념품 코너에는 푸틴 대통령 사진이 많았다. 환갑이 넘은 할아버지가 윗옷을 벗고 사냥하고 있는 사진, 야생 불곰을 타고 달리는 사진 등이었다. 젊은 층에게도 인기라고 한다. 우리나라 인사동에서 대통령 사진이 있는 티셔츠나 엽서를 파는지 궁금해졌다. 국민의 지지를 받는 것처럼 보이는 러시아의 독재가 좋은 정치가 될 수 있을까.

## 러시아 주식시장

러시아 주식시장의 시가총액은 2019년 3월 말 기준 약 6,000억 달러로 세계 18위이다. 산업별 비중은 에너지 53.2%, 원자재 19.6%, 금융 14.6%, 유틸리티 4.5%, 통신 3.4%, 산업재 2.1%, 필수소비재 1.7%, 경기소비재 0.9%, 헬스케어 0.1%, IT 0%의 모습을 보이고 있다.

시가총액 상위 주요기업으로는 Sberbank(금융), Rosneft(에너지), LUKOIL(에너지), Gazprom(에너지), NOVATEK(에너지), Norilsk Nickel(원자재)등으로 에너지기업에 대한 의존도가 높은 주식시장이다.

## 러시아에 어떻게 투자하면 될까?

우리나라에서 투자 할 수 있는 방법은 ①펀드, ②국내에 상장된 ETF, ③증권사 해외전용계좌 개설을 통해 러시아주식을 거래할 수 있다. 다만 러시아 본토에 직접 거래가능한 국내증권사는 아직 없고 미국이나 영국에 상장된 DR이나 ETF를 살수 있다.

### ① 펀드
러시아투자 펀드는 현재 14개의 펀드가 판매중에 있다. 운용규모면에서는 JP모간, 키움, 미래에셋 자산운용이 상위를 차지하고 있다. 투자지역을 자세히 살펴보면 러시아에만 투자하는 펀드와 러시아를 포함한 이머징 유럽에 투자하는 펀드가 있다. 이머징 유럽펀드들의 경우 러시아, 폴란드, 터키, 체코 등에 투자하는 펀드나 러시아의 비중이 압도적으로 높다.

② 국내에 상장된 ETF
국내에서 투자할 수 있는 다른 방법은 한국거래소에 상장된 ETF에 투자하는 방법이다. 현재까지는 KINDEX러시아MSCI ETF만이 상장이 되어있다.

③ 해외전용계좌 개설을 통한 러시아 ETF
러시아주식을 보다 적극적으로 매매할 수 있는 방법이 미국에 상장된 ETF를 매매하는 방법이다. 일반 ETF 뿐만 아니라 상승에 베팅하는 3배 레버리지, 하락에 베팅하는 3배 인버스 상품 등 다양한 ETF가 상장되어 있다.

④ 해외전용계좌 개설을 통한 러시아 DR (Depositary Receipt)
본격적인 러시아 주식투자는 미국이나 유럽에 상장된 DR에 투자하는 것이 가능하다. 국내증권사에서 러시아를 매매가능국가에 포함시키게 되면 러시아 본토의 주식도 투자가 가능하겠지만, 현재까지 국내투자자의 수요부족으로 가능하지 않다

**СБЕРБАНК**

Sberbank

모스크바에 본사를 두고 있는 Sberbank는 1841년 설립된 러시아제국 저축협회가 전신인, 역사깊은 은행이다. 러시아제국 저축협회는 상트페테르부르크와 모스크바에서 소규모로 시작했지만 소비에트 시대에 정부 노동 저축은행 시스템으로 바뀌었다. 이후 20개국 이상의 사람들에게 익숙한 세계적인 브랜드로 거듭난 대형 종합금융그룹으로 진화했다.

Sberbank는 예금을 유치하고 상업은행 서비스를 제공하는 금융기업이다. 개인금융, 기업금융, 증권중개, 외환 서비스 및 신용카드 사업 등을 영위한다. 현재 러시아와 동유럽에서 가장 큰 은행이다. 2015년 기준으로 16,500여 개의 지점에서 25만 명 이상의 직원이 일하고 있는 Sberbank는 22 개국에 1억 3천 명의 소매 고객과 100만 이상의 기업 고객을 보유하고 있다. 러시아 총 은행 자산의 28.6 %를 차지하는 Sberbank의 사명 (Mission)은 "We make people's lives better by helping them fulfill their aspirations and dreams (사람들의 열망과 꿈을 이룰 수 있도록 도움으로써 사람들의 삶을 개선한다.)"이다.

Sberbank의 사명은 활동 범위를 결정하고 러시아 경제에서 중요한 역할을 강조하고 있다. 고객의 요구, 꿈 및 목표는 Sberbank의 활동에 지침을 제공하고, 세계적인 은행이 되는 것이 직원의 발전과 조직의 공동 가치를 공유하는 하나의 팀으로서의 노력에 달려 있다는 것을 강조하는 철학이다.

실제로 2017년 봄 Sberbank 본사를 방문하여 인력 구조조정에 대해 물어보았다. 국내 은행들이 모바일 뱅킹, 인터넷 뱅킹의 확산으로 지점의 인력을 줄이는 제도를 시행하고 있어 러시아의 현실이 궁금하였다. 스베르뱅크의 아나스타시아 Anastasia Belaynina 전무의 답변은 내게 새롭게 다가왔다.

"해당 직원이 하던 일이 시스템의 변화로 필요성이 줄어들면, 그 직원에게 새로운 업무에 대한 교육의 기회를 충분히 제공하고 새로운 업무를 할 수 있는 곳으로 배치하여 지속적으로 근무합니다."

정리해고, 명예퇴직이 당연시 받아들여졌던 내게 직원을 소모품이 아닌 동료로 여기는 따뜻함을 차디찬 북쪽 땅에서 느꼈다.

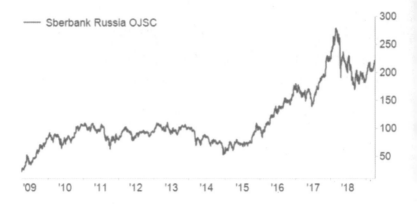

— Sberbank Russia OJSC

| Sberbank Russia OJSC | | | | | (RUB,십억, %) |
|---|---|---|---|---|---|
| | 2015 | 2016 | 2017 | 2018 | 2019 |
| 매출액 | 3,109.2 | 3,086.1 | 3,236.6 | 3,179.5 | 2,147.2 |
| 영업이익 | 411.2 | 715.7 | 987.4 | 1,046.2 | 1,355.2 |
| 순이익 | 223.3 | 540.5 | 750.4 | 832.4 | 921.9 |
| 영업이익률 | 13.2% | 23.2% | 30.5% | 32.9% | 70.2% |
| 순이익률 | 7.2% | 17.5% | 23.2% | 26.2% | 47.8% |
| 매출액증가율 | 38.7% | -0.7% | 4.9% | -1.8% | -32.5% |
| 영업이익증가율 | 92.9% | 74.1% | 38.0% | 6.0% | 29.5% |
| PER | 10.2 | 7.2 | 6.7 | 5.1 | 5.7 |
| PBR | 1.0 | 1.4 | 1.5 | 1.1 | 1.2 |
| 부채비율 | 13.7% | 11.0% | 9.8% | 8.9% | - |

자료: FactSet, 2019년 추정치, 2019년 4월 3일 기준

Gazprom

Gazprom은 러시아 연방 및 유럽 국가에서 가스 파이프 시스템을 운영하고, 가스를 탐사하며, 고압가스를 운송한다. 더불어 석유 생산, 석유 정제, 가스 저장, 전기 및 열 에너지 발전에도 관여하고 있다.

제2차 세계대전이 한창이던 1943년, 소련 정부는 가스산업을 발전시켰다. 1965년에는 가스산업부에 가스 탐사, 개발, 유통을 집중시켰고, 1970~80년대 가스산업부는 Siberia의 Ural 지역과 Volga 지역에서 대규모의 천연가스 매장량을 발견하면서 소련을 글로벌 주요 가스 생산국으로 만들었다. 1989년 8월 Viktor Chernomyrdin의 지휘 아래 가스산업부는 Gazprom으로 개명하며 소련의 최초 기업이 되었다.

러시아 연방의 대통령령(1992년)과 러시아 정부의 결의(1993년)에 따라 Gazprom은 주식회사가 되었고 바우처 방식으로 주식을 유통하기 시작했다. 1992년 12월 옐친 대통령이 Gazprom 회장을 총리로 임명하면서 Gazprom의 정치적 영향력은 더욱 커졌다. 현재 러시아의 총리이자 전 대통령인 메드베데프 Dmitry Medvedev 도 가즈프롬 회장 출신이다.

천연 가스 매장량 및 생산 측면에서 Gazprom은 세계 최대 에너지 기업이다. 2016년 12월 기준으로 러시아의 탄화수소 매장량은 가스 364,439억 ㎥, 가스 응축수 153,490만 톤, 석유 207,850만 톤이다. Gazprom은 전세계 가스 생산량의 11%를 생산한다. 2016년 천연 가스 및 관련 가스 4,191억 ㎥, 가스 응축수 1,590만 톤, 석유 3,930 만 톤을 생산했다. Gazprom은 세계에서 가장 큰 가스 운송 파이프 시스템을 보유하고 있는데, 러시아 전역과 해외에 걸쳐 지속적으로 가스를 운반할 수 있는 시스템이다. Gazprom의 가스 파이프의 전체 길이는 171,400킬로미터이다.

러시아의 천연가스 자동차 시장을 형성하는 것이 Gazprom에게 떠오르는 중요 사업이다. 가스 연료 사용 촉진을 담당하는 유일한 기업으로 Gazprom Gazomotornoye Toplivo이 있다. Gazprom은 석유 화학 제품 생산을 확대하고, 첨단 가공 제품의 생산량을 늘릴 계획이다.

| Public Joint-Stock Company Gazprom | | | | (RUB,십억, %) | |
|---|---|---|---|---|---|
| | 2015 | 2016 | 2017 | 2018 | 2019 |
| 매출액 | 5,984.7 | 5,966.4 | 6,384.0 | 8,204.1 | 8,032.7 |
| 영업이익 | 1,695.7 | 1,278.3 | 1,447.3 | 1,806.5 | 1,508.3 |
| 순이익 | 787.1 | 951.6 | 714.3 | 1,314.8 | 1,314.0 |
| 영업이익률 | 28.3% | 21.4% | 22.7% | 22.0% | 18.4% |
| 순이익률 | 13.2% | 15.9% | 11.2% | 16.0% | 16.0% |
| 매출액증가율 | 9.3% | -0.3% | 7.0% | 28.5% | - |
| 영업이익증가율 | 11.0% | -24.6% | 13.2% | 24.8% | - |
| PER | 4.0 | 3.7 | 4.0 | 2.7 | 2.9 |
| PBR | 0.3 | 0.3 | 0.2 | 0.3 | 0.3 |
| 부채비율 | 20.2% | 16.7% | 17.9% - | | - |

자료: FactSet, 2018년 및 2019년 추정치, 2019년 4월 3일 기준

Rosneft Oil Company

Rosneft는 석유 및 천연가스를 탐사, 추출, 정제 및 판매하고, 러시아의 서 시베리아, 사할린, 북 캅카스 및 북극 지역에서 석유를 생산한다. Rosneft는 러시아의 모든 석유 및 가스 지역의 탐사 및 생산에 종사하고 있다. Rosneft Oil Company의 역사는 러시아 석유산업의 역사이다. 그 시작은 사할린 유전 탐사가 시작한 1889년으로 거슬러 올라간다. Rosneft의 주요 자산은 새로운 석유, 가스의 본격적인 개발이 시작되면서 소비에트 시대에 지어졌다. 1990년대에 들어서면서 연료 및 에너지 단지와 관련된 공공부문의 많은 기업들이 합병되었다.

대부분의 석유 산업은 민영화되었으며, 국영 석유 및 가스 자산 관리는 1995년 9월 Rosneft Oil Company로 개편한 국영 기업에 의해 수행되었다. 1998년 러시아 금융위기 기간에 Rosneft는 심각한 재정 및 운영상의 어려움에 직면했다. 자원 기반이 고갈되면서 생산이 감소하고 정제 능력의 낮은 효율성이 문제가 됐으며 판매도 감소했다.

러시아가 금융위기에서 벗어난 후 2004년부터 Rosneft는 새로운 개혁을 시작했고 단기간에 기업 경영의 효율성이 크게 개선됐다. 석유 생산과 정제 시스템을 통합하고 재무건전성을 강화했다. Rosneft는 2005년까지 생산 측면에서 러시아 석유 회사들 사이에서 선도적인 지위를 차지했다.

2006년 Rosneft의 주식은 런던증권거래소에서 상장되어 거래가 시작됐다. 당시 시가총액은 107억 달러로 당시 러시아 기업 중 가장 큰, 세계에서는 다섯 번째로 큰 IPO였다. 러시아에서 다수의 석유·가스 자산을 인수하여 석유 생산, 정유, 소매 네트워크를 크게 확대했다. 2007년 Rosneft는 이미 석유 생산량의 20% 이상을 공급하여 1억 톤 이상의 석유를 생산했다. 지질학적 탐사를 기반으로 2016 년에 13개의 유전과 2억 7천만 톤의 석유 매장량을 보유한 127개의 신규 매장 지역을 발견했다.

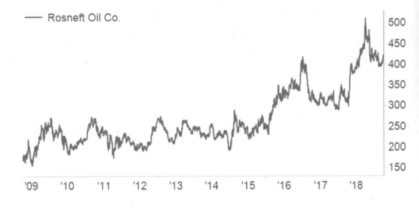

| Rosneft Oil Co. | | | | | (RUB,십억, %) |
|---|---|---|---|---|---|
| | 2015 | 2016 | 2017 | 2018 | 2019 |
| 매출액 | 4,216.0 | 4,305.0 | 5,296.0 | 7,095.0 | 8,248.8 |
| 영업이익 | 733.0 | 614.0 | 547.0 | 1,183.0 | 1,323.2 |
| 순이익 | 355.0 | 174.0 | 222.0 | 549.0 | 726.0 |
| 영업이익률 | 17.4% | 14.3% | 10.3% | 16.7% | 16.1% |
| 순이익률 | 8.4% | 4.0% | 4.2% | 7.7% | 8.8% |
| 매출액증가율 | -21.6% | 2.1% | 23.0% | 34.0% | 16.3% |
| 영업이익증가율 | 23.0% | -16.2% | -10.9% | 116.3% | 11.8% |
| PER | 7.6 | 24.5 | 13.9 | 8.2 | 6.3 |
| PBR | 0.9 | 1.3 | 0.9 | 1.1 | 1.0 |
| 부채비율 | 32.6% | 30.3% | 30.0% | 30.6% | - |

자료: FactSet, 2019년 추정치, 2019년 4월 3일 기준

POLAND
쇼팽의 선율이
흐르는 거리

라일락 향기가 아침을 열어주었다. 철학개론 수업을 들으러 학교 정문을 지나는데 금발의 여학생이 보인다. 양팔에 목발을 짚고 양손에는 짐을 든, 다소 어색한 걸음이었다. 도와주고 싶었으나 외국인이라 말을 걸 엄두가 나지 않아 지나쳤다. 계속 뒤통수가 뜨거웠다.

'도와주겠다는 말을 영어로 어떻게 하지?' 대학 입학 통지서를 받자 난 기초영어 회화반을 등록했다. 열심히 수업을 들었건만 막상 말을 하려니 머릿속이 텅 빈 것 같았다. 몇 번을 망설이다 결국 걸음을 되돌렸다. 여학생에게 성큼 다가가서 우리말로 말을 건넸다.

"들고 계신 짐 주세요!"
"아, 고맙습니다."

푸른 눈의 그녀에게서 또렷한 한국말이 나왔다.

"와, 한국말을 잘 하시네요. 저는 경제학과 93학번 염재현이라고 합니다."

"저는 국문과 91학번 아그네시카입니다."

맑은 미소와 함께 그녀가 말했다. 금발의 예쁜 여학생과 교정을 걸으며 대화를 나누었다. 사춘기 때 꿈꾸어 보던 대학생활의 모습 그대로였다.

"아그네시카 선배님은 어느 나라에서 오셨어요?"

"전 폴란드에서 왔어요."

그녀는 다리에 장애가 있어 보였고 걸음은 매우 느렸다. 5분이면 가는 정문에서 정경대학까지 15분이 넘게 걸렸다. 그만큼 많은 대화도 오갔다. 아그네시카 선배가 내게 질문을 던졌다.

"국제결혼에 대해 어떻게 생각하세요?"

당혹스러웠다. 방금 만났는데 이런 질문을 받다니. 내심 기분이 좋아졌다. 선뜻 대답은 못했다. 사실 어머니께 국제결혼의 승낙도 받아 놓은 상태였다. 중학교 첫사랑이 소련 체조선수 라쉐노바였기 때문이다. 그런데도 난 대답을 머뭇거렸다. 그녀가 장애가 있어서였을까. 잠시 후 나는 강한 어조로 대답했다.

"좋죠. 전 아주 좋다고 봐요."

그녀는 잠시 고개를 갸우뚱거리고는 말했다.

"수업 마치고 커피 한잔할래요?"

그렇게 아그네시카 선배와 친해졌다. 카페에서 이야기하다 보니 그녀는 국제결혼에 대해 물어본 것이 아니었다. '국제경제에 대해 어떻게 생각하냐?'라는 질문을 내가 잘못 알아들었던 것이다. 알고 보니 그녀는 교내에서 유명한 선배였다.

"난 태어나면서부터 걷지를 못했어요. 그런데 어느 날 바르샤바에 교환 교수로 오신 김 교수님을 알게 되었어요. 그분이 제게 한국 유학을 권하셨어요. 한국에 오면 치료도 받을 수 있다고 하셨어요. 그때부터 희망이 생겼어요. 지금은 목발을 짚고 걷게 되었어요. 언젠가는 목발 없이도 걸을 수 있을 거예요."

그녀의 입가에서는 미소가 떠나지 않았다. 그런데 그녀와 거리를 다닐 때마다 이상한 기분이 들었다. 불편한 기분이랄까, 차가운 시선이 느껴졌다. 사람들의 시선이 따뜻할 필요까지는 없었는데, 차갑고 따가웠다. 만일 내가 그런 시선을 20년 넘게 받으며 살아왔다면 난 미쳐버렸을지도 모르겠다. 대학 신입생 시절 난 어두웠다. 불만족에 차 있었고, 얼굴에는 미소가 없었다. 건강한 몸, 대학생이 된 자유로움 등 많은 것을 가졌지만 말이다. 부끄러워졌다. 어느 날 교정에서 철학개론 수업을 맡으신 최유신 교수님과 마주쳤다.

"과대표, 요즘 무슨 일 있는가? 얼굴 빛이 계속 어두워."
"교수님, 실은 혼란스러운 일이 있습니다."
"수업시작까지 시간이 있으니 잠시 이야기라도 나눌까?"
교수님과 나란히 청룡 연못 벤치에 앉았다. 아그네시카 선배와 만나면서 겪은 일들을 말씀드렸다. 장애인을 대하는 사람들의 시선을. 내 말을 들으시던 교수님께서 나지막이 말씀하셨다.

"염 군, 자네는 지금까지의 삶의 경계가 확장된 것이라네. 고등학생의 울타리가 넓어진 거지. 세상엔 정말 다양한 사람들이 있다네. 지금 이 교정을 보게. 장애인을 위한 시설이 갖추어져 있는지. 모두 계단뿐 아닌가? 우리가 시선을 돌려야 할 곳이 참 많네. 자넨 대학에 와있지만 생산현장을 가보게. 공부를 하고 싶어도 못하는 젊은이들이 많네. 내가 운영중인 야학도 그들을 위한 교사를 필요로 하지."

야학에 참여해보고 싶다는 내 말에 최 교수님께서 말씀하셨다.

"자네 말은 고맙네. 하지만 성급하게 결정하지 말게. 신입생 아닌가. 대학생활을 더 해보고 나중에도 마음이 바뀌지 않거든 그때 함께 하세."

2년의 시간이 흘렀다. 아그네시카 선배는 졸업반이 되었다. 그녀는 한국기업에 취직하고 싶어했다. 대우상사 같은 무역회사에 취직하고자 했다. 내가 회사에 가서 입사원서를 받아오기도 했다. 이력서를 교정해주면서 가을을 보냈다. 겨울에 난 군입대를 했다. 26개월 군복무를 마치고 돌아오니 최유신 교수님도 아그네시카도 교정에 없었다.

아그네시카 선배를 처음 만난지 24년이 지났다. 폴란드에 가면 우연히 그녀를 마주칠 수 있을까. 라일락이 가득한 5월, 드디어 폴란드의 바르샤바 쇼팽국제공항에 도착하였다. 아그네시카 선배의 목소리와 함께 쇼팽의 피아노 선율이 들려오는듯 했다.

폴란드의 수도인 바르샤바에 얽힌 재미난 전설이 있다. 어느 날 비슬라강에서 인어가 나타나 황량했던 이 지역에 도시가 출현할 것이라고 예언을 했다고 한다. 인어의 예언대로 1959년 바르샤바는 수도로 결정된다. 폴란드는 9세기경 동유럽의 정교회가 아닌 로마 카톨릭을 받아들였다. 1795년에 폴란드는 독일, 오스트리아, 러시아에 의해 쪼개지는 아픔을 겪게 된다. 100년이 넘는 환난과 시련, 저항과정에서 인구의 20%가 죽는다. 그리고 1918년 비로소 독립한다. 평화의 시간도 잠시,

1939년 9월 1일 독일의 폴란드 침공으로 시작된 세계 2차대전으로 바르샤바는 완전히 파괴되었다. 600만 명의 사람들이 죽었다. 2차 세계대전이 끝난 후 폴란드에는 사회주의 정권이 들어섰다. 그런데 사람들이 사회주의 이념과 정부보다 성당과 신부들을 더욱 반기고 의지하는 모습을 본 정부관료들은 종교 방송을 금지했다. 모든 설교를 검열하는 종교탄압을 시작하였다. 이런 전쟁과 탄압의 고통을 이겨내고 폴란드인들은 '제2의 파리'라 불리우던 도시를 완벽하게 복원하였다. 쇼팽의 아름다운 피아노 선율이 어울리는 바르바샤의 구시가지는 세계문화유산으로 등재되어 있다.

## 폴란드 주식시장

폴란드 주식시장은 러시아(6,000억 달러)에 이어 동유럽에서 두 번째로 크다. 동유럽의 강자답게 지난 10년간 200% 가까운 주가 상승률을 보이고 있다. 특히 경제는 10년간 꾸준히 플러스 성장을 하고있다. 주가수익률은 2016년 +14.1%, 2017년 +22.8%, 2018년 -9.7%, 2019년 +4.3%(3월 말 기준)의 양상을 보이고 있다.

폴란드보다 조금 큰 시장이 시가총액 2,000억 달러 규모의 핀란드와 노르웨이이다. 반면 조금 작은 시장이 오스트리아 (970억 달러), 포르투갈 (620억 달러), 베트남(600억 달러) 등이다. 폴란드 주식시장의 시가총액은 2019년 3월 말 기준 약 1,600억 달러로 세계 32위다. 산업별 비중은 금융 41.9%, 에너지 16.1%, 경기소비재 11.7%, 원자재 9.4%, IT 5.6%, 유틸리티 5.5%, 산업재 4.5%, 필수소비재 3.1%, 통신 1.5%, 헬스케어 0.8%의 모습을 보이고 있다.

시가총액 상위 주요 기업으로는 Powszechna Kasa Oszczednosci Bank Polski SA(금융), Polski Koncern Naftowy ORLEN S.A.(에너지), Powszechny Zaklad Ubezpieczen Spolka Akcyjna(금융), Santander Bank Polska SA(금융). Polskie Gornictwo Naftowe i Gazownictwo SA(에너지), Bank Polska Kasa Opieki SA(에너지), ING Bank Slaski S.A.(금융), KGHM Polska Miedz S.A.(원자재), PGE Polska Grupa Energetyczna S.A.(유틸리티), mBank SA(금융) 등이 있다. 금융업에 대한 의존도가 높은 주식시장이다.

## 폴란드에 어떻게 투자하면 될까?

우리나라에서 폴란드 주식에 투자하기는 쉽지 않다. 펀드의 경우 폴란드에 단독으로 투자하는 펀드는 아직 없고 이머징유럽에 투자하는 펀드들이 있다. 개별주식투자의 경우 아직 직접 주식 거래 서비스를 제공하는 국내증권사는 없다. 다만 미국이나 유럽에 상장된 DR이나 폴란드 주가지수를 추종하는 ETF 거래는 가능하다.

① 펀드
국내에서 가입 가능한 폴란드 투자 펀드는 현재까지 없고 이머징유럽에 투자하는 펀드내에서 폴란드 투자 비중을 가지고 있다. 이머징유럽에 투자하는 펀드를 보유한 운용사는 키움투자자산운용, 신한BNPP자산운용, 미래에셋자산운용, 한화자산운용, KB자산운용 등이 있다. 대부분 2006년과 2007년에 설정된 펀드로 10년 넘게 운용하고 있으나 설정액은 500억 원 이하로 작은 형태를 보이고 있다.

② 해외전용계좌 개설을 통한 ETF 및 DR 거래
국내증권사에서 폴란드 주식거래 서비스를 제공하는 곳이 아직 없으므로 현실적 거래 방법은 선진국에 상장된 ETF나 개별종목의 DR를 사는 것이다. ETF의 경우 미국에 상장된 iShares MSCI Poland ETF와 Vaneck Vectors Poland ETF가 있다. DR의 경우, 시가 총액 상위 종목들의 DR이 미국시장에 상장되어 있다.

Polski Koncern
Naftowy ORLEN S.A.

Polski Koncern Naftowy ORLEN S.A.는 석유 제품을 정제, 유통한다. ORLEN은 유연휘발유, 디젤 연료, 액화석유가스(LPG), 자동차 부동액, 난방유, 플라스틱, 아스팔트, 폴리프로필렌 호일을 생산하고 있으며, 주유소를 통해 제품을 소매 고객에게 판매한다.

역사를 거슬러 올라가면, 1998년 5월 폴란드 장관회의에서 국영 석유 회사를 설립하기로 결의했다. 이후 폴란드 최대의 정유 회사인 Petrochemia Plock과 Centrala Produktow Naftowych가 합병하면서 1999년 9월 7일 Polski Koncern Naftowy S.A.가 생겨났다.

1999년 말에 설문조사를 통해 사명을 선택했는데, ORZEŁ(독수리)와 ENERGIA(에너지)을 일부 합친 ORLEN으로 선택되었다. 폴란드 정부는 여전히 회사의 27 %를 소유하고 있다.

2000년 4월 3일, 임시 주주총회에서 Polski Koncern Naftowy S.A.를 ORLEN으로 상표명을 변경하는 결의가 채택되었다. 더불어, 바르샤바 증권거래소에 2차 공모가 발표되었다. ORLEN은 회사의 커뮤니케이션 및 마케팅 활동으로 PKN ORLEN을 일관된 커뮤니케이션 방법으로 만들고 브랜드 이미지와 관련하여 모든 시장 활동을 표준화 할 수 있도록 지원했다.

ORLEN 브랜드는 2000년부터 알려지기 시작했지만, 세계적 수준의 제품을 생산해 급속하게 발전하는 회사로 존경받기 시작했다.

이후 민간 시장으로 과감하게 진출한 PKN ORLEN은 폴란드에서 가장 큰 정유 및 유통 회사로서 체코와 리투아니아, 폴란드에 총 7개의 정유소를 보유하고 있으며, 2,700개의 소매 사이트를 보유하고 있다. PKN ORLEN은 화학 회사인 Anwil을 소유하고 있으며 다른 여러 폴란드 회사의 지분도 보유하고 있다. 또한 체코 정유 및 소매 업체인 UNIPETROL을 관리하고 있다.

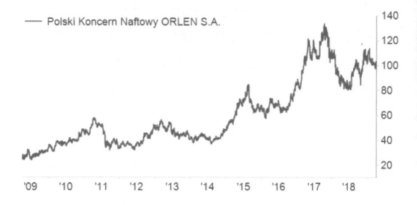

## Polski Koncern Naftowy ORLEN S.A.

(PLN,십억, %)

| | 2015 | 2016 | 2017 | 2018 | 2019 |
|---|---|---|---|---|---|
| 매출액 | 88.336 | 79.553 | 95.364 | 109.706 | 108.756 |
| 영업이익 | 4.783 | 5.614 | 7.751 | 6.380 | 6.264 |
| 순이익 | 2.837 | 5.261 | 6.655 | 5.556 | 4.833 |
| 영업이익률 | 5.4% | 7.1% | 8.1% | 5.8% | 5.7% |
| 순이익률 | 3.2% | 6.6% | 7.0% | 5.1% | 4.4% |
| 매출액증가율 | -17.3% | -9.9% | 19.9% | 15.0% | -0.9% |
| 영업이익증가율 | 1711.7% | 17.4% | 38.1% | -17.7% | -1.8% |
| PER | 10.2 | 6.9 | 6.8 | 8.3 | 9.5 |
| PBR | 1.3 | 1.4 | 1.4 | 1.3 | 1.1 |
| 부채비율 | 19.4% | 15.5% | 11.9% | 15.6% | 15.1% |

자료: FactSet, 2019년 추정치, 2019년 4월 3일 기준

Polish Oil & Gas Co.

Polish Oil & Gas는 폴란드 바르샤바에 위치한 국영 석유 및 가스 회사다. 러시아, 파키스탄, 벨로루시 및 우크라이나에 지사와 대표 사무소를 두고 있다. 시추 및 유정 서비스 제공 업체를 포함해 약 30개 자회사를 보유하고 있다. 바르샤바 증권 거래소에 상장되어 있다. 가스 연료를 생산 및 유통하는 기업으로 석유와 천연가스 매장량의 탐사, 개발 및 운영, 지하 가스 저장 시설의 건설과 운영, 광물 탐사 및 물, 표면 및 시추 지리물리학에도 관여하고 있다. 더불어, 가스 및 관련 제품의 수출입도 겸하고 있다.

2007년 가스의 유통과 거래 기능의 분리가 완료되었다. 이로 인해 PGNiG는 6개 지역 회사가 가스 연료 분배를 담당하게 되었다. 매출의 86%는 무역 및 저장이 담당하고 있다. 그 외에 탐사 및 생산이 9%, 발전 및 유통이 5%를 담당하고 있다. 2018년 1월 기준으로 원유 42만 톤과 천연가스 1.18 bcm이 판매되었다.

Polskie Gornictwo Naftowe i Gazownictwo SA

| | | | | | (PLN,십억, %) |
|---|---|---|---|---|---|
| | 2015 | 2016 | 2017 | 2018 | 2019 |
| 매출액 | 36.464 | 33.196 | 35.857 | 41.234 | 42.671 |
| 영업이익 | 3.412 | 4.881 | 4.769 | 5.199 | 5.058 |
| 순이익 | 2.134 | 2.351 | 2.923 | 3.212 | 3.821 |
| 영업이익률 | 9.4% | 14.7% | 13.3% | 12.6% | 12.3% |
| 순이익률 | 5.9% | 7.1% | 8.2% | 7.8% | 9.3% |
| 매출액증가율 | 6.3% | -9.0% | 8.0% | 15.0% | 3.5% |
| 영업이익증가율 | -26.2% | 43.1% | -2.3% | 9.0% | -2.7% |
| PER | 14.3 | 14.1 | 12.3 | 12.4 | 12.2 |
| PBR | 1.0 | 1.0 | 1.1 | 1.1 | 0.9 |
| 부채비율 | 12.8% | 12.8% | 6.2% | 6.9% | 11.2% |

자료: FactSet, 2019년 추정치, 2019년 4월 3일 기준

PGE Polska Grupa Energetyczna S.A.는 통합형 전기회사로 송전 그리드와 펌프 저장 발전소의 건설과 운영 사업을 한다. 국내(폴란드) 및 해외 시장에서 전기와 에너지 시스템 서비스를 제공하고 국내 발전 시스템의 전력 배급 및 운영에 관여하고 있다.

PGE Group은 매출액 및 순이익 기준 폴란드에서 가장 큰 에너지 회사이다. 자체 연료 자원, 발전 및 배전 네트워크의 결합으로 PGE는 5백만이 넘는 가정/기업/기관에 안전하고 신뢰할 수 있는 전력 공급을 보장하고 있다.

PGE 그룹은 1990년 Polskie Sieci Elektroenergetyczne S.A.로 설립됐다. 2007년에는 송전 시스템 운영 부서(Transmission System Operator)가 PSE S.A. 그룹과 분리되었다. 2007년 5월 Polska Grupa Energetyczna는 PGE Energia SA 및 BOT Górnictwo i Energetyka

S.A가 합병됐다. 2009년 11월 바르샤바 증권거래소에 상장되었고 2010년 3월 폴란드 대표 지수인 WIG20지수에 포함되었다.

PGE Group은 2개의 대형 갈탄 광산과 Bełchatów 발전소를 포함한 40개 이상의 발전소를 운영중이다. 동사는 8개의 유통 시스템 운영 회사와 8개의 전기 소매 판매 회사 그리고 전기 도매 및 기타 산업 (통신 포함) 운영 등으로 구성되어 있다. PGE는 발전 부문에서 38%의 시장 점유율을 보유하고 있고 전기 공급 부문에서 30% 시장 점유율을 보유 중이다.

— PGE Polska Grupa Energetyczna S.A.

| PGE Polska Grupa Energetyczna S.A. | | | | (PLN,십억, %) | |
| --- | --- | --- | --- | --- | --- |
| | 2015 | 2016 | 2017 | 2018 | 2019 |
| 매출액 | 27.996 | 28.092 | 23.100 | 25.946 | 32.456 |
| 영업이익 | -4.442 | 4.054 | 4.404 | 2.730 | 3.277 |
| 순이익 | -3.032 | 2.568 | 2.600 | 1.498 | 2.385 |
| 영업이익률 | -15.9% | 14.4% | 19.1% | 10.5% | 12.3% |
| 순이익률 | -10.8% | 9.1% | 11.3% | 5.8% | 9.0% |
| 매출액증가율 | 5.3% | 0.3% | -17.8% | 12.3% | 25.1% |
| 영업이익증가율 | -238.4% | -191.3% | 8.6% | -38.0% | 20.0% |
| PER | - | 7.6 | 8.7 | 12.5 | 7.5 |
| PBR | 0.6 | 0.5 | 0.5 | 0.4 | 0.4 |
| 부채비율 | 8.8% | 14.8% | 13.9% | 14.1% | 13.6% |

자료: FactSet, 2019년 추정치, 2019년 4월 3일 기준

GERMANY
지(知)와 사랑

"염 병장님! 나르치스와 골드문트가 무슨 뜻입니까?"

일요일 오후, 군대 내무반에서 나는 헤르만 헤세의 '지(知)와 사랑(Narziß und Goldmund)'을 읽고 있었다. 사실은 책을 읽으려던 참이었다. 그런 내게 윤 일병이 나르치스와 골드문트의 뜻을 물었다. 병장 체면에 모른다고 할 수는 없었다.

"책 제목 그대로다. 나르치스! 듣는 순간 '지식'의 느낌이 오지 않는가? 골드문트! 이것을 듣는 순간, 골드...... 그러니깐 '사랑' 아니겠는가?"
"독일어도 아십니까? 대단하십니다!"
나는 어깨에 힘을 잔뜩 주고 책을 읽어나갔다. 서서히 어깨가 움츠려들었다. 얼굴이 후끈거렸다. 나르치스와 골드문트는 소설 주인공들의 이름이었다.

독일은 학창시절 내게 직장의 개념을 인식시켜준 곳이다. 교환학생 과정이 끝나고 독일 회사에 인턴으로 한 달간 근무했다. 뒤셀도르프 (Düsseldorf)에 있는 IKB Deutsche Industriebank 였다. 배정된 팀은 프로젝트 금융 부서였다. 일은 힘들었지만 배우는 재미로 하루하루가 즐거웠다.

금요일 오후의 독일 회사 로비 풍경은 따뜻했다. 오후 3시가 지나면 회사 로비에는 아이들의 목소리가 들린다. 아빠와 엄마를 기다리고 있는 것이다. 이른 오후 가족과 퇴근하는 모습이 따뜻해 보였다. 그리고 직원들의 배려도 따뜻했다. 업무를 모르던 나는 옆방 직원들에게 모르는 내용을 물으러 가곤 했다. 직원들은 바쁜 와중에도 하던 일을 멈추고 하나씩 설명을 해주었다. 오랜 시간 진지하게 초보자의 눈높이에 맞춰 설명을 해주었다. 일을 멈추고 설명을 해주는 것이라 미안한 마음이 들었다. 독일에 계신 교포에게 이런 경험을 이야기하자 고개를 끄덕이며 말씀하셨다.

"독일 사람들 특징이 누군가 도움을 청하면 정말 확실하게 도와줘요. 그래서 독일에 이민 와서 성공 못하면 게으른 사람이라고 하지요."

나에게 독일은 배려와 정확함의 이미지로 남아있다. 나는 옆방에 근무하던 다니엘라 Daniela Welsch 와 친해졌다. 동갑내기에 금발, 단발머리, 그리고 키가 컸다. 구 동독 출신이라고 했다. 그녀는 대학 졸업 후 직장 생활과 야간대학을 병행하고 있었다. 사회주의 교육을 받고 자랐기에 경영학 공부를 하며 시장경제를 공부하고 있다고 했다.

"재현! 다음 주 주말에 뭐 할 거야?"

"기숙사에 있을 거야."

"그러면 다음주 토요일에 남자친구랑 여럿이 오버하우젠 Oberhausen 에 있는 디스코텍 갈 건데, 같이 갈래?"

"좋지!"

매번 나를 챙겨주는 다니엘라가 고마웠다.

"토요일 3시 10분에 우리가 네 숙소를 지나칠 거야. 그때 숙소 앞에서 봐!"

다니엘라는 이번 주가 아닌, 다음주 토요일 약속을 분단위로 정해주었다. 당시 나는 핸드폰이 없었다. 나는 약속을 깜박 잊어버렸던 것 같다. 기숙사 침대에 누워있다가 '독일 문화의 이해'라는 수업시간에 들었던 교수님 말씀이 생각 났다.

"독일사람들은 약속을 철저하게 지켜요. 1년 전에 편지로 미팅 약속 잡은 것까지 기억합니다. 그날이 다가오면 이미 미팅 준비를 해놓습니다. 약속을 하고 나중에 두세 차례 확인을 안해도 되니 합리적인 문화이지요."

다니엘라도 열흘 전 약속을 잡은 후 다시 이야기하지 않았다. 게다가 나는 다니엘라의 핸드폰 번호도 몰랐다. 방에 걸린 시계를 보니 3시를 가리키고 있었다. 대충 옷을 걸쳐 입고 기숙사 정문으로 나갔다. 적막한 시골길이었다. 정확히 10분 뒤, 멀리서 차 한대가 기숙사 방향으로 오고 있었다. 다니엘라와 친구들이었다. 그들과 함께 오버하우젠의 디스코텍으로 향했다. 석탄공장이었던 건물을 개조한 곳이었다. 한쪽은 테크노, 다른 쪽은 힙합, 또 다른 쪽은 재즈음악이 흐르고 있었다. 폐허가 된 공장을 디스코텍으로 변화시켰다는 발상이 신선했다.

2016년 가을, 15년만에 다시 찾은 독일, 프랑크푸르트에 있는 유럽중앙은행을 방문 후 미팅이 예정된 코메르쯔은행으로 가기 위해 일행들과 트램을 기다리고 있었다. 그런데 정확하기로 유명한 독일에서 10분 간격으로 운행되는 트램이 무려 30분이나 지나도록 오지 않았다. 정거장의 사람들도 손목시계를 번갈아 보며 기다리고 있었다. 두리번거리다 독일어 공고문 한 장을 발견했다. 고등학교에서 배웠던 모든 기억들을 떠올리며 읽어 내려갔다. 공사로 인해 일주일 간 트램 운행이 중지된다는 내용 같았다. 공고문을 보고도 기다리던 사람들은 뭘까. 그들은 독일어를 모르는 외국인들이었다. 결국 땀을 흘리며 약속장소까지 한 시간을 걸어갔다.

투자를 할 때에도 이런 경우가 있다. 합리적이어야 할 투자의 세계에서 의외로 남을 따라하는 경우다. 주식을 사거나 파는 것을 직접 보게 되면 심리적으로 흔들리게 된다. '나도 사야되는 것 아니야? 이러다 기회를 놓치면 어쩌지?' 그러면서 매수와 매도에 동참한다. 기업의 실적이나 경제상황은 변한 것이 전혀 없는데도 말이다. 이렇게 객관적 근거가 부족한 상황에서 행동하는 심리에는 '남들이 더 많은 정보를 알고 있을 것'이라는 생각이 깔려있다. 정거장에 있던 관광객을 현지인이라고 착각해서 기다리던 나처럼 말이다. 주식시장에 큰 매수세력이 나타났다면 투자자들은 누군가가 정보를 미리 알았다고 생각한다. 그리고 그들은 전문가라고 단정짓는다. 하지만 정확한 실체를 파악하기 전까지는 아무것도 단정지어서는 안된다. 판단의 근거는 정거장에 붙은 공고문

처럼 사실에 근거한 자료이어야 한다. 발로 뛰며 얻어낸 정보에 입각한 판단이나 애널리스트의 분석보고서를 통한 판단 모두 냉철하게 본인의 결정에 따라야한다.

정보 자체가 잘못된 사례도 많다. 우리는 인터넷에서 포털이나 언론사의 정보가 정확할 것이라고 믿어버린다. 과연 그럴까? 해외투자의 벤치마크 지수 중 보편적으로 사용하는 것이 MSCI Index이다. 미국의 모건스탠리 캐피털에서 제공하는 지수인데 각 나라별 지수와 선진국 지수, 이머징 지수 등을 제공한다. 어느날 시중은행의 리스크팀장으로 있는 선배에게서 전화가 왔다.

"우리 은행에서 해외주식 투자 성과평가를 할 때 벤치마크를 MSCI All Country World 지수를 쓰고 있거든. 그런데 이게 선진국지수 잖아. 그러면 이머징 시장까지 다 포함한 전세계 지수는 뭘 써야 하니?"
뭔가 착각을 하고 계신 거 같았다.
"지금 쓰고 계신 MSCI All Country World 지수가 전세계 지수입니다. All Country를 줄여서 AC라고도 쓰는데, 말 그대로 모든 나라를 말하는 것입니다. 선진국만 따로 있는 지수는 AC단어를 빼고 MSCI World 지수라고 합니다."

"재현아, 너 잘못 알고 있는 거야."
10년 넘게 해외투자를 해온 내 말을 믿으려 하지 않았다.
"형님! MSCI에서 지수를 선진국, 이머징, 프론티어 이렇게 크게 세 개로 구분해요. 각각 해당 지수가 MSCI World, MSCI Emerging, MSCI Frontier 지수입니다. 전세계 지수를 나타내는 지수는 MSCI

AC World입니다. MSCI World와 MSCI Emerging 지수 두 개를 합친 겁니다. MSCI Frontier 지수는 시장성이 적어서 전세계지수 산정할 때 포함시키지 않습니다."

나의 장황한 설명에도 선배의 대답은 단호했다.

"아니야. 포탈사이트에서 검색해보면 MSCI All Country World 지수가 선진국 지수라고 되어 있어."

포탈사이트의 설명과 MSCI 홈페이지의 설명을 비교해 보니 포탈사이트의 설명이 잘못되어 있었다. 더군다나 참고문헌이 우리나라 대표 경제신문의 경제용어사전이라고 되어 있었다. 한글로 된 설명과 MSCI 선진국 지수에 대해서는 설명이 정확히 되어 있다. 그러나 지수의 영문명이 잘못 기재되어 있었다.

MSCI선진국지수는 MSCI All Country World Index 가 아니라 MSCI World Index 이다. 인터넷 포털도 언론사도 진리를 담아내는 곳은 아니다. 내용의 진위여부를 감독하는 기구도 없다. 그래서 투자의 세계에서는 정보가 잘못된 것일 수 있다는 인식을 갖는 것이 중요하다.

계량경제학 수업에서 교수님께 질문을 한 적이 있다. 책에 있는 내용과 교수님의 설명이 달랐기 때문이다. 설명이 틀렸다고 지적하는 제자들의 당돌함에 왕규호 교수님께서 말씀하셨다.

"여러분, 책이란 게 틀린 경우도 많아. 자네들은 왜 눈앞에서 설명해주는 내 말은 믿지 못하고 본 적도 없는 누군가 쓴 책 내용만 믿는가?"

## 독일 주식시장

독일 주식시장의 시가총액은 2019년 3월 말 기준 약 2조 500억 달러로 세계 9위다. 유럽에서 시가총액 규모 3위인 독일의 산업별 비중은 경기소비재 20.1%, 금융 19.1%, 산업재 15.2%, IT 13.1%, 원자재 10.2%, 헬스케어 10.1%, 통신 5.6%, 유틸리티 3.4%, 필수소비재 3.1%, 에너지 0.1%의 순서로 구성되어있다. 상대적으로 고른 산업 분포를 보이고 있다.

시가총액 상위 주요기업으로는 SAP(IT), Siemens(산업재), Bayer(헬스케어), Allianz(금융), BASF(원자재), Deutsche Telekom(통신), Daimler(경기소비재), BMW(경기소비재), Adidas(경기소비재), Continental(경기소비재)등으로 소비재의 비중이 높은 모습을 보이고 있다.

## 독일에 어떻게 투자하면 될까?

우리나라에서 투자 할 수 있는 방법은 ①펀드, ②국내에 상장된 ETF, ③증권사 해외전용계좌 개설을 통해 독일 주식을 거래할 수 있다. 국내 증권사에서 해외증권계좌를 개설하면 대부분 유럽 주식을 거래할 수 있어 독일 주식을 거래하기는 수월한 편이다. 다만 아직까지는 온라인 거래보다는 오프라인거래가 가능한 증권사가 대부분이라 다소 불편함이 있다.

① 펀드

국내에서 가입 가능한 독일 투자 펀드는 현재 베어링자산운용에서 운용하는 펀드가 하나 있다. 국내에는 유럽의 단일 국가에 투자하는 펀드보다는 유럽 지역에 투자하는 펀드가 대세를 이루고 있다. 유럽 내에서 독일 주식시장의 규모는 시가총액 2.0조 달러 시장으로 시가총액 1위인 영국에 이어 프랑스와 2위와 3위를 번갈아 가며 경쟁하고 있다. 2019년 3월 말 기준으로 독일의 유럽 내 시가총액 비중은 영국 22.8%, 프랑스 16.7%에 이어 14.0%를 차지하고 있다.

② 국내에 상장된 ETF

국내에서 투자할 수 있는 다른 방법으로 한국거래소에 상장된 삼성 KODEX합성-MSCI독일 ETF가 있다.

③ 해외전용계좌 개설을 통한 독일 ETF

독일 주식을 보다 적극적으로 매매할 수 있는 방법이 미국, 영국, 독일에 상장된 ETF를 매매하는 방법이다. 미국에 상장된 ETF가 거래 편의성에서는 가장 용이하다, 다만 ETF수가 10개 정도로 작고 레버리지 상품이 없는 단점이 있다. 독일 투자인 만큼 ETF 수에 있어서 독일에 상장된 ETF가 가장 많다. 독일 상장 ETF의 특징은 일반 ETF 뿐만 아니라 상승에 베팅하는 2배 레버리지 상품도 있고 하락에 베팅하는 2배 인버스 상품도 있어 다양한 전략이 가능하다.

④ 해외전용계좌 개설을 통한 개별주식 거래

본격적인 독일 투자는 독일에 상장된 주식에 직접 투자로 가능하다. 국내증권사에서 대부분 유럽 주식 거래가 가능하여 투자에는 무리가 없다. 오프라인 거래가 대부분이나 온라인 거래가 가능한 증권사도 있다.
독일 기업 중에는 바이엘, 아디다스 등 친숙한 기업이 많다.

Bayer AG

바이엘은 독일의 제약, 화학 회사이다. 건강관리, 폴리머, 특수화학제품을 핵심사업으로 보유하고 있다. 인체 의약품, 동물 의약품, 식물보호제 및 가정용 살충제 등을 생산하며, 해열진통제 '아스피린' 브랜드로 전세계에서뿐만 아니라 한국에서도 유명하다.

세계 150여 개국에 350여 개의 자회사와 100곳 이상의 제조시설을 갖추고 있는 다국적 기업이다. 유럽, 남미, 아세안 지역에서 대부분의 수익을 올리고 있다. 세계 77개 국가에 바이엘의 제조 회사가 있으며, 2018년 기준 총자산 1,262억 유로, 매출액은 396억 유로를 기록했다.

바이엘의 전신은 1863년 8월 프리드리히 바이엘(Friedrich Bayer)와 요한 베스코트(Johann Friedrich Weskott)가 설립한 프리드리히 바이엘(Friedrich Bayer)이다. 염료제조업으로 출발하였으나, 19세기 말엽 의약품사업에도 진출하여 1899년에는 아스피린·페나세틴 등을 개발하였다. 1925년 다른 6개사와 함께 유럽 최대의 화학회사인 이게 파르벤 (I.G. Farbenindustrie AG.)을 형성했다. 하지만 제2차 세계대전 후 1950년 연합군의 정책에 의해 12개사로 분할·해체됐다. 1952년 파르벤 파브리켄 바이엘이라는 계승회사로 재발족했고 1972년 현재의 이름으로 사명을 변경했다. 2000년 전후에는 구조조정을 통해 핵심사업에 주력하기로 결정하고, 2001년 말 자회사들을 매각한 후 지주회사가 되기 위한 과정을 거쳤다. 2018년에는 미국의 다국적 농업솔루션 기업인 몬산토를 인수하였다.

바이엘은 150년 이상의 역사를 가졌지만 세계적인 혁신 기업이다. 헬스 케어와 농작물 분야의 핵심 능력을 바탕으로 사람, 동물, 그리고 식물의 건강을 개선시키기 위한 혁신적인 제품과 해결 방안을 개발하기 위해 2011년부터 R&D 부분에 약 30억 유로를 투자하고 있다. 2017년에는 45억 유로의 자금을 기술 확보에 투자했다. 2015년에는 SeedWork를 인수하면서 식물 종자 사업까지 영역을 넓혀 나가고 있다.

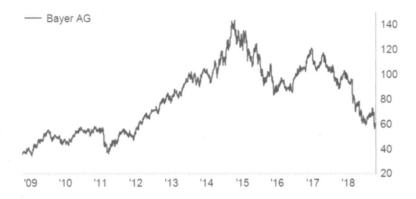

| Bayer AG | | | | | (EUR,십억, %) |
|---|---|---|---|---|---|
| | 2015 | 2016 | 2017 | 2018 | 2019 |
| 매출액 | 46.085 | 34.943 | 35.015 | 39.586 | 46.482 |
| 영업이익 | 6.281 | 5.703 | 5.888 | 3.654 | 8.687 |
| 순이익 | 4.025 | 3.743 | 3.249 | 1.695 | 4.472 |
| 영업이익률 | 13.6% | 16.3% | 16.8% | 9.2% | 21.9% |
| 순이익률 | 8.7% | 10.7% | 9.3% | 4.3% | 11.3% |
| 매출액증가율 | 11.5% | -24.2% | 0.2% | 13.1% | 17.4% |
| 영업이익증가율 | 14.2% | -9.2% | 3.2% | -37.9% | 137.7% |
| PER | 23.3 | 18.2 | 12.4 | 33.6 | 9.0 |
| PBR | 3.9 | 2.7 | 2.3 | 1.2 | 1.3 |
| 부채비율 | 24.6% | 22.1% | 17.9% | 31.4% | - |

자료: FactSet, 2019년 추정치, 2019년 4월 3일 기준

Daimler AG

슈투트가르트에 본사를 둔 다임러는 직원수가 275,000명이 넘는 세계적인 자동차 제조업체다. 자동차, 상용차, 엔진, 자동차 기술, 금융 부문의 많은 자회사를 두고 있다. 판매량 기준으로 세계 13위 자동차업체이자 세계 2위 트럭 제조업체이다.

다임러AG의 전신은 1883년에 칼 벤츠(Karl Benz)가 세운 벤츠앤드씨에(Benz & Cie)와 1890년 고트리브 다임러(Gottlieb Daimler)가 세운 다임러 모토렌(Daimler-Motoren-Gesellschaft)이다. 칼은 1879년 최초로 휘발유 엔진 자동차를 발명했고 고트리브는 고속 엔진을 발명하는 등, 칼과 고트리브 모두 자동차 역사에서 중요한 발명을 했다. 두 회사가 1926년에 합병하면서 다임러-벤츠AG(Daimler-Benz AG)가 출범했다. 사명은 다임러-벤츠AG였지만 모든 소속 공장들이 메르세데스벤츠(Mercedes-Benz)라는 브랜드를 사용하면서 브랜드 이름이 더 널리 알려졌다.

메르세데스는 고트리브의 회사였던 다임러 모토렌이 1900년 출시한 자동차 브랜드였다.

다임러가 소유하거나 지분을 가지고 있는 산하 브랜드로는 메르세데스-벤츠, 메르세데스-AMG, 스마트오토모빌, 프레이트라이너, 웨스턴스타, 토마스버스, 세트라 등이 있다. 메르세데스-벤츠는 아우디, BMW와 함께 독일의 3대 고급자동차 브랜드에 속한다.

최근 다임러는 브라질, 러시아, 인디아 그리고 중국 등의 신흥국 시장에 투자를 집중하고 있다. 친환경 기술 개발을 위해 약 1,100억 유로를 투자하는 등 R&D 부문에 약 1,300억 유로를 투자하고 있다. 과감한 투자를 통해 향후 전기자동차 시장에서의 성장이 예상된다.

| Daimler AG | | | | | (EUR,십억, %) |
| --- | --- | --- | --- | --- | --- |
| | 2015 | 2016 | 2017 | 2018 | 2019 |
| 매출액 | 149.467 | 153.261 | 164.154 | 167.362 | 171.124 |
| 영업이익 | 11.700 | 11.377 | 11.831 | 9.383 | 11.982 |
| 순이익 | 8.424 | 8.526 | 10.278 | 7.249 | 8.309 |
| 영업이익률 | 7.8% | 7.4% | 7.2% | 5.6% | 7.2% |
| 순이익률 | 5.6% | 5.6% | 6.3% | 4.3% | 5.0% |
| 매출액증가율 | 15.1% | 2.5% | 7.1% | 2.0% | 2.2% |
| 영업이익증가율 | 28.7% | -2.8% | 4.0% | -20.7% | 27.7% |
| PER | 9.9 | 8.9 | 7.4 | 6.8 | 7.4 |
| PBR | 1.5 | 1.3 | 1.2 | 0.8 | 0.9 |
| 부채비율 | 46.6% | 48.4% | 49.8% | 51.5% | - |

자료: FactSet, 2019년 추정치, 2019년 4월 3일 기준

BMW

BMW로 알려진 바이에른 모토렌 베르케(독일어: Bayerische Motoren Werke AG)는 독일 바이에른주 뮌헨에 본사를 두고 있다. 자동차, 모터사이클 및 엔진을 제조, 판매한다. BMW 는 세계 10대 자동차 제조업 회사로 산하에 BMW, MINI 그리고 롤스로이스를 두고 있다. 영국의 랜드로버도 보유하고 있었지만, 2008년 포드 모터 컴퍼니에 매각했다. 세계 15개국에 공장을 두고 있으며 140개 이상의 국가에 제품을 유통하고 있다. 현재 BMW사의 45% 수익은 유로지역에서, 30%의 수익은 아시아(특히 중국)에서, 나머지 20%의 수익은 미국에서 얻고 있다.

BMW의 역사는 라프 모토렌 베르케(Rapp Motoren Werke)로 거슬러 올라간다. 1913년 칼 프리드리히 라프가 뮌헨 지역에 항공기 엔진 제조업체인 라프 모토렌 베르케를 설립해 독일 공군에 엔진을 납품했다. 1916년 경영 위기에 처한 이 회사를 오스트리아 태생 엔지니어인 프란츠 요세프 포프와 그의 동업자인 막스 프리츠가 인수했다. 이듬해 회사 이름을 바이에른 자동차 제작소(Bayerische Motoren Werke, BMW)로 변경하고 1918년에 회사를 상장시켰다.

BMW는 안정적인 성장세를 보여왔으며 2017년 최고 판매율을 갱신하며 2.5%의 판매 성장률을 보였다. 특히 10%이상의 판매 증가율을 보인 아시아 시장에서 눈에 띄는 성장을 보여주었다.

BMW는 자율주행 자동차와 전기 자동차 개발에 집중하고 있다. 친환경 요소가 중요해질 미래 자동차 시장에서도 BMW는 경쟁력을 유지할 수 있을 것이다.

Bayerische Motoren Werke AG

| Bayerische Motoren Werke AG | | | | (EUR,십억, %) | |
|---|---|---|---|---|---|
| | 2015 | 2016 | 2017 | 2018 | 2019 |
| 매출액 | 92.175 | 94.163 | 98.282 | 97.480 | 99.239 |
| 영업이익 | 9.212 | 9.398 | 9.930 | 8.988 | 8.278 |
| 순이익 | 6.369 | 6.863 | 8.589 | 7.150 | 6.214 |
| 영업이익률 | 10.0% | 10.0% | 10.1% | 9.2% | 8.5% |
| 순이익률 | 6.9% | 7.3% | 8.7% | 7.3% | 6.4% |
| 매출액증가율 | 14.6% | 2.2% | 4.4% | -0.8% | 1.8% |
| 영업이익증가율 | 4.5% | 2.0% | 5.7% | -9.5% | -7.9% |
| PER | 10.1 | 8.5 | 6.6 | 6.5 | 8.0 |
| PBR | 1.5 | 1.2 | 1.1 | 0.8 | 0.8 |
| 부채비율 | 49.0% | 49.0% | 47.3% | 48.2% | - |

자료: FactSet, 2019년 추정치, 2019년 4월 3일 기준

UNITED
KINGDOM
한국인의
능력을 의심한다

분주하게 보낸 대학 첫 학기가 끝났다. 여름방학이 시작되었다. 신한은행에서 아르바이트(S.V.A. 프로그램)를 마치고 집에 들어왔는데 낯선 영문 편지가 기다리고 있었다. 편지 봉투에는 대학 이름이 적혀 있었다.

University of Oxford

내용물을 보니 편지와 안내 책자가 있었다. 그제서야 옥스포드 대학에 편지를 보냈던 일이 생각났다. 재수생 시절 도서관에서 우연히 집은 책이 있었다. 영국 유학 가이드북이었다. 대학입시에 낙방했던 내게 영국 대학은 동경의 대상이었다. 그래서였을까. 대학에 합격하고 나서 나는 옥스포드 대학에 편지를 보냈다. 특정한 학과에 보낸 것도 아니었다. 그저 대표 주소로 보냈다. 그 편지가 전달된 것도, 답장이 온 것도 신기했다. 보낸 편지엔 특별한 내용도 없었다. 이름, 성별, 그리고 '옥스포드에서 공부하고 싶다'라는 문구 정도였다. 옥스포드에서 날아온 편지는 내게 두 가지 충격을 안겨 주었다.

첫 번째는 긍정적인 충격이었다. 그 편지는 영어가 중요한 의사소통 수단임을 느끼게 되었다. 덕분에 다양한 언어를 공부하는 계기가 되었다. 영어, 독일어, 베트남어, 러시아어, 중국어, 일본어 등을 대학 교양과목이나 학원수강을 통해 조금씩 배웠다.

두 번째는 편지 자체의 충격이었다. 제인 민토 Jane A. Minto 라는 직원의 답장은 다음과 같았다. '전례로 보아 한국인의 능력을 의심한다. 따라서 당신이 우리 대학에 들어오기는 굉장히 어려울 것이다. (중략) 하지만, 난 당신의 능력을 믿는다.'

숨을 쉴 수 없었다. 내가 보낸 편지로는 알 수 있는 것은 별로 없었다. 내가 20살의 한국 남자라는 것 정도였다. 편지를 읽고 나니 해외에서는 내가 어떤 취급을 받을지 상상이 갔다. 뭔지 모를 감정이 솟아올랐다. 언젠가 영국 유학을 가서 저들과 겨루어 보리라는 다짐을 했다. 아직도 그 편지가 있다. 오랜 세월이 흘러 빛바랜 그녀의 답장을 다시 읽어봐도 뉘앙스는 그때 그대로였다.

그래서였을까. 배낭여행에서 가장 먼저 찾아간 곳이 영국이었다. 런던에 도착해서 근위병 교대식이 있다는 버킹엄 궁전을 찾았다. 근위병 어깨 위로 햇살이 반짝인다. 10분쯤 지났을까. 누군가 내 종아리를 걷어 찼다. 놀라서 뒤를 돌아보았는데 누가 그랬는지 알 수 없었다. 누군가 발을 헛디딘 걸까. 인파속에 묻혀 다시 앞을 바라보았다. 그런데 이번엔 더 세게 치는 것이 아닌가? 반사적으로 고개를 돌렸더니 얼굴에 홍조를 띤 금발의 백인 소녀들이 웃고 있었다. 나를 보며 냄새가 난다는 식의 과장된 몸짓을 하며 비웃고 있었다. 숨이 막혔다. 더이상 근위병 교대식이 눈에 들어오지 않았다. 남자였으면 몸싸움이라도 했을 텐데. 인파를 빠져나와 숙소로 돌아왔다. 원래는 런던에 일주일 머물려고 했으나 버킹엄 궁전의 사건으로 이틀만에 런던을 떠났다. 그리고 편지의 주인공을 만나러 옥스포드행 버스에 몸을 실었다.

옥스포드에 도착해 짐을 풀고 유스호스텔 앞뜰로 나섰다. 문을 나서는 나를 보고 여고생들이 요란스럽게 웃기 시작했다. 어제 버킹엄에서 당한 수모에 이어 또 사건이 터진 것이다. 이젠 여고생이고 뭐고 못 참겠다며 다가서다 발걸음을 멈췄다. 그들은 나를 놀린 것이 아니었다. 사람들이 나올 때마다 크게 웃으며 장난을 치고 있던 것이었다. 사춘기 소녀들의 발랄함이란. 조금 떨어진 곳에 앉아 바람을 쐬고 있는데 누가 내 옆구리를 건드렸다. 호기심 어린 눈의 소녀가 말을 걸어왔다. 어디서 왔는지, 이름 등을 묻기 시작했다. 그들은 프랑스 앙제 Angers 라는 곳에서 수학여행을 온 고등학생들이라고 했다. 영어와 바디랭귀지를 섞어가며 이야기를 나누다보니 어느새 20명이 넘는 여고생들이 나를 둘러싸고 있었다. 동양인을 처음 본다는 학생들과 두 시간 넘게 이야기를 나누었다. 다음 날 아침을 먹는데 프랑스 여고생들이 다시 날 둘러싸고 앉는다. 어제 유독 말이 많던 쟌느가 내 옆에 앉아 자기 빵을 내게 건넨다. 내 이름을 '제이'라고 발음하던 학생이 내게 물었다.

"제이. 어제 쟌느가 무슨 이야기 했는지 알아요?"
어리둥절해 하는 내 모습을 보고 있던 쟌느가 손사래를 치며 친구들을 막으려 한다.

"She wants you! (당신을 원한대요!)"

깔깔거리며 웃는 친구들 사이 쟌느가 얼굴이 붉어져 먹던 빵 조각을 친구들에게 던졌다. 소녀들은 프랑스에 오면 앙제에 놀러 오라는 말을 남기고는 유스호스텔을 빠져나갔다. 발랄한 프랑스 소녀들 덕분에 런던에서 나쁜 기억을 떨쳐버릴 수 있었다.

한국에 돌아온 나는 3년간 영국 유학을 준비했었다. 영국에 다시 가보겠다고 다짐했건만 유학을 가지 못했다. 한 번 떠나면 다시 인연이 안되는 것들도 있는 것 같다. 사람과의 관계처럼.

2016년 6월 23일 영국의 국민투표에서 유럽연합에서 떠나겠다는 결과가 나왔다. 이른바 브렉시트(Brexit). 브렉시트가 글로벌 금융시장에 불러올 파장에 대한 우려가 만연했다. 회사에서는 모두들 영국의 국민투표 방송을 보고 있었다. 근무중에 생방송을 시청할 일이 얼마나 될까? 내 기억으로는 2002년 월드컵, 2017년 남북 정상회담 정도다. 그만큼 브렉시트는 투자자들에겐 중요한 사건이었다.

유럽의 통합을 처음 주장한 사람은 영국의 윈스턴 처칠이었다. 처칠은 1946년 스위스 취리히에서 유럽합중국을 세워야 한다고 연설하였다. 그런데 유럽경제공동체(European Economic Community, EEC)가 1957년 창설될 때 영국은 가입을 거부했다. 이후 1960년 태도를 바꾸어 가입을 신청했지만 프랑스 드골 대통령에 의해 거부되었다. 그러다 1973년에 가입하였다. 영국 노동당은 1983년 총선 공약으로 유럽경제공동체 탈퇴를 내건 적도 있었다. 영국은 유럽연합에 애당초 미온적인 태도였다.

공동 통화인 유로화를 채택하지 않고 파운드화를 사용하였고 EU의 무비자 여행관리 시스템인 성겐지역(Schengen Area) 밖에 있었다.

영국이 유럽에 속하면서도 유럽대륙과 거리를 두는 이유에는 역사적인 배경이 있다. 역사적으로 영국은 안보에 위험을 줄 수 있는 강대국이 나타나지 못하도록 유럽 대륙의 일에 간섭해왔다. 그리고 강대국의 반대편과 동맹을 맺어 힘의 균형을 유지하려 했다.

15세기부터 강력한 중앙집권체제를 갖춘 프랑스가 유럽 대륙을 호령하고 있었다. 500년이 넘게 프랑스가 절대패권을 주도하던 상황에서 영국은 프랑스를 견제하기 위한 전략을 취한다. 프랑스의 적과 동맹을 맺는 것이다. 이보다 훨씬 전인 1200년대부터 영국과 프랑스는 116년간 백년전쟁을 치렀다. 무려 800년간 불편한 관계를 맺어오고 있던 셈이다. 1775년 미국이 영국과 독립전쟁을 벌이자 프랑스는 막대한 돈을 들여 미국을 지원하고 의용군까지 파견하였다. 1805년 영국은 프랑스 나폴레옹과 트라팔가르 해전을 치르게 된다. 이렇게 숙적관계인 영국과 프랑스는 1871년 프로이센이 도이치 제국을 건설하여 강대국으로 부상하자 손을 잡게 된다. 이렇게 복잡한 관계속에서 탄생한 유럽연합에서 영국의 위치는 태초부터 불안했던 것이 아니었을까.

## 영국 주식시장

영국 주식시장의 시가총액은 2019년 3월 말 기준 약 3조 3,500억 달러로 세계 5위 규모를 보이고 있다. 유럽에서 시가총액 규모 1위인 영국의 산업별 비중은 금융 22.5%, 필수소비재 15.5%, 경기소비재 12.2%, 원자재 11.8%, 산업재 10.1%, 에너지 9.9%, 헬스케어 9.2%, IT 3.0%, 통신 2.9%, 유틸리티 2.8%로 구성된다. 고른 산업 분포를 보이고 있다.

시가총액 상위 주요기업으로는 HSBC(금융), BP(에너지), Royal Dutch Shell(에너지), British American Tobacco(필수소비재), GlaxoSmithKline(헬스케어), Diageo(필수소비재), AstraZeneca(헬스케어), Rio Tinto(원자재), Glencore(원자재), Unilever(필수소비재)등으로 소비재, 에너지, 원자재 산업의 비중이 높은 모습을 보이고 있다.

## 영국에 어떻게 투자하면 될까?

우리나라에서 투자 할 수 있는 방법은 ①펀드, ②증권사 해외전용계좌 개설을 통해 영국 주식을 거래할 수 있다. 국내증권사에서 해외증권계좌를 개설하면 대부분 유럽 주식을 거래할 수 있어 영국 주식을 거래하기는 수월한 편이다. 다만 아직까지는 온라인거래보다는 오프라인거래가 가능한 증권사가 대부분이라 다소 불편함이 있다.

① 펀드

국내에는 아직 영국만을 투자하는 펀드는 없다. 많은 운용사들이 유럽에 투자하는 펀드를 설정하여 운용하고 있다. 펀드명을 볼 때 주의하여야 할 것이 '유럽'과 '유로'의 차이이다. 유로라고 명시되어 있는 펀드의 투자 대상은 EMU(유럽경제통화연맹) 가입 국가에 설립된 기업이다. 또한 해당지역에서 주된 사업을 하는 기업이 발행한 주식도 투자 대상이다. 영국은 EMU에 가입되어 있지 않아 일반적으로 포트폴리오에 포함되어 있지 않다.

② 해외전용계좌 개설을 통한 ETF

영국 주식을 보다 적극적으로 매매할 수 있는 방법이 영국, 미국 등에 상장된 ETF를 매매하는 방법이다. 영국에 상장된 ETF가 유동성 면에서는 가장 좋다. 하지만 국내증권사 중 영국주식은 온라인거래가 아직 안되는 곳이 있다. 편이성에서는 미국이 용이할 수 있다. ETF의 수도 많고, 주식형, 채권형 등 다양한 상품이 있다. 또한 일반 ETF 뿐만 아니라 상승에 베팅하는 2배 레버리지 상품도 있고 하락에 베팅하는 2배 인버스 상품도 있어 보다 다양한 전략을 수행할 수 있다.

③ 해외전용계좌 개설을 통한 개별주식 거래

본격적인 주식투자는 영국에 상장된 주식에 직접 투자로 가능하다. 국내 증권사에서 대부분 유럽 주식 거래가 가능하여 투자에는 무리가 없다. 아직 많지는 않으나 온라인 거래를 제공하는 증권사도 있다. 기업들도 HSBC, 디아지오, 유니레버 등 우리에게 익숙한 기업들이 많다. 영국의 대표 기업에 대해 알아보자.

British
Petroleum

런던에 본사를 두고 있는 영국 기업 British Petroleum는 BP로 알려져 있다. 비욘드 페트롤륨(Beyond Petroleum)이라는 슬로건을 갖고 있는 BP는 영국 최대 기업이자, 미국 엑슨모빌사에 이은 세계 2위 석유회사다. 석유, 천연가스, 석유화학 등의 분야에서는 전 세계에서 세 번째로 큰 다국적 에너지 기업이다.

석유 시추 및 생산에 이어 운송, 그리고 판매 등 전 단계의 사업부문을 보유하고 있다. 따라서 석유 시추(upstream)와 정제(downstream)가 모두 가능하다. 롤스로이스 지정 윤활유 제조업체인 캐스트롤을 자회사로 두고 있다. BP America는 편의점 브랜드 am/pm을 보유하고 있다. 세계 최상위 기업이지만 에너지 기업의 특성상 유가 변동에 영향을 받을 수밖에 없는 사업 구조다. 회사의 매출과 이익 변동성을 분산하기 위해 am/pm 등 편의점 사업도 보유하고 있는데, am/pm 편의점이 대체로 주유소와 함께 운영된다. 연료 마케팅 사업의 확장이라고 볼 수 있다.

BP는 1909년 앵글로-페르시안 석유 회사에서 출발했다. 이후 1935년에는 앵글로-이란 석유회사로 사명을 바꾸었고, 1954년부터 현재의 사명을 사용하기 시작했다. 1999년 미국의 아모코를 흡수 합병하여 BP아모코로 회사명을 변경함으로써 세계 3대 석유회사로 발돋움하였다. 또한, 2000년 2월에는 세계 최대 규모의 정유시설을 보유한 ARCO(아코)를 흡수 합병함으로써 엑슨-모빌에 이어 세계 2위의 민간 석유회사가 되었다.

BP가 해운으로 운송하는 석유량은 1.5억 배럴에 달하며, 2018년 기준으로 매출액은 3,037억 달러로, 원화 환산 금액은 300조 원이 넘는다. 순이익은 96억 달러를 기록했고, 총자산이 2,822억 달러에 이른다.

| BP p.l.c. | | | | | (GBP,십억, %) |
|---|---|---|---|---|---|
| | 2015 | 2016 | 2017 | 2018 | 2019 |
| 매출액 | 145.892 | 135.632 | 186.523 | 224.055 | 222.000 |
| 영업이익 | -4.302 | 1.990 | 8.463 | 13.859 | 15.898 |
| 순이익 | -4.243 | 0.085 | 2.632 | 7.037 | 8.409 |
| 영업이익률 | -2.9% | 1.5% | 4.5% | 6.2% | 6.8% |
| 순이익률 | -2.9% | 0.1% | 1.4% | 3.1% | 3.6% |
| 매출액증가율 | -32.1% | -7.0% | 37.5% | 20.1% | -0.9% |
| 영업이익증가율 | -154.1% | -146.3% | 325.3% | 63.8% | 14.7% |
| PER | - | 1132.4 | 39.1 | 14.1 | 13.8 |
| PBR | 1.0 | 1.3 | 1.4 | 1.3 | 1.5 |
| 부채비율 | 20.3% | 22.1% | 22.9% | 23.3% | 27.7% |

자료: FactSet, 2019년 추정치, 2019년 4월 3일 기준

# DIAGEO

---

Diageo

영국 런던에 본사를 두고 있는 디아지오는 세계 최대의 프리미엄 주류 회사다. 전세계 180여 개의 나라에서 2만 8천 명이 근무하는 대표적인 다국적 기업이다. 전세계 상위 20개 프리미엄 주류 브랜드 중 전세계에서 가장 많이 판매되는 보드카인 스미노프를 비롯해 조니워커, 기네스, 베일리스, J&B, 캡틴모건, 텐커레이 등 8개를 보유하고 있다.

디아지오는 1997년 Guinness와 GrandMet가 합병하면서 설립됐다. 이후에도 기업의 매각과 매입을 꾸준하게 진행했다. 2000년에 필스버리를 제너럴 밀스에 매각했고, 2002년에는 패스트푸드 체인 버거킹을 텍사스 퍼시픽에 매각했다. 2011년에는 터키계 주류 회사인 메이 이키 Mey Icki 를, 2012년 5월에는 피오카 Ypioca 를 매입했다. 끊임없는 변화를 추구하는 기업으로서의 면모를 확인할 수 있다.

증류주 시장에서는 2017년에 중국의 마오타이에게 1위 자리를 내줬다.

그러나 2018년 기준으로 디아지오는 122억 파운드의 매출을 기록하면서, 글로벌 프리미엄 주류 시장에서 1위의 자리를 지켰다.

디아지오는 선진국 시장에서의 명성을 바탕으로 신흥국 시장에서도 그 브랜드 가치를 인정받고 있다. 인도와 아프리카 시장에 있는 손님들을 주요 잠재고객으로 삼고 있으며, 신흥국 유명 주류회사 주식의 매수와 다양한 홍보활동으로 향후 7억 3천만 명의 로열고객층을 확보한다는 목표를 갖고 있다.

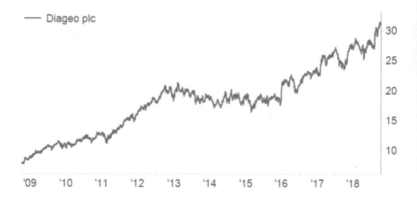

| Diageo plc | | | | | (GBP,십억, %) |
|---|---|---|---|---|---|
| | 2015 | 2016 | 2017 | 2018 | 2019 |
| 매출액 | 10.813 | 10.485 | 12.050 | 12.163 | 12.770 |
| 영업이익 | 2.865 | 2.802 | 3.552 | 3.813 | 4.101 |
| 순이익 | 2.381 | 2.244 | 2.717 | 3.022 | 3.123 |
| 영업이익률 | 26.5% | 26.7% | 29.5% | 31.3% | 33.7% |
| 순이익률 | 22.0% | 21.4% | 22.5% | 24.8% | 25.7% |
| 매출액증가율 | 5.4% | -3.0% | 14.9% | 0.9% | 5.0% |
| 영업이익증가율 | -7.9% | -2.2% | 26.8% | 7.3% | 7.6% |
| PER | 19.4 | 23.3 | 21.4 | 22.4 | 24.3 |
| PBR | 5.9 | 6.1 | 5.5 | 6.7 | 8.6 |
| 부채비율 | 39.1% | 36.4% | 32.0% | 33.8% | 35.8% |

자료: FactSet, 2019년 추정치, 2019년 4월 3일 기준

Unilever PLC

Unilever PLC

영국의 런던과 네덜란드의 로테르담에 본사를 두고 있는 유니레버는 세계 69개 국가에 300개 이상의 생산시설을 갖춘 다국적 기업이다. 생활용품, 화장품, 식음료, 동물사료, 화학약품 등을 취급, 제조하고 있다. 한국에는 음료 브랜드인 립톤, 비누와 바디용품 브랜드인 도브로 잘 알려져 있다. 그 외에도 식품, 세제, 방향제 등 400개 이상의 다양한 브랜드를 보유하고 있다. 매출액이 10억 유로가 넘는 브랜드를 13개나 보유하고 있는 세계적인 기업이다.

유니레버는 네덜란드의 마가린 회사 마가린유니와 영국의 비누 제조업체 레버브라더스가 합병하면서 1929년에 설립됐다. 마가린유니는 당시 세계 마가린 시장을 지배하고 있었고 레버브라더스는 비누 판매 분야에서 세계 1위에 올라 있었다. 대형 기업의 합병으로 시작한 유니레버는 1950년대부터 사업 다각화를 빠르게 진행했다. 1971년에 립톤을 인수했고 1984년 브룩본드, 1987년 체스브로폰즈, 2000년 베스트 푸즈와 벤앤제리스, 2010년에 알베르토-컬버, 2016년에는 달러 쉐이브 클럽, 2018년은 푸카 허브 등을 인수하면서 성장했다.

현재 글로벌 50대 브랜드 중 13개가 유니레버 소유이며, 전세계 10가구 중 7가구에서 최소 1개의 유니레버 제품을 사용하고 있는 것으로 알려져 있다. 2017년에는 개인용품 분야에서 다우존스 지속가능성 지수 1위에 올랐다.

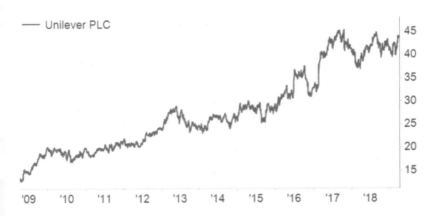

| Unilever PLC | | | | | (GBP,십억, %) |
|---|---|---|---|---|---|
| | 2015 | 2016 | 2017 | 2018 | 2019 |
| 매출액 | 38.666 | 43.216 | 47.046 | 45.107 | 45.035 |
| 영업이익 | 5.610 | 6.582 | 8.233 | 8.281 | 8.576 |
| 순이익 | 3.563 | 4.250 | 5.301 | 8.307 | 5.666 |
| 영업이익률 | 14.5% | 15.2% | 17.5% | 18.4% | 19.3% |
| 순이익률 | 9.2% | 9.8% | 11.3% | 18.4% | 12.7% |
| 매출액증가율 | -0.9% | 11.8% | 8.9% | -4.1% | -0.2% |
| 영업이익증가율 | -0.8% | 17.3% | 25.1% | 0.6% | 3.6% |
| PER | 23.3 | 21.9 | 21.8 | 13.3 | 19.7 |
| PBR | 7.3 | 6.7 | 9.3 | 10.3 | 12.4 |
| 부채비율 | 26.8% | 29.1% | 39.5% | 40.9% | - |

자료: FactSet, 2019년 추정치, 2019년 4월 3일 기준

FRANCE
소녀들과 빵
그리고 키스

프랑스 앙제 소녀들과 작별하는 시간이 왔다. 악수를 청하자 소녀들은
내 볼에 입맞춤을 했다. 프랑스식 인사 비쥬 Bisou 는 처음이었다. 양 볼
을 비비고 얼굴을 떼자 헤어질 때는 두 번씩 하는 거라고 한다. 30명의
같은 반 학생들과 네 번씩 볼을 맞추었다. 군대를 갓 제대한 청년은 정
신이 멍해졌다. 지금도 가끔 그들이 생각난다. 30대 후반이 되어있을
소녀들도 한국인 청년을 기억할까? 쟌느가 딸과 함께 방탄소년단 콘서
트를 보러 서울에 왔을지도 모를 일이다.

영국에서 시작한 배낭여행은 벨기에, 독일, 스위스, 체코, 이탈리아를
지나 프랑스 파리에 도착했다. 3주 후 귀국하는 여유로운 일정이었다.
앙제의 소녀들도 만나고 프랑스를 느긋하게 돌아볼 생각이었다. 스페
인과 포르투갈에서 마지막으로 일주일을 보내고 다시 파리로 와서 귀
국할 예정이었다. 그런데 예기치 못한 사건으로 파리에만 열흘 머물다
가 계획보다 일찍 귀국길에 올라야 했다.

EU가 화폐를 통합하기 전에는 도이치 마르크, 이탈리아 리라, 프렌치 프랑 등 국가마다 다른 통화를 썼다. 국경을 넘을 때마다 환전을 해야 했기에 수수료가 만만치 않았다. 게다가 각 통화마다 화폐가치가 달라 헷갈리기 일쑤였다. 덕분에 이해하지 못할 사건이 벌어지게 되었다. 프랑스의 한 옷 가게에서 부모님께 선물할 옷을 샀는데 나중에 확인하니 환율 계산을 잘못한 것이었다. 이제 남은 돈이 한 푼도 없었다. 결국 민박집에 부탁해서 청소를 해가며 며칠을 버티다 귀국했다. 돌이켜보면 그 사건에 나는 꽤나 상처를 받았던 것 같다. 그 뒤로 프랑스라는 국가는 내 관심에서 서서히 사라져갔다.

그나마 프랑스에 관심이 다시 생긴 것은 마흔이 되던 해였다. 그해 나는 실직을 했다. 실직의 충격을 느낄 새도 없이 나는 실업급여를 신청하기 위해 고용노동부 고용센터를 찾았다. 그런데 '내일배움카드제 실업자 훈련과정' 이라는 안내문이 눈에 띄었다. 제빵 기술 과정이 있었는데 왠지 모르게 마음이 끌렸다. 나는 곧바로 전화 문의를 한 후 신길역의 한국제과학교를 찾아갔다.

매일 아침 제빵 기술을 익히고 집에 들어가면 18개월 된 아들이 기다렸다. 갓 구워 온 빵을 기다리는 아들의 미소와 함께하는 그 순간만큼은 실직의 아픔도 잊을 수 있었다. 내 손으로 빵을 만들었다는 것이 기뻤다. 빵을 만들다 보니 다시 프랑스에 관심이 생겼다. 프랑스에서의 전 재산을 잃었던 기억이 떠오르곤 했지만 말이다. 여행자의 실수에 이익을 취했던 프랑스 옷 가게 주인을 생각하면 마음이 편치 않았지만, 다양한 빵을 개발하고 보급한 프랑스 사람들이 고마워졌다.

주식시장에서 기술적 분석을 전문으로 하는 회사들 중에는 프랑스 회사가 많다. 우리나라에서는 기술적 분석 전문가를 차트쟁이라고 평가절하하곤 한다. 하지만 기술적 분석은 투자심리를 분석하는 고도의 테크닉이다. 우리나라에서 기술적 분석을 전문으로 하는 애널리스트는 점점 줄어들어 이제는 찾아보기 힘든 지경이 되었다. 해외에서는 기술적 분석만을 전문적으로 하는 회사가 있는데도 말이다. 대표적인 회사가 프랑스의 Day By Day, BBSP 등이다. 이들은 전 세계 지수와 종목을 분석한다. 왜 기술적 분석 전문 회사들이 프랑스계인지 궁금했다. 발레리 Valérie Gastaldy 부사장에게 물으니 자부심 있는 대답이 들려왔다.

"프랑스에는 저명한 수학자가 많습니다. '인간은 생각하는 갈대'라는 말을 남긴 파스칼, 데카르트, 대수학의 아버지 비에트와 현대 대수학을 창안한 갈루아스 등……"

그러면서 파스칼, 데카르트 등의 수학자들은 유명한 철학자이기도 했다는 말을 덧붙였다. 아마 프랑스인들은 수학적 논리와 철학을 기반으로 투자심리를 분석하기에 기술적 분석에서 능력을 발휘하는 것 같다. 이들의 철학적 사고를 중시하는 것은 대학 시험을 보면 알 수 있다. 프랑스 대입시험인 바칼로레아 baccalauréat 는 전 과목 논술형이다. 출제된 다음날은 주요 일간지에 문제가 실린다고 한다. 전 국민들이 관심을 갖고 생각해보는 대입 문제가 흥미롭다.

예술없이 아름다움에 대해 말할 수 있는가?
역사는 인간에게 오는 것인가 아니면 인간에 의해 오는 것인가?

타인을 존경한다는 것은 일체의 열정을 배제한다는 것을 뜻하는가?

프랑스는 한국과 생각보다 가까운 나라다. 주변에도 파리바게트, 뚜레쥬르, 흑석동 프랑세즈, 삼전동 블랑제리 포앙타쥐 등 이름만 들어도 기분 좋아지는 제과점들이 있지 않은가. 내년 여름 휴가에는 프랑스 앙제의 빵집에서 갓 구워진 크로와상에 커피를 곁들이며 아침을 맞고 싶다.

## 프랑스 주식시장

프랑스 주식시장의 시가총액은 2019년 3월 말 기준 약 2조 4,500억 달러로 세계 6위 규모이다. 유럽에서 시가총액 2위인 프랑스의 산업별 비중은 경기소비재 25.1%, 산업재 20.2%, 금융 12.8%, 필수소비재 11.8%, 헬스케어 9.1%, 에너지 6.2%, IT 5.5%, 유틸리티 4.3%, 원자재 3.0%, 통신 2.0% 등으로 고른 산업 분포를 보이고 있다.

시가총액 상위 주요기업으로는 Moet Hennessy Louis Vuitton(경기소비재), Total(에너지), L'Oreal(필수소비재), Sanofi(헬스케어), Airbus(산업재), BNP Paribas(금융), Christian Dior(경기소비재), Kering(경기소비재), Hermes(경기소비재), AXA(금융)등으로 소비재 산업의 비중이 높은 모습을 보이고 있다.


## 프랑스에 어떻게 투자하면 될까?

우리나라에서 투자할 수 있는 방법은 ①펀드, ②국내에 상장된 ETF, ③증권사 해외전용계좌 개설을 통해 프랑스 주식을 거래할 수 있다. 국내증권사에서 해외증권계좌를 개설하면 대부분 유럽 주식을 거래할 수 있어 프랑스 주식을 거래하기는 수월한 편이다. 다만 아직까지는 오프라인거래만 가능하여 미국이나 일본 등 온라인거래가 되는 나라에 비해서는 다소 불편함이 있다.

① 펀드

국내에서는 아직 프랑스에만 투자하는 펀드는 없다. 하지만 다양한 유럽펀드에서 프랑스의 투자비중이 높은 모습을 보이고 있다. 국내에 설정된 10개 이상의 펀드 중에는 슈로더유로펀드가 설정액 2,000억 원 이상으로 가장 크고, KB스타유로인덱스펀드가 설정액 500억 원 이상을 보유하고 있다.

② 국내에 상장된 ETF

국내에서 상장된 ETF중 프랑스에 단독으로 투자하는 상품은 상장되어 있지 않고 유럽에 투자하는 ETF가 상장되어 있다. 현재까지는 미래에셋TIGER유로스탁스50 레버리지 ETF, 미래에셋TIGER유로스탁스배당30 ETF 등이 있다.

③ 해외전용계좌 개설을 통한 ETF

프랑스 주식을 보다 적극적으로 매매할 수 있는 방법이 프랑스, 미국 등에 상장된 ETF를 매매하는 방법이다. 프랑스에 상장된 ETF가 유동성 측면에서 거래가 가장 용이하다. 프랑스에 상장된 상품 중에는 2배 인버스 상품인 Lyxor CAC40 Daily-2x Inverse ETF와 2배 레버리지 상품인 Lyxor CAC 40 Daily(2x) Leveraged ETF 의 거래량이 풍부하다. 미국 상장 상품중에는 iShares MSCI France ETF의 유동성이 가장 좋다.

④ 해외전용계좌 개설을 통한 개별주식 거래

본격적인 주식투자는 프랑에 상장된 주식에 직접 투자로 가능하다. 국내증권사에서 대부분 유럽 주식 거래가 가능하여 투자에는 무리가 없다. 다만 아직까지 온라인 거래를 제공하는 증권사는 없어서 전화주문이나 창구를 방문해야 한다. 프랑스 상장기업중에는 모에헤네스 루이비통, 로레알, 크리스챤 디오르 등 우리에게 익숙한 기업들이 많다. 프랑스의 대표 기업에 대해 알아보자.

Moet Hennessy

Louis Vuitton

LVMH은 다각화된 명품으로 와인, 코냑, 향수, 화장품, 가방, 손목시계 및 보석을 생산 또는 판매하고 있다. LVMH사는 코냑과 샴페인으로 유명한 모에 헤네시사와 가죽 가방으로 세계적인 선두 명품 브랜드인 루이비통사가 1987년 합병하면서 창립되었다.

1987년 세린느 인수를 시작으로 1988년에는 지방시, 1993년 겐조, 1994년 겔랑, 1996년 로에베, 1999년과 2000년에 이르러 펜디 그리고 태그 호이어, 쇼메 등의 시계·보석업체를 비롯, 메이크업 포에버, 베네피트 코스메틱 등의 화장품 업체까지 차례대로 인수하였다. 최근에는 미국의 도나카렌 인터내셔널사(DKI)까지 인수함으로써 미국 기업으로까지 그 영역을 확대하고 있는 중이다. LVMH 주식을 회장인 Bernard Arnault와 그의 가족들이 46% 소유하고 있다.

LVMH는 패션 가죽, 유통, 화장품, 시계 및 보석, 주류 등 6개 분야에

60여 개의 명품 브랜드를 보유하고 있다. 글로벌 브랜드 컨설팅사인 인터브랜드(Interbrand)에서 선정하는 '글로벌 100대 브랜드'에 매년 상위에 랭크되고 있으며, 럭셔리 브랜드 중에서는 가장 높은 브랜드 가치를 보유하고 있다. 브랜드와 브랜드의 지분뿐만 아니라 면세점 구역에서 이들 제품을 한자리에 놓고 판매하는 다국적 유통 전문 업체인 DFS(Duty Free Shop)와 화장품 전문 유통 체인인 세포라(Sephora), 명품만을 전문적으로 취급하는 인터넷 쇼핑몰 e-luxury.com 등도 LVMH 그룹 산하에 속해 있다.

— LVMH Moet Hennessy Louis Vuitton SE

| LVMH Moet Hennessy Louis Vuitton SE | | | | (EUR,십억, %) | |
|---|---|---|---|---|---|
| | 2015 | 2016 | 2017 | 2018 | 2019 |
| 매출액 | 35.664 | 37.600 | 42.636 | 46.826 | 51.819 |
| 영업이익 | 6.598 | 6.999 | 8.269 | 9.961 | 11.229 |
| 순이익 | 3.573 | 3.981 | 5.365 | 6.354 | 7.329 |
| 영업이익률 | 18.5% | 18.6% | 19.4% | 21.3% | 24.0% |
| 순이익률 | 10.0% | 10.6% | 12.6% | 13.6% | 15.7% |
| 매출액증가율 | 16.4% | 5.4% | 13.4% | 9.8% | 10.7% |
| 영업이익증가율 | 15.8% | 6.1% | 18.1% | 20.5% | 12.7% |
| PER | 20.4 | 22.9 | 23.0 | 20.4 | 23.7 |
| PBR | 3.0 | 3.5 | 4.3 | 4.0 | 4.7 |
| 부채비율 | 14.4% | 12.4% | 16.5% | 14.8% | 15.1% |

자료: FactSet, 2019년 추정치, 2019년 4월 3일 기준

# L'ORÉAL

L'OREAL

로레알은 프랑스의 화장품 회사로 세계 최대의 종합 화장품 회사로 알려져 있다. 모발 염색제, 바디케어, 헤어케어, 스킨케어, 향수 등의 브랜드를 산하에 두고 있으며 다양한 유통 경로로 판매하고 있다.

1907년에 프랑스 화학자인 외젠 슈엘러 Eugene Schueller 가 모발 염색제를 개발하고 '오레올'이란 이름으로 등록했다. 1910년에 로레알로 브랜드명을 변경했다.

로레알 그룹은 1957년에 랑콤을 인수한 후 가르니에, 비오템, 비쉬 등을 인수했다. 1989년에는 라로슈-포제를, 2003년에는 일본의 슈에무라를, 2006년에는 바디샵을 인수했다. 회사의 지분은 창립자의 딸인 릴리안 베탕쿠르 Liliane Bettencourt 가 27.5%를, 식품회사인 네슬레가 26.4%를 소유하고 있다.

로레알은 전 세계 화장품 시장의 15% 이상을 점유하고 있다. 로레알 산하의 브랜드 중에서 17개의 대표 브랜드(랑콤, 비오템, 로레알 파리, 헬레나 루빈스타인 등)의 매출액이 그룹 총 매출액의 90% 이상을 차지하고 있다. 전세계에 42개의 제조 공장을 가지고 있으며, 140여 개국에 유통망을 가지고 있다.

로레알은 전 세계에 17개의 연구소를 두고 해마다 총 매출액의 3% 이상을 연구개발비로 투자하고 있다. 2003년 한 해에만 515개의 특허를 냈다. 1973년에는 제약회사 신테라보 Synthelabo 를 인수하여 치료제의 기능을 가진 화장품을 개발하기 시작했다. 2003년에는 식품회사 네슬레와 같이 알약으로 먹는 화장품 '이네오브 페르메테'를 출시하였다.

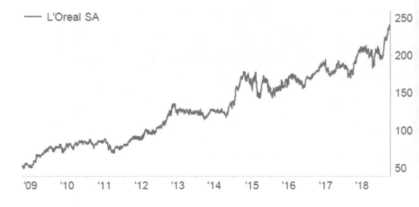

## L'Oreal SA

| | | | | (EUR,십억, %) |
|---|---|---|---|---|---|
| | 2015 | 2016 | 2017 | 2018 | 2019 |
| 매출액 | 25.257 | 25.837 | 26.024 | 26.937 | 28.938 |
| 영업이익 | 4.388 | 4.540 | 4.676 | 4.922 | 5.392 |
| 순이익 | 3.297 | 3.106 | 3.822 | 3.895 | 4.310 |
| 영업이익률 | 17.4% | 17.6% | 18.0% | 18.3% | 20.0% |
| 순이익률 | 13.1% | 12.0% | 14.7% | 14.5% | 16.0% |
| 매출액증가율 | 12.1% | 2.3% | 0.7% | 3.5% | 7.4% |
| 영업이익증가율 | 12.8% | 3.5% | 3.0% | 5.3% | 9.5% |
| PER | 26.2 | 31.2 | 27.2 | 28.9 | 31.2 |
| PBR | 3.7 | 4.0 | 4.2 | 4.2 | 4.7 |
| 부채비율 | 2.3% | 3.5% | 3.3% | 3.2% | 2.3% |

자료: FactSet, 2019년 추정치, 2019년 4월 3일 기준

Danone

다농 Danone 그룹은 프랑스 파리에 본사를 둔 다국적 식음료 기업이다. 우유와 유산균 및 발효유 등의 낙농제품과 생수를 전문으로 하는 그룹 이자 세계 최대의 낙농제품 생산업체이다. 현재 요구르트 제품 다농 외 에도 볼빅 Volvic , 바두와 Badoit , 에비앙 Evian 등의 브랜드를 소유하고 있다.

다농그룹은 1919년 이삭 카라소 Isaac Carasso 가 스페인의 바르셀로나에 요구르트를 생산하는 작은 공장을 세운 것이 기원이다. 회사 이름인 다 농은 그의 장남 다니엘 카라소의 이름에서 나왔다. 제2차 세계대전 중 독일이 프랑스를 점령하자 유태인 처벌을 피해 미국 뉴욕으로 회사를 옮긴 다니엘은 스위스 출신의 스페냐드 조 메츠거 Spaniard Joe Metzger 와 동업을 시작했다. 당시 회사 이름을 미국식인 다논 Dannon 으로 바 꿨다. 지금도 미국에서는 'Dannon'이라는 이름으로 등록되어 있다. 1937년 세계 최초로 과일 요구르트를 생산했으며 1967년 프랑스의 치즈 생산업체인 제르베 Gervais 를 인수했다.

2007년 시리얼과 비스킷 생산 부문에서 세계 2위를 차지했으며, 요구르트와 치즈 외에도 볼빅, 에비앙, 바도이트 등 세계적인 생수 브랜드와 영양보충제인 엑티비아 브랜드를 갖고 있다. 2006년 기준, 총매출의 56%는 유제품, 28%는 음료수, 16%는 비스킷과 시리얼로 구성되어 있다. 아시아에서 일리, 아쿠아, 로버스트 등 생수 브랜드를 인수했다. 또한 중국 와하하 합자회사의 지분 51%를 소유해 아시아 생수 시장에서 20%를 점유하고 있다.

다농그룹은 2년마다 인간의 영양학 발전에 기여한 개인이나 단체에 '다농 국제 영양학상'을 수여하며 12만 유로를 제공하고 있다. 2007년 루앤드다농(Lu & Danone) 매각 이후, '식품을 통한 건강'이라는 슬로건 아래 사업을 재편하였으며, 유제품, 포장 생수, 이유식 등 건강식품 생산 및 판매와 수출입 등을 핵심사업으로 영위하고 있다.

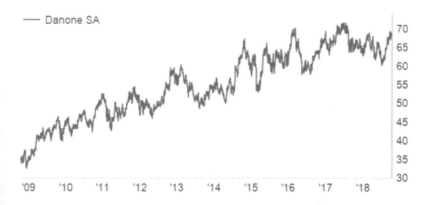

— Danone SA

| Danone SA | | | | | (EUR,십억, %) |
|---|---|---|---|---|---|
| | 2015 | 2016 | 2017 | 2018 | 2019 |
| 매출액 | 22.412 | 21.944 | 24.812 | 24.651 | 25.548 |
| 영업이익 | 2.965 | 3.058 | 3.446 | 3.596 | 3.856 |
| 순이익 | 1.282 | 1.720 | 2.447 | 2.335 | 2.462 |
| 영업이익률 | 13.2% | 13.9% | 13.9% | 14.6% | 15.6% |
| 순이익률 | 5.7% | 7.8% | 9.9% | 9.5% | 10.0% |
| 매출액증가율 | 6.0% | -2.1% | 13.1% | -0.6% | 3.6% |
| 영업이익증가율 | 11.7% | 3.1% | 12.7% | 4.4% | 7.2% |
| PER | 29.7 | 21.6 | 17.9 | 16.9 | 18.1 |
| PBR | 3.0 | 2.8 | 3.1 | 2.4 | 2.6 |
| 부채비율 | 33.9% | 46.8% | 44.1% | 40.5% | 35.1% |

자료: FactSet, 2019년 추정치, 2019년 4월 3일 기준

군입대 직전까지 베어스타운 스키장에서 패트롤로 지냈다. 수영장의 라이프가드처럼 스키장에서 부상자를 치료하고 후송하는 일을 하는 직업이 패트롤 Patrol 이다. 새벽부터 밤늦게까지 스키장 밖에서 일하느라 연골을 다치기도 했다. 하지만 사람들을 구조한다는 사명감도 있었다. 무엇보다 입영통지서를 막연히 기다려야하는 초조함을 산속에 묻어버릴 수 있어서 좋았다.

동생은 스키선수였다. 동생의 첫 경기는 베어스타운에서 열렸다. 활강 경기였다. 활강은 말 글대로 산 정상에서 직선으로 주욱 내려오는 주법이다. 올림픽에서는 선수들의 속도가 시속 100~130km에 달하기도 한다. 나는 결승선에서 경기를 초조히 지켜보고 있었다. 주요 지점에는 패트롤이 배치되어 있었다. 무전으로 동료 패트롤이 동생의 주행을 알려왔다. "속도 아주 좋아! 중간 지점 통과! 속도가 장난 아닌데."

결승선을 앞두고 마지막 점프대에서 동생이 점프를 했다. 그런데 방향이 이상했다. 착지와 동시에 동생은 펜스와 부딪히며 쓰러졌다. 사람은 충격적인 상황이 닥치면 현실을 부정하는 것 같다. 순간 눈앞에 펼쳐진 모습을 보면서 내 동생이 아니라고 생각했다. 하지만 난 이미 현장으로 뛰어가고 있었다. 동생은 몸을 가누지 못했지만 다행히 의식은 있었다. 동생을 후송용 썰매에 태워 의무실로 후송하는데 손이 떨렸다. 다친 동생을 내 손으로 후송할 줄은 몰랐다. 동생은 앰뷸런스에 실려 서울의 삼성의료원으로 긴급 후송되었다.

그날 저녁 스키장 사무실에 일을 그만두겠다고 말했다. 시합을 응원하며 지냈던 텅 빈 숙소에 혼자 남았다. 동생은 십자인대가 끊어지고 종아리뼈가 골절되었다고 했다. 밤 9시가 너머 숙소에 초인종이 울렸다. 스키장에서 아르바이트를 하던 동갑내기 여학생이었다. 오늘 벌어진 일을 들었다며 위로해주러 온 것이었다. 말 벗이 되기 위해 찾아 온 마음이 고마웠다. 포장마차로 가서 소주잔을 기울였다. 동생의 일이 너무 속상했다. 일년 후 대학진학을 앞두고 있고 올림픽 출전을 꿈꾸던 동생이었는데. 이런저런 이야기를 나누는데 눈을 떠보니 아침이었다. 기억은 없었고 나는 숙소 침대에 누워있었다. 스키 코치말로는 내가 인사불성이 된 채 어떤 여학생 등에 업혀 들어왔다고 한다.

아침을 먹고 짐을 챙겼다. 그 친구에게는 고맙다는 말 한마디 못하고 헤어졌다. 두 달만에 집에 도착하자 입영통지서가 우편함에 있었다. 이후 그 여학생 얼굴과 이름도 잊혀졌다.

사실 해외여행을 준비할 때 가장 가보고 싶은 곳이 스위스였다. 스키장에서 시간을 보내다 군입대를 했기에 스위스 산속에서 스키를 타며 군복무를 마친 것을 자축하고 싶었다. '3~4일의 휴가가 주어지면 가장 가고 싶은 곳이 어디인가?' 라고 묻는다면 나는 서슴없이 스위스 라우터브루넨Lauterbrunnen이라고 대답할 것이다. 이 작은 마을은 인터라켄에서 융프라우 정상으로 가는 길 중턱에 있다. 나는 라우터브루넨을 세 번 방문했는데, 처음 방문했을 때는 통나무집 한 채를 빌렸다. 오솔길을 걸을 때면 상쾌한 숲속 공기에 기분이 가벼워 지곤 했다. 길을 걷다 땀이 나면 잠시 벤치에 앉아 책을 읽기도 했다. 꽃밭에 누워 낮잠을 자기도 하며 사흘을 그렇게 보냈다. 그리고 드디어 스키를 타러 안내소에 갔다. 안내소 직원은 환하게 웃으며 말했다. 너무 일찍 왔다며 겨울에 다시 오라고 한다. 스키를 타려고 끼니를 거르며 돈을 모았는데 허탈했다.

그래도 스위스 주식에 투자할 때마다 떠오른다. 알프스의 맑은 공기, 옥빛으로 바닥까지 보이던 인터라켄 호수가의 잔잔한 물결이. 스위스 주식 투자를 하고 있으면 왠지 기분이 좋아진다. 그런데 스위스 프랑을 나타내는 기호가 왜 CHF 인지는 이해가 안갔다. 우리나라 통화인 원화는 KRW, 일본 통화 엔은 JPY, 미국 통화 달러는 USD인데 왜 스위스만 CHF일까?

환전소에서 '프랑스 프랑 플리즈? France franc, please' 이라고 말하자 환전소 직원이 오만하게 돈을 건네던 것이 기억난다. 그러면서 "프렌치 프랑 French franc"이라는 한마디를 툭 던졌다. 영어로 France 는 명사로 나라 이름이고 French 가 형용사이다. French Franc이 맞는 표현이다. 스위스는 영어로 Switzerland이고 형용사가 Swiss이다. 그런데 스위스 프랑은 SSF가 아닌 CHF라고 한다.

CHF은 Confoederatio Helvetica Franc의 약자이다. Confoederatio Helvetica 는 라틴어로 스위스 연방이라는 뜻이다. 스위스에서는 독일어, 불어, 이탈리아어, 스위스 방언, 이렇게 네 가지 언어가 쓰인다. 스위스를 뜻하는 단어도 슈바이츠 Schweiz, 스위스 Suisse, 스비체라 Svizzera, 스비즈라 Svizra 가 있다. 그래서 국제적으로 통용되는 국가 명칭을 로마제국의 언어인 라틴어로 정한 것이다. 스위스는 국제기구들의 본사가 위치한, 공용어가 4개인 나라답게 다양한 산업이 발달되어 있다. 특히 관광업, 금융업, 제약업이 발달되어 투자자 입장에서 매력적인 곳이기도 하다.

## 스위스 주식시장

스위스 주식시장의 시가총액은 2019년 3월 말 기준 약 1조 6,300억 달러로 세계 10위이며 유럽 기준 시가총액 4위이다. 우리나라(시가총액 1조 4,500억 달러, 11위)와 비슷한 규모를 지니고 있다.

스위스의 산업별 비중은 헬스케어 32.7%, 필수소비재 20.7%, 금융 18.6%, 산업재 10.7%, 원자재 6.2%, 경기소비재 4.0%, 통신 1.8%, IT 1.7%, 유틸리티 0.5%의 산업 분포를 보이고 있다.

시가총액 상위 주요기업으로는 Nestle(필수소비재), Novartis(헬스케어), Roche(헬스케어), UBS(금융), ABB(산업재), Zurich Insurance(금융), Richemont(경기소비재), Credit Suisse(금융), Swiss Re(금융), LafargeHolcim(원자재)등으로 헬스케어와 금융 산업의 비중이 높은 모습을 보이고 있다.

특히 우리가 익히 아는 음식료 제조업체인 네슬레 Nestle 는 시가총액 2,918억 달러로 유럽 주식중 가장 규모가 큰 주식이다. 바로 뒤를 스위스 제약 업체 Novartis(시가총액 2,453억 달러)와 Roche(시가총액 1,935억 달러)가 따르고 있다. 유럽주식시장에서 시가총액 상위 3개 종목을 모두 스위스 기업들이 차지하고 있다.

## 스위스에 어떻게 투자하면 될까?

우리나라에서 투자할 수 있는 방법은 ①펀드, ②증권사 해외전용계좌 개설을 통해 스위스 주식을 거래할 수 있다. 국내증권사에서 해외증권계좌를 개설하면 대부분 유럽 주식을 거래할 수 있다. 스위스 주식을 거래하기는 수월한 편이다. 다만 아직까지는 오프라인거래만 가능하여 미국이나 일본 등 온라인거래가 되는 나라에 비해서는 다소 불편함이 있다.

① 펀드
국내에서는 아직 스위스에만 투자하는 펀드는 없다. 하지만 다양한 유럽펀드에서 스위스의 투자비중이 높은 모습을 보이고 있다.

② 해외전용계좌 개설을 통한 ETF
스위스 주식을 보다 적극적으로 매매할 수 있는 방법이 미국, 프랑스, 독일등에 상장된 ETF를 매매하는 방법이다. 국내투자자에게는 국내증권사에서 온라인 서비스를 제공하는 미국 상장 ETF가 거래하기에 수월할 수 있다. 미국 상장 상품중에는 iShares MSCI Switzerland ETF의 유동성이 가장 좋다.

③ 해외전용계좌 개설을 통한 개별주식 거래
본격적인 주식투자는 스위스에 상장된 주식에 직접 투자로 가능하다. 국내증권사에서 대부분 유럽 주식 거래가 가능하여 투자에는 무리가 없다. 다만 아직까지 온라인 거래를 제공하는 증권사는 없어서 전화주문이나 창구를 방문해야 한다. 스위스 상장기업중에는 유럽 시가총액

1위 기업인 네슬레, UBS, 스와치 등 우리에게 익숙한 기업들이 많다.

Nestle

네슬레 Nestlé 는 스위스에 본사를 두고 있는 세계 최대 식품회사이다. 150년 이상의 오랜기간 동안 품질에 대한 열정과 영양 가치를 높이기 위한 노력으로 전세계 소비자들로부터 신뢰받는 기업이다.

네슬레는 '영양, 건강 그리고 웰니스(Nutrition, Health and Wellness)'라는 모토를 가지고, 건강을 생각하는 소비자에게 만족스런 제품을 제공하기 위해 노력하고 있다. 네슬레는 미국, 동유럽, 아시아 등으로 확장을 이어가며 생수, 아이스크림, 동물 사료 사업도 영위하고 있다.

1866년 8월 미국 일리노이 주 출신의 찰스 A 페이지, 조지 페이지 형제가 스위스 참(Cham)에서 앵글로-스위스 밀크 컴퍼니 Anglo-Swiss Milk Company 를 세웠다. 같은 해 9월 앙리 네슬레가 스위스 베베(Vevey)에서 '페린 락테'를 개발했다. 1905년 서로 라이벌 관계에 있던 두 회사 앵글로-스위스 밀크 컴퍼니 Anglo-Swiss Milk Company 와 페린 락테 앙리 네슬레 컴퍼니가 합병하여 네슬레 앤드 앵글로-스위스 밀크 컴퍼니 Nestle and Anglo-Swiss Condensed Milk Company 가 탄생하였다.

2016년기준, 네슬레는 191개국에 진출해, 2000개 이상의 브랜드를 운영하고 있다. 매출액은 895억 스위스프랑(약 105조)이며, 직원수는 32만 8천 명이다. 네슬레는 처음으로 공유가치창출(Creating Shared Value)을 비즈니스에 접목시키고, 네슬레 코코아 플랜과 네스카페 플랜을 런칭하였다. 2009년에는 제1회 네슬레 공유가치 포럼이 뉴욕에서 개최되기도 하였다.

인스턴트 음식 브랜드로 매기 Maggi 가 있다. 레토르트 식품, 케첩, 시즈닝, 수프, 인스턴트면 등을 만든다. 유럽, 남아메리카, 아시아 쪽에 널리 퍼져있다. 매기가 유럽에서는 구이용 큐브와 마기 시즈닝 소스로 유명하며 인도나 말레이시아에서는 인스턴트 면의 대명사로 통할 정도로 유명하다.

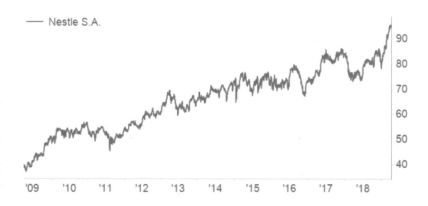

— Nestle S.A.

| Nestle S.A. | | | | | (CHF,십억, %) |
|---|---|---|---|---|---|
| | 2015 | 2016 | 2017 | 2018 | 2019 |
| 매출액 | 88.785 | 89.469 | 89.791 | 91.439 | 95.054 |
| 영업이익 | 13.796 | 14.194 | 14.752 | 15.500 | 16.211 |
| 순이익 | 9.066 | 8.531 | 7.183 | 10.135 | 11.781 |
| 영업이익률 | 15.5% | 15.9% | 16.4% | 17.0% | 17.7% |
| 순이익률 | 10.2% | 9.5% | 8.0% | 11.1% | 12.9% |
| 매출액증가율 | -3.1% | 0.8% | 0.4% | 1.8% | 4.0% |
| 영업이익증가율 | -7.0% | 2.9% | 3.9% | 5.1% | 4.6% |
| PER | 25.7 | 26.5 | 36.1 | 23.7 | 22.1 |
| PBR | 3.7 | 3.5 | 4.2 | 4.1 | 5.3 |
| 부채비율 | 17.1% | 17.6% | 20.3% | 29.5% | 28.1% |

자료: FactSet, 2019년 추정치, 2019년 4월 3일 기준

NOVARTIS

Novartis AG

1996년 스위스에서 가장 큰 두 개의 제약·의료 및 화학회사인 치바가이기 Ciba-Geigy AG 와 산도스 Sandoz AG 의 합병으로 설립된 제약회사이다. 치바가이기는 1758년 설립된 상회에서 출발해 의약품, 염료, 농약, 화학제품 등을 생산했다. 산도스는 1886년 설립되었으며 염료, 화학제품, 의약품 등을 생산했다. 두 회사를 합병한 후 1999년 농약 및 종묘사업과 제약 부문을 분리했다. 2005년 독일의 복제약품 전문 제약회사 헥살 Hexal 과 미국의 복제약품 전문 제약회사 이온랩스 Eon Labs 를 인수했고, 2007년 영유아제품 사업부를 네슬레에 매각했다.

주요 사업은 ① 인간과 동물의 의료 상품에 관한 연구, 제조, 판매 ② 제약품, 콘텍트 렌즈 제품(CIBA Vision), 수의 제품 등의 제조 및 판매, 무역 등이다. 노바르티스에서 생산하는 의약품으로 진통소염제 볼타렌, 골수암치료제 글리벡, 무좀치료제 라미실 등이 있다. 2017년 494억 프랑 이상의 매출을 기록했다.

노바르티스는 기업도 사회의 일부라는 경영철학 면에서 접근하고 있다. Caring and Curing 의 기업 이념을 토대로 치료 혜택을 받지 못하는 환자들의 의료 접근성을 높이기 위한 신규 비즈니스 모델을 개척하고, 개발도상국의 보건을 향상시키는 치료법을 개발하고 있다.

2011년 미국의 <포춘>지에 의해 '세계에서 가장 존경받는 기업' 순위에서 제약산업 부문 1위 업체로 선정될 정도로 산업을 선도하는 기업이다. 핵심 수익원인 Cosentyx, Entresto, Alcon 등의 주력 약품의 판매가 증가 할 것으로 예상된다. 앞으로도 이익은 견조할 전망이다.

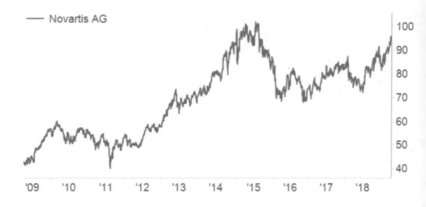

| Novartis AG | | | | | (CHF,십억, %) |
|---|---|---|---|---|---|
| | 2015 | 2016 | 2017 | 2018 | 2019 |
| 매출액 | 47.605 | 47.798 | 48.336 | 50.793 | 50.038 |
| 영업이익 | 9.585 | 8.211 | 9.040 | 9.540 | 13.802 |
| 순이익 | 6.757 | 6.612 | 7.582 | 12.342 | 11.801 |
| 영업이익률 | 20.1% | 17.2% | 18.7% | 18.8% | 26.6% |
| 순이익률 | 14.2% | 13.8% | 15.7% | 24.3% | 22.8% |
| 매출액증가율 | -0.8% | 0.4% | 1.1% | 5.1% | -1.5% |
| 영업이익증가율 | -17.6% | -14.3% | 10.1% | 5.5% | 44.7% |
| PER | 12.2 | 26.7 | 25.5 | 15.8 | 16.9 |
| PBR | 2.7 | 2.3 | 2.6 | 2.5 | 2.8 |
| 부채비율 | 16.6% | 18.3% | 21.3% | 22.0% | 19.1% |

자료: FactSet, 2019년 추정치, 2019년 4월 3일 기준

Roche Holding AG

로슈 홀딩 Roche Holding 은 처방약 생산 업체이다. 심장혈관, 전염병, 자기 면역, 호흡기 질환, 피부병, 신진대사 장애, 종양, 이식 및 중추신경계 부분의 약을 생산한다. 로슈는 1896년도에 설립되었고 제약 및 진단약을 개발 및 제조한다.

지배구조가 특이하다. 로슈는 알프리드 크루프 본 볼렌 운드 할바흐 재단이라는 곳을 최대 주주로 두고 있다. 이 재단은 예전 크루프의 오너가 사망한 이후 그 유언에 따라 설립된 재단이다. 재단 산하에 예전 크루프 오너 가문의 집이었던 빌라 휘겔 Villa Hügel 도 가지고 있다.

Roche는 1894년 Max Carl Traub과 함께 Hoffmann, Traub & Co.라는 제약 및 화학제품을 다루는 회사를 설립한다. Roche의 아버지가 회사 자본의 대부분에 기여하였다. 1896년 Traub는 떠나고, 회사명은 F.Hoffmann-La Roche & Co. 가 된다. 초창기 로슈는 다양한 비타민제를 생산하는 회사였다. 1934년 리독슨 Redoxon 이라는 브랜드로 종합비타민 C를 대량 생산하는 최초의 기업이 되었다. 공식 명칭으로 라로슈 La Roche 라 많이 불리는데 호프만 라로슈, 로슈로도 불린다. 지주회사는 로슈홀딩 AG이다. 로슈의 기업성장에서 가장 주목할만한 M&A는 2009년 제넨텍 Genentech 을 계열사로 완전히 합병한 점이다.

로슈 그룹은 자회사와 관련 회사를 통해 전 세계에서 사업을 하고 있다. 사업 구조는 제약과 진단의 두 부문으로 나뉜다. 제약 부문에는 로슈 제약, Genentech 및 Chugai을 포함한 세 가지의 하위 부문으로 또 나누어진다. 매출과 시가총액 면에서 세계 최대 제약 회사 중 하나이다.

미국과 유럽의 건강관리 규제 악화로 인한 소비 감소가 예상 된다. 또한 신규 제품의 개발 실패에 따른 난항이 전망된다.

— Roche Holding Ltd Genusssch.

| Roche Holding Ltd Genusssch. | | | | (CHF,십억, %) | |
|---|---|---|---|---|---|
| | 2015 | 2016 | 2017 | 2018 | 2019 |
| 매출액 | 48.145 | 50.576 | 53.299 | 56.846 | 59.971 |
| 영업이익 | 13.797 | 14.875 | 15.066 | 16.717 | 20.907 |
| 순이익 | 8.863 | 9.576 | 8.633 | 10.500 | 14.643 |
| 영업이익률 | 28.7% | 29.4% | 28.3% | 29.4% | 36.8% |
| 순이익률 | 18.4% | 18.9% | 16.2% | 18.5% | 25.8% |
| 매출액증가율 | 1.4% | 5.0% | 5.4% | 6.7% | 5.5% |
| 영업이익증가율 | -5.7% | 7.8% | 1.3% | 11.0% | 25.1% |
| PER | 26.5 | 20.7 | 24.4 | 19.8 | 14.3 |
| PBR | 11.2 | 8.3 | 8.0 | 7.5 | 6.6 |
| 부채비율 | 30.7% | 29.1% | 24.7% | 23.9% | 20.3% |

자료: FactSet, 2019년 추정치, 2019년 4월 3일 기준

위에 보이는 것이 북유럽 삼개국의 문장과 국기다. 색깔만 약간 다르다. 왼쪽부터 덴마크, 스웨덴, 노르웨이다. 이 세 나라를 가리켜 스칸디나비아 Scandinavia 라고 부른다. 북유럽국가, 노르딕 Nordic 은 이들 세 국가에 이들과 더불어 핀란드, 아이슬란드 등을 함께 묶어 놓은 명칭이다.

북유럽 국가에 대한 흥미로운 조사 결과가 있다. 국제연합(UN)에서 발표한 2018 세계 행복 보고서에 따르면 전세계 156개국 중 행복 순위는 1위 핀란드, 2위 노르웨이, 3위 덴마크, 4위 아이슬란드, 스웨덴은 9위를 차지하고 있다. 영국 작가 마이크 부스는 북유럽 국가들이 행복지수가 높은 이유를 한 마디로 정리했다.

"그들은 부자이고, 섹시하고, 유모감각이 넘쳐. 그리고 그들은 일을 많이 하지 않아! They're rich! They're sexy! They're funny! They don't work that much!"

스칸디나비아를 처음 가본 것은 2001년이었다. 독일 교환학생을 마치고 귀국까지 3주의 시간이 있었다. 지금이 아니면 언제 북유럽에 가보겠냐는 생각에 여행을 떠났다. 상상을 초월한 높은 물가로 여행을 결정하기는 어려웠지만 말이다.

스톡홀름을 가기 위해 함부르크역에 도착했다. 3시간 반이 걸려 왔건만 스톡홀름 행 열차는 떠나고 없었다. 정확하기로 유명한 이체 ICE 가 연착을 한 것이었다. 시내버스도 칼 같이 도착하는 독일에서 기차가 연착하리라고는 생각도 못했다. 게다가 그 날 함부르크에는 행사가 있었는지 방이 없었다. 결국 뒤셀도르프로 돌아갔다. 북유럽은 쉽게 문을 열어 주지 않았다. 다음 날 다시 짐을 챙겨 길을 떠났다. 이번엔 환승 시간을 여유있게 잡아 기차에 몸을 실었다. 고속열차는 독일 이체 ICE 나 프랑스 떼제베 TGV 가 가장 좋은 줄 알았는데 아니었다. 북유럽 기차가 훨씬 쾌적하고 서비스가 좋았다.

해가 저물 무렵 스톡홀름에 도착했다. 스톡홀름 시내를 거닐다가 작은 호텔로 들어갔다. 그런데 숙박비가 비쌌다. 내가 잘 수 있는 수준이 아니었다. 뜬 눈으로 밤을 세웠다. 다음 날 아이디어가 떠올랐다. 기차를 타고 무작정 한시간 정도 거리의 역에서 내렸다. 에스킬스투나 Eskilstuna 에 도착해서 유스호스텔을 잡았다. 그리고는 기차로 오가며 스톡홀름을 여행했다. 이후 스톡홀름에서 스웨덴과 노르웨이를 돌아다

넜다. 그리고 덴마크 코펜하겐을 마지막으로 3주간의 여행을 마쳤다.

북유럽을 여행하며 기억에 오래 남는 것은 무엇보다도 아름다운 자연 경관, 피오르드와 호수들이었다. 낚시를 하는 모습도 운치가 있었다. 노르웨이에서는 강에서 낚시를 하려면 회비를 내야 하고 라이센스도 취득해야 한다. 나는 연어를 잡아보겠다는 생각에 회원등록을 했다. 지렁이 같이 살아있는 미끼는 금지였다. 대신 낚시 바늘이 물고기 모양으로 되어 있었다. 하루 종일 낚시를 했지만 빈손으로 돌아왔다. 그래도 허탈함은 없었다. 돌아오는 경치가 아름다워 마음이 평온했다.

오슬로의 왕궁 앞에는 카롤 요한스 거리 Karl Johans Gate 가 있다. 왕궁에서 오슬로 중앙역까지 1.5Km로 뻗은 거리에 성당, 레스토랑, 상점 등이 즐비해있다. 거리의 한복판은 평온함 그 자체다. 길거리 악사의 기타 선율이 좋아 한참을 들었다. 그의 앨범 한 장을 샀다. 지금도 북유럽의 여유가 그리울 때면 방안 가득 울려 퍼지는 기타 선율에 눈을 감는다. 그리고 카를 요한스 거리의 햇살을 떠올린다.

북유럽사람들은 남녀 모두 잘 생겼다. 정확히 말하면 세련됐다고 할까. 동생에게 이런 말을 한 적이 있다.

"재범아, 북유럽 애들은 귀티가 나. 물론 어느 나라나 인물이 출중한 사람은 있지만 말이야. 그런데 어떻게 북유럽 사람들은 모두가 잘생기고 예쁠까."
동생이 잠시 고민하다가 말했다.
"형, 그 사람들 바이킹 후손이잖아. 여기저기 돌아다니면서 예쁜 여자는 다 데리고 왔겠지.”

노르웨이와 스웨덴을 대변하는 말로써 ‘프리루프트리브 friluftliv’가 있다. ‘자유로운 자연속의 삶’이란 뜻이다. 프리루프트리브는 스웨덴, 노르웨이, 덴마크에서 광범위하게 쓰인다. 점심시간에 숲속 조깅, 자전거 출퇴근, 눈 오는 날엔 스키를 타고 출퇴근하는 것, 친구들과 호수나 사우나에 가는 것, 숲속 오두막에 휴식을 취하는 모든 것을 뜻한다. 스웨덴에서 태어나서 자라, 지금은 노르웨이 국적으로 오슬로에서 일하고 있는 알렉산더는 이렇게 말한다.

“저는 프리루프트리브와 함께 자랐습니다. 자연은 모든 사람들을 위해 존재합니다. 모든 사람의 권리(all men’s right) 라는 법이 있습니다. 자연을 훼손하지 않는다면 누구나 다른 사람의 사유림에서 캠핑을 할 수 있습니다”

북유럽 사람들의 야외활동에 대한 애착은 대단하다. 추운 겨울에도 조깅을 하는 사람들을 쉽게 볼 수 있다. 스웨덴 속담에 이런 말이 있다. ‘나쁜 날씨는 없다. 단지 나쁜 옷이 있을 뿐이다’ 노르웨이에서는 날씨가 춥든 비가 오든 개의치 않고 아이들을 밖에서 놀게 한다고 한다. 이런 생활 양식은 과거 야외에서 생활하던 바이킹의 문화에서 물려받은 것이라고 자랑스럽게 말한다.

스웨덴에서 많이 쓰이는 단어로 과하지도 덜하지도 않게 ‘적당히’정도의 의미를 가지는 ‘라곰(Lagom)’이 있다. 라곰이라는 말은 다양하게 쓰인다. “음식을 얼마나 줄까?” 혹은 “오늘 날씨가 얼마나 따스하니?” 라는 물음에 '라곰'이라고 대답한다. 중산층 계급이 다수를 차지하고, 사회민주당이 오래 집권하고 있는 스웨덴에서 "일반 평균에 맞게 행동하고 대중속에서 튀지 마라." 라는 정서를 대변하기도 한다.

"너무 많이 일하지 말고, 지나치게 먹지 말고, 너무 빨리 운전하지 마라. 라곰이 제일이다."

라곰의 어원은 바이킹 시대 잔치에서 술을 나누어 마시던 풍습에서 나왔다. 술병을 돌려가며 마시는데 누군가 너무 많이 마시면 술이 모자라게 되고 적게 마셔도 골고루 분배가 안된다. 이러한 전통과 함께 라곰은 균형의 중요성을 일컫는 말이 되었다. 라곰이 통용되는 세계에서는 개인의 업적보다 팀의 성과를 중요시 여긴다. 모두 함께 참여하고 팀이 이룩한 성과를 모든 이들이 공평하게 나눈다. 이것이 라곰이 만들어가는 행복의 시간들이다.

덴마크를 대표하는 말에는 '휘게(hygge)'가 있다. 한마디로 정의하기 어렵지만, 아늑함을 느끼며 지금의 순간을 느긋하게 즐기는 것이다. 행복감을 느끼는 상태, 편안하고 아늑한 기분이 드는 상태라고 보면 된다. 노르웨이에서는 코셀릭(Kodelig)이라는 단어가 같은 의미로 쓰인다. 달콤한 케이크를 먹거나, 초가 켜진 방안에서 따뜻한 코코아를 손에 쥐고 따스한 온기를 느끼며 잠이 드는 등 휘게의 의미는 다양하다. 휘게는 시간을 어디서 어떻게 보내느냐가 아닌 보내는 시간의 질을 말한다. 덴마크인들의 사회생활에서 가정이 가지는 의미는 매우 중요하다. 대부분의 덴마크 사람들은 집에서 휘게를 즐긴다. 휘게에 대해 물어보면 이런 팁을 들려준다.

"휘게는 지금 이 순간에 온전히 느끼는 겁니다. 주변 방해물들을 치우세요. 화면 속 세상을 던져버리세요. 그리고 책을 읽고, 신문 잡지를 보고, 보드게임을 하고, 손으로 스웨터든 털 양말이든 뭔가를 직접 만들고, 요리도 하고, 일과 상관없는 가벼운 대화를 나누세요."

노천 카페에서 담요를 두르고 커피를 머금는 일상, 공원의 잔디밭을 살며시 걷는 것, 제과점에서 걱정을 접어두고 단 것을 즐기는 모습들이 행복의 비밀이다.

김민주 작가는 '얀테의 규범(Jahnte-lagen)'을 소개하며 북유럽의 공통된 정서를 설명하였다. 20세기 초 덴마크 출신 작가 악셀 산데모세(Axel Sandermose)의 소설에서 처음 나온 '얀테'라는 마을의 사람들이 지키는 11가지 덕목으로 다음과 같다.

당신이 중요한 인물이라고 생각하지 마라
당신이 다른 사람만큼 선하다고 생각하지 마라
당신이 다른 사람보다 똑똑하다고 생각하지 마라
당신이 다른 사람보다 낫다고 생각하지 마라
당신이 다른 사람보다 더 많이 안다고 생각하지 마라
당신이 다른 사람보다 위대하다고 생각하지 마라
당신이 어떤 일을 잘한다고 생각하지 마라
다른 사람을 비웃지 마라
누군가가 당신을 좋아한다고 생각하지 마라
당신이 다른 사람에게 뭔가 가르쳐 줄 수 있다고 생각하지 마라
우리가 당신에 대해 모를 것이라고 생각하지 마라

북유럽은 '나 혼자 1등'이 아닌 '다 같이 2등'을 지향하는 사회다. 모든 것의 기준은 다수가 아닌 약자다. 우등반이나 열등반은 상상도 못한다. 제일 느린 사람이 이해해야 다음으로 넘어간다. 경쟁보다 협력을 중시하기 때문에 가능한 일이다. 북유럽의 교육은 누구를 이기고 올라가라고 가르치지 않는다. 대신 어떤 권위도 두려워하지 말고 서로 도우라고 가르친다. 불합리한 점은 주저 없이 말하라고 격려한다. 이렇게 시작되는 개인의 행복이 쌓여 사회 안정으로 이어진다.

학창시절을 떠올려 보았다. 고교시절 방학 때면 다음 학기에 배울 과목을 선행 학습했다. 왜 그래야 하는지 의구심을 품지 않았다. 모두 그렇게 했기에 당연한 줄 알았다. 어느 해는 학교에서 강당 지하에 자습실을 만들어 전교 100등까지만 출입하게 하였다. 월말 고사가 끝나면 벽보에 전교 30등까지 이름이 게시되었다.

북유럽 사람들도 처음부터 소박하고 평안한 행복의 비밀을 찾은 것은 아닐 것이다. 낙농업의 대국 덴마크도 가난에 허덕이던 때가 있었고, 부국 노르웨이도 바다에서 석유가 나오기전까지는 가난과 함께 힘겹게 살아갔으니깐.

## 북유럽(스웨덴, 덴마크, 노르웨이, 핀란드) 주식시장

북유럽 국가들의 주식 시장 시가총액은 2019년 3월 말 기준으로 다음과 같다. 스웨덴 7,309억 달러(세계 15위), 덴마크 4,268억 달러(세계 23위), 노르웨이 3,072억 달러(세계 27위), 핀란드 1,900억 달러(세계 30위)의 순서이다.

국가별로 주요 산업별 비중을 살펴보면 스웨덴은 산업재 30.2%, 금융 26.3%, IT 10.3%, 경기소비재 10.1%, 통신 6.2%의 분포를 보이고 있다. 덴마크는 헬스케어 50.7%, 산업재 19.9%, 금융 12.2%, 원자재 7.5%, 필수소비재 6.2%의 양상을 띠고 있다. 노르웨이는 에너지 36.1%, 금융 23.2%, 필수소비재 12.4%, 통신 10.0%, 원자재 7.1%의 산업 비중을 보이고 있다. 핀란드는 산업재 24.0%, IT 15.7%, 원자재 14.9%, 금융 12.2%, 에너지 11.6%의 산업 구분을 보이고 있다. 금융을 제외한 주도 산업은 스웨덴은 산업재, 덴마크는 헬스케어, 노르웨이는 에너지, 핀란드는 산업재로 각기 다른 특색 있는 모습을 보여주고 있다.

시가총액 상위 주요기업으로는 Novo Nordisk(헬스케어), Equinor(에너지), Nordea Bank(금융), Nokia(IT), DNB(금융), Telenor(통신), Danske Bank(금융), Sampo(금융), Volvo(산업재), Atlas Copco(산업재) 등이 자리잡고 있다.

## 북유럽에 어떻게 투자하면 될까?

국내에 북유럽에만 투자하는 펀드는 설정되어 있지 않다. 유럽투자 펀드에서 일부 북유럽 종목이 편입되어 있으나 비중이 낮아 실질적인 북유럽 투자효과는 미미하다.

우리나라에서 북유럽에 투자할 수 있는 방법은 증권사 해외전용계좌 개설을 통해 주식을 거래할 수 있다. 국내증권사에서 해외증권계좌를 개설하면 대부분 북유럽 주식을 거래할 수 있다. 다만 아직까지는 오프라인거래만 가능해서 다소 불편함이 있다.

① 해외전용계좌 개설을 통한 ETF
북유럽 주식을 매매할 수 있는 방법중 하나는 미국, 영국 등에 상장된 ETF를 매매하는 방법이다. 다만 ETF수가 10개 정도로 작고 레버리지 상품이 없는 단점이 있다.

② 해외전용계좌 개설을 통한 개별주식 거래
본격적인 북유럽 주식투자는 북유럽 국가에 상장된 주식에 직접 투자로 가능하다. 국내증권사에서 대부분 북유럽 주식 거래가 가능하여 투자에는 무리가 없다. 기업들도 노키아, 볼보, H&M, 칼스버그 등 우리에게 익숙한 기업들이 많다.

VOLVO

스웨덴 기업인 Volvo사는 2017년 세계 500개의 기업 중에서 301번째로 큰 기업이며, 중장비 생산, 유통 및 다국적 판매기업이다. Volvo사는 18개국에서 100,000명의 직원을 통해 190개 시장에 제품을 판매하고 있다. 자회사로 Volvo Truck, Bus, Construction Equipment, Renault Trucks 등이 있다.

Volvo사는 1911년에 SKF Ball Bearing에 사용될 목적으로 설립되었으며, 1927년 공장에서 본격적으로 생산을 시작하였다. 1942년 스웨덴 정밀 엔지니어링 회사인 Svenska Flygmotor(이후 Volvo Aero)를 인수하였고, 1950년 스웨덴 건설 및 농업 장비 제조업체인 Bolinder-Munktell(이후 Volvo Construction Equipment)를 인수하였다.

1993년에는 Volvo와 Renault간의 합병 계약을 발표하고, 1999년 Volvo Car Corporation을 포드 자동차에 매각하고, 트럭 및 버스 사업 확장을 위해 Misubishi Motors의 지분을 매입하면서 파트너십 계약을 맺는다. 점차 사업 영역 확장을 위해 Nissan Disel을 인수하여 아시아 태평양 시장에서의 입지를 다진다. 2010년 포드사는 볼보자동차를 다시 중국 자동차 업체 길리에 매각했다. 현재 볼보자동차와 볼보그룹은 로고를 공유하고 볼보박물관을 함께 운영한다.

2018년 매출액은 3,908억 크로나에 이르며 원화로 환산하면 48조원에 이른다. 영업이익은 340억 크로나, 순이익은 248억 크로나이다.

Volvo 그룹은 4가지 운송 솔루션을 통한 번영을 추진한다. ① On the Load – 도로를 통하여 식량을 운송 한다. ② In the city – 앞으로의 대중 교통 솔루션을 개발 중이다. ③ Off road – 광산, 건설 현장, 산림 지대 등 원자재 추출에 기여한다. ④ At sea – 휴가를 위한 배나 유람선, 그리고 해상 구조대에 기여한다.

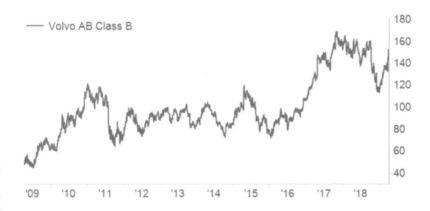

| Volvo AB Class B | | | | | (SEK,십억, %) |
|---|---|---|---|---|---|
| | 2015 | 2016 | 2017 | 2018 | 2019 |
| 매출액 | 312.515 | 301.914 | 332.738 | 390.834 | 398.285 |
| 영업이익 | 20.940 | 22.300 | 28.638 | 34.052 | 40.145 |
| 순이익 | 15.058 | 13.147 | 20.484 | 24.897 | 29.371 |
| 영업이익률 | 6.7% | 7.4% | 8.6% | 8.7% | 10.3% |
| 순이익률 | 4.8% | 4.4% | 6.2% | 6.4% | 7.5% |
| 매출액증가율 | 10.4% | -3.4% | 10.2% | 17.5% | 1.9% |
| 영업이익증가율 | 71.5% | 6.5% | 28.4% | 18.9% | 17.9% |
| PER | 10.7 | 16.4 | 15.1 | 9.5 | 10.4 |
| PBR | 1.9 | 2.3 | 2.9 | 1.9 | 2.3 |
| 부채비율 | 34.7% | 34.7% | 29.6% | 27.7% | 3.2% |

자료: FactSet, 2019년 추정치, 2019년 4월 3일 기준

# H&M

---

Hennes
&
Mauritz

스웨덴 기업인 H&M사는 2017년 세계 500개의 기업에 포함되는 의류 브랜드이다. 62개국에서 4,500개 이상의 매장을 운영하고 있으며 12만 명의 직원이 근무하고 있다.

H&M사는 1947년에 여성의류 전문판매 제조업체인 Heness로 창립되었으며, 1952년과 1954년에 각각 스톡홀름에 첫 번째, 두 번째 매장을 오픈하였다. 1968년 스톡홀름의 모리츠 위드포스라는 사냥 용품 업체를 인수하여 남성복을 함께 다루며 헤네스 앤드 모리츠가 되었다. 이후 종합 의류 유통 브랜드로 헤네스와 모리츠의 약자 H&M으로 부르게 되었고, 최신 패션에서부터 베이직에 이르는 패션을 좋은 품질과 합리적인 가격으로 제공하는 브랜드로 인기를 끌었다. 1980년에 우편 주문 회사 Rowells를 인수하여 고객의 집으로 배달 서비스를 시작하였다. 1990년대 후반부터 패스트패션의 열풍과 함께, 세계 여러 나라에 많은 매장을 개설하였다.

2018년 매출액은 2,104억 크로나에 이르며 원화로 환산하면 26조 원에 이른다. 영업이익은 154억 크로나, 순이익은 126억 크로나에 달한다.

인도, 사우디 아라비아, 아랍 에미리트 연합에 프렌차이즈 파트너를 통해 온라인 확장이 계속 될 예정이다. 이로 인해 1년 내에 약 220개의 신규 점포가 추가될 것이다.

| H&M Hennes & Mauritz AB Class B | | | | | (SEK,십억, %) |
| --- | --- | --- | --- | --- | --- |
| | 2015 | 2016 | 2017 | 2018 | 2019 |
| 매출액 | 180.861 | 192.267 | 200.004 | 210.400 | 224.587 |
| 영업이익 | 26.942 | 23.823 | 20.569 | 15.493 | 16.192 |
| 순이익 | 20.898 | 18.636 | 16.184 | 12.652 | 12.637 |
| 영업이익률 | 14.9% | 12.4% | 10.3% | 7.4% | 7.7% |
| 순이익률 | 11.6% | 9.7% | 8.1% | 6.0% | 6.0% |
| 매출액증가율 | 19.4% | 6.3% | 4.0% | 5.2% | 6.7% |
| 영업이익증가율 | 5.3% | -11.6% | -13.7% | -24.7% | 4.5% |
| PER | 25.6 | 23.8 | 20.2 | 21.9 | 21.0 |
| PBR | 9.2 | 7.2 | 5.5 | 4.7 | 4.8 |
| 부채비율 | 0.0% | 2.4% | 9.6% | 16.7% | 10.0% |

자료: FactSet, 2019년 추정치, 2019년 4월 3일 기준

equinor

Equinor

노르웨이 기업인 Statoil사는 2017년 세계 500개의 기업 중에서 195번째로 큰 기업이며, 북유럽에서 가장 큰 기업이다. 노르웨이에 본사를 두고 36개 국에서 운영되며 20,245명의 직원을 보유한 통합 석유 회사이다. 2018년 사명을 평등과 노르웨이의 결합인 Equinor로 변경하였다. 자회사로 Brigham Exploration Company, Statoil Natural Gas LLC 등이 있다. 주력 사업은 원유 개발 및 판매사업다. 유럽시장에서 두 번째로 큰 천연가스를 공급하는 다국적 기업이다.

에퀴노르는 1972년에 설립된 노르웨이 정부 소유의 유한회사이다. 대륙붕 석유 탐사에 참여하여 석유 산업의 경쟁력을 확보하려는 정치적 동기에서 세워졌으며, 노르웨이 기업들 가운데 최초로 노르웨이 대륙붕에 대한 운영권을 획득하였다. 에퀴노르는 설립 초기에 북해의 원유 매장지를 해저 시추 기술로 개발해 노르웨이를 석유 강국으로 만들었다. 1980년에 완전히 통합된 석유 회사를 목표로 Statoil 연료 스테이션 브랜드를 만들기 시작했다. 그 이후 노르웨이에 Norol Station, 1985년 덴마크와 스웨덴에 Esso Station, 1992년 영국에 British Petroleum Station 을 만들었다. 2001년에 상장되었고, Statoil ASA라는 사명으로 변경하였다.

2018년 매출액은 6,411억 크로나에 이르며 원화로 환산하면 87조 원에 이른다. 2018년 Troll Phase 3 프로젝트를 위한 새로운 모듈 제공으로 10억 NOK 상당의 계약을 하였고, 현재까지 2200만 톤의 $CO_2$를 누적했으며, 나아가 2030년까지 배럴당 $CO_2$ 배출량을 20% 줄이는 목표를 세웠다.

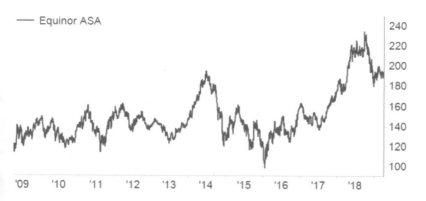

| Equinor ASA | | | | | (NOK,십억, %) |
|---|---|---|---|---|---|
| | 2015 | 2016 | 2017 | 2018 | 2019 |
| 매출액 | 465.300 | 383.713 | 504.004 | 641.139 | 642.942 |
| 영업이익 | 56.800 | 14.849 | 102.138 | 150.894 | 142.124 |
| 순이익 | -37.500 | -24.541 | 37.942 | 61.329 | 51.234 |
| 영업이익률 | 12.2% | 3.9% | 20.3% | 23.5% | 21.4% |
| 순이익률 | -8.1% | -6.4% | 7.5% | 9.6% | 7.7% |
| 매출액증가율 | -23.3% | -17.5% | 31.3% | 27.2% | 0.3% |
| 영업이익증가율 | -55.0% | -73.9% | 587.9% | 47.7% | -5.8% |
| PER | - | - | 15.1 | 10.0 | 12.9 |
| PBR | 1.1 | 1.7 | 1.8 | 1.6 | 1.7 |
| 부채비율 | 29.4% | 30.3% | 25.4% | 22.9% | 28.1% |

자료: FactSet, 2019년 추정치, 2019년 4월 3일 기준

# Vestas

Vestas

덴마크 기업인 Vestas는 2017년 덴마크 50개의 기업 중에서 일곱 번째로 큰 기업이며 2017년 세계에서 가장 큰 풍력 터빈 공급 업체로 선정되며 2년 연속 선두 자리를 지켰다.

독일, 영국, 스페인, 스웨덴, 호주, 중국, 미국 등에 생산 공장을 운영하고 21,000명 이상의 직원을 보유한 풍력 터빈 제조, 판매, 설치 기업이다. 자회사로 Availon GmbH, UpWind Solutions, Inc. 등이 있다.

Vestas는 1945년에 창립되었으며, 처음에는 농업 장비에 초점을 둔 기업이었다. 이어서 1956년에 가전제품 제조 산업에 뛰어들었으며, 1968년에 유압 크레인 사업을 지나 1979년부터 풍력 터빈 산업을 시작하였다. Vestas사는 점점 규모를 키워 시장을 독점하기에 이르렀고 1997년 생산된 풍력 터빈 모델인 NTK 1500/60모델로 독일 Red Dot을 수상했다. 2003년 덴마크 풍력 터빈 제조업체인 NEG Micon과 합병하여 세계에서 가장 큰 풍력 터빈 제조업체로 성장하였다. 2013년 해상 풍력 터빈을 위하여 미쓰비시 중공업과 함께 합작 회사를 설립하였다.

2016년에 이어 2017년에도 세계 1위 풍력 터빈 공급 업체 자리를 유지하고 있지만 Vestas에게 1위 자리를 내준 제네럴 일렉트릭(GE)가 Vestas를 상대로 특허 침해 소송을 제기했다. 2018년 매출액은 755억 크로나로 원화로 환산하면 13조 원에 이른다. 영업이익은 72억 크로나에 이르며, 순이익은 50억 크로나에 달한다.

멕시코에 풍력 발전 터빈 306MW 85대를 계약했으며 체결 금액은 3억 3천만 달러 규모이다. 경쟁사인 GE가 영국 해상 재생에너지(ORE) 당국과 세계 최대 규모의 풍력 발전기를 세우기로 합의한 상태라서 세계 1위 타이틀은 지켜보아야 할 것이다.

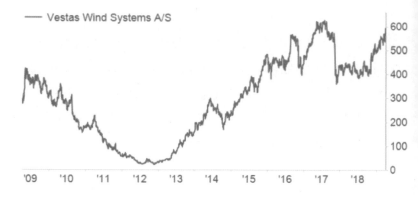

## Vestas Wind Systems A/S

(DKK,십억, %)

| | 2015 | 2016 | 2017 | 2018 | 2019 |
|---|---|---|---|---|---|
| 매출액 | 62.825 | 76.217 | 74.036 | 75.533 | 86.606 |
| 영업이익 | 7.228 | 10.721 | 9.544 | 7.215 | 7.866 |
| 순이익 | 5.109 | 7.185 | 6.650 | 5.098 | 5.915 |
| 영업이익률 | 11.5% | 14.1% | 12.9% | 9.6% | 10.4% |
| 순이익률 | 8.1% | 9.4% | 9.0% | 6.7% | 7.8% |
| 매출액증가율 | 22.0% | 21.3% | -2.9% | 2.0% | 14.7% |
| 영업이익증가율 | 71.9% | 48.3% | -11.0% | -24.4% | 9.0% |
| PER | 20.9 | 13.9 | 13.6 | 19.4 | 20.0 |
| PBR | 4.9 | 4.1 | 3.8 | 4.2 | 4.5 |
| 부채비율 | 5.8% | 5.0% | 4.6% | 4.2% | 4.2% |

자료: FactSet, 2019년 추정치, 2019년 4월 3일 기준

Carlsberg

덴마크 기업인 Carlsberg사는 2017년 덴마크 50개의 기업 중에서 13번째로 큰 기업이며, 2017년 세계 맥주 25개의 기업 중에서 19번째 기업이며, 주로 서유럽, 동유럽 및 아시아에 있는 41,000명의 직원을 보유한 글로벌 양조업체이다. 자회사로 Baltika Brewery, Feldschlosschen Getranke AG, 테틀리스 등이 있다.

Carlsberg사의 시작은 1847년 창립되었고, 1867년에 칼스버그 양조장이 대규모 화재를 겪었으나, 다시 현대화와 안전성을 위해 냉각 시스템을 설치한다. 1868년부터 수출을 시작했으며, 1870년에 국제 상품상을 수상했다. 1883년 에밀 크리스천 한센 박사는 순수한 효모 배양물을 분리하면서 양조의 개념이 바뀌는 계기가 되었다.

1909년 덴마크의 화학자 SPL 소렌슨은 액체가 어떻게 반응하여 살아있는 유기체와 상호 작용하는지를 결정하는 표준인 PH스케일을 개발하였으며. 1889년부터 아시아로 사업을 진출하였다. 외국에서 양조업을 할 수 있는 라이선스는 최초로 Photos Photiades Breweries 에 주어졌다. 1966년 덴마크 밖에서 최초로 Photiades 양조장에서 칼스버그 맥주가 제조 되었다. 덴마크 외 지역에 지어진 첫 양조장은 블랜타이어, 말라위에 있다.

1970년 칼스버그는 투보그 양조업체와 합병하여 United Breweries AS 로 재탄생하였다. 1992년에는 테틀리사를 인수합병하였다. 2008년에 칼스버그는 하이네켄과 같이 영국에서 가장 큰 양조업체인 Scottish & Newcastle사를 인수하였다.

2018년 매출액은 625억 크로나로 원화로 환산하면 11조 원에 이른다. 영업이익은 89억 크로나, 순이익은 53억 크로나에 달한다. 2016년 3월부터 SAIL'22라는 전략을 내세운 Carlsberg Group은 시장에서 성공적이고 전문적이며 매력적인 양조기업으로 만들려는 야망을 가지고 시작했다. 핵심 강화, 성장을 위한 입지, 성공한 문화 창출이라는 세 항목으로 세분화되어 있다.

─── Carlsberg A/S Class B

| | '09 | '10 | '11 | '12 | '13 | '14 | '15 | '16 | '17 | '18 |

**Carlsberg A/S Class B** (DKK,십억, %)

| | 2015 | 2016 | 2017 | 2018 | 2019 |
|---|---|---|---|---|---|
| 매출액 | 65.354 | 62.614 | 60.655 | 62.503 | 64.705 |
| 영업이익 | 7.898 | 7.653 | 8.474 | 8.991 | 9.842 |
| 순이익 | -2.926 | 4.486 | 1.259 | 5.309 | 5.794 |
| 영업이익률 | 12.1% | 12.2% | 14.0% | 14.4% | 15.7% |
| 순이익률 | -4.5% | 7.2% | 2.1% | 8.5% | 9.3% |
| 매출액증가율 | 1.3% | -4.2% | -3.1% | 3.0% | 3.5% |
| 영업이익증가율 | -5.5% | -3.1% | 10.7% | 6.1% | 9.5% |
| PER | - | 20.7 | 90.2 | 19.9 | 22.0 |
| PBR | 2.1 | 1.8 | 2.4 | 2.3 | 2.6 |
| 부채비율 | 28.5% | 23.4% | 20.7% | 20.1% | - |

자료: FactSet, 2019년 추정치, 2019년 4월 3일 기준

Asia

3장

아시아 이야기

TAIWAN
민주화의 피가
흐르는 친구들

1934년 상하이 훙커우(虹口) 공원에서 윤봉길의 의거가 있은 후 중국 국민정부의 지도자 장제스(蔣介石)는 '4억 중국인도 해내지 못한 일을 한 조선 청년이 해냈다'라고 극찬하며 대한민국 임시정부를 인정했다.

대한민국이 미국 다음으로 수교를 맺은 국가가 대만이다. 1960년대 양국간 경제협력위원회가 설립되었고 한국과 대만은 혈맹의 나라, 형제의 나라라고 불리기도 했다. 우리나라에서 가장 오래된 제빵 기술학교인 한국제과학교(1972년 설립)에 가보면 대만에서 제빵 기술을 들여온 기념사진이 있다. 그 정도로 과거에는 다양한 산업 교류가 있었다. 하지만 긴밀했던 관계도 1992년 한국이 중국과 수교를 맺으면서 끝나게 된다. 중국의 하나의 중국 정책(一個中國政策)으로 대만과는 단교를 한다.

미국과 일본은 70년대에 이미 대만과 단교했으나 우리는 90년대까지 신의를 지켰다며 위안을 찾기도 해보았다. 오랫동안 의지한 만큼 서로에게 상처가 되었을 것이다. 헤어짐은 어떠한 형태로든 서로에게 상처로 남게 되는 것 같다. 사람 일이나 나랏일이나 마찬가지일 것이다.

2005년 국적기 취항이 재개되었다. 2018년 나는 헤어졌던 친구를 만나는 기분으로 타이페이행 항공기에서 창밖을 바라보았다.

"잠시 후 타오위안 국제공항에 도착합니다. 현재 타이페이 기온은……."

사방에 깔려 있는 구름 위로 산봉우리들이 드리워져 있었다. 분명히 곧 착륙한다 했는데 내가 잘못 보았나? 아니었다. 대만이 화산지형의 협곡이라는 것을 잊고 있었다. 대만의 첫인상은 정의하기 힘들었다. 깨끗한 도시, 산과 온천이 있는 곳. 그리고 일본 제품들이 눈에 많이 띄었다. 대만 출장 일정은 굉장히 빠듯했다. 아침 8시부터 밤 늦게까지 일정이 있었고 자유시간은 거의 없었다. 그나마 야시장이 활성화되어 있어서 다행이라고 생각했다. 밤 11시가 넘어 야시장을 찾았다. 시장을 가득 메운 사람들의 열기, 사람들의 땀 내음이 느껴졌다. 그런데 야시장 입구에서부터 강력한 냄새가 코를 찌른다. 간장을 조린 냄새에 뭔가 썩은 냄새라고 해야 할까. 인상을 찌푸리게 된다. 그곳을 피하고 싶었다. 쓰레기통이 열려 있나 싶었다. 옆에 있던 이병두 차장에게 물었다.

"이 차장, 이거 무슨 냄새죠?"
"모르세요? 취두부 냄새잖아요. 상해는 더 심해요."

방송에서 연예인들이 대만에서 취두부 먹던 장면이 떠올랐다. 다들 냄새 때문에 못 먹는데 송지효씨가 맛있게 먹는 장면이었다. 나는 그때 '그 나라 음식에 대한 예의상 그냥 먹으면 되지. 여배우도 먹는데 남자들이 입도 못 대다니.'라는 생각을 했었다. 그날 대만의 야시장 골목에서 다짐했다. 내가 겪지 못한 상황을 보며 타인의 행동을 쉽게 단정 짓지 말자고. 송지효 씨가 존경스럽다. 취두부 냄새는 샤워를 해도 며칠 간 몸에서 떠나지 않았다.

보통 투자자로서 기업을 방문하면 IR 담당자나 재무총괄 임원과 미팅을 한다. 회사의 실적이나 전망 자료와 프레젠테이션 화면을 보며 이야기를 나눈다. 그런데 대만 기업에서는 화면을 보고 미팅을 하지 않았다. 준비된 인쇄물도 몇 장 안되었다. 동네 주민을 대하는 느낌이었다. 어떤 회사는 왜 왔냐며 취조하듯 몰아세우기도 했다. 사람들은 대부분 친절했지만 회사를 투자자에게 어필하려는 의지가 약했다. 이럴 거면 왜 기업 공개를 하고 주식시장에 상장을 했는지. 한국에 와서 대학 선배이신 G운용사 최창하 상무님을 만났다. 대만 기업의 태도에 대해 말하자 다음과 같은 답변이 돌아왔다.

"우리나라 중소기업 상장사들도 투자자가 기업 방문하는 걸 꺼리는 경우가 있어. 그런 회사들 공통점이 확실한 사업기반이 있다는 거지. 재무구조가 건전해서 외부자금 유입의 필요성이 별로 없는 회사들이거든."

그제서야 대만 기업들의 태도가 이해되었다. 대만회사에 대한 신뢰도 커졌다. 그러고 보니 대만 기업들은 배당수익률이 5%가 넘는 경우가 많았다. 2018년 시가총액 상위 100위권 내의 종목 중에서 무려 29개 종목의 배당수익률이 5% 이상이었다. 배당수익률 상위 종목으로 Nanya Technology 13.0%, Taiwan Cement 9.3%, GlobalWafers 8.9%, Asia Cement 8.2%, Wistron 7.9%, Highwealth Construction 7.8% 등이 있다. 이 정도면 정말 놀라운 수준이다. 시가배당을 하는 특성상 매년 꾸준히 5%의 수익을 달성할 수 있는, 충분한 매력을 지닌 시장이라는 것이다. 하지만 우리나라의 시가총액 100위 기업 중 2018년 배당수익률 5% 이상인 기업은 오렌지라이프, 쌍용양회, 현대중공업지주, 하나금융지주 네 군데뿐이었다.

대만의 3대 증권사 중 하나인 Fubon 증권을 방문하여 세미나를 했다. 마지막 시간에 반도체 애널리스트와 산업 세미나를 하게 되었다. 아시아 반도체 애널리스트중 1등을 했다는 아서 랴오 Arthur Liao 의 설명은 진지하고 냉철했다. 미국, 한국, 대만, 일본을 아우르는 탁월한 반도체 산업분석, 역시 아시아 1등이라는 생각이 들었다. 하지만 인상이 날카로워 정감은 가지 않았다.

일정이 끝나고 며칠간 정이 든 대만 직원들과 저녁 자리를 가지게 되었다. 아서도 나와 있었다. 이야기를 나누다 군대 이야기가 나왔다. 대만도 우리처럼 의무병 제도라고 한다. 우리는 군대 이야기를 번갈아 해가며 정신없이 대화를 이어갔다. 그리고 글로벌 투자업계에서 군대 예비역이라는 동질감에 하나가 되어갔다. 아서와 우리의 군대 이야기에 대만 여직원들은 '남자들은 어디 가나 다 똑같다'며 핀잔을 주었다.

분위기가 무르익을 무렵, 아서 랴오는 한국이 민주화를 위해 독재정권에 항거했듯 자기들도 독재정권 퇴진을 위해 투쟁을 했다고 했다. 그리고 학창시절 사진을 보여주었다. 사무실에서 보았던 냉철한 애널리스트의 모습은 어느새 사라지고 서너잔 기울인 술잔에 붉어진 얼굴로 정감가는 미소를 띠고 있었다. 그는 고등학생 시절 거리에 나가 데모를 했던 이야기를 이어나갔다. 미처 몰랐던 대만의 과거에 빠져들었다.

70~80년대 우리나라 대학가를 가득 메운 민주화 운동. 그 뜨거움을 가슴에 품은 이들이 이제 중장년이 되어 투쟁의 선봉이 아닌, 투자의 선봉에 서있는 모습을 생각해 본다. 우리는 많이 닮은 것 같다.

## 대만 주식시장

대만 주식시장의 시가총액은 2019년 3월 말 기준 약 1조 1,500억 달러이다. 세계 13위 규모를 보이고 있다. 비슷한 규모를 보이는 시장으로는 시가총액 1조 3,100억 달러의 호주이다. 대만의 산업별 비중은 IT 47.5%, 금융 15.3%, 원자재 11.0%, 경기소비재 7.2%, 산업재 6.3%, 통신 4.3%, 필수소비재 3.3%, 에너지 3.3%, 헬스케어 1.7%, 유틸리티 0.2% 이다.

시가총액 상위 주요기업으로는 TSMC(IT), Hon Hai Precision(IT), Formosa Petrochemical(에너지), Chunghwa Telecom(통신), Formosa Plastics(원자재), Formosa Chemicals & Fibre(원자재), Nan Ya Plastics(원자재), Cathay Financial(금융), LARGAN Precision(IT), Fubon Financial(금융) 등으로 IT 산업의 비중이 매우 높은 특색을 보이고 있다.

대만에 어떻게 투자하면 될까?

우리나라에서 투자 할 수 있는 방법은 ① 국내에 상장된 ETF, ②증권사 해외전용계좌 개설을 통해 대만 주식을 거래할 수 있다. 국내증권사에서 해외증권계좌를 개설하면 아시아 주식을 거래할 수 있으나 대만 주식 중개 서비스를 제공하지 않는 곳도 있다. 제공하는 곳도 창구주문만이 가능한 오프라인 서비스만을 제공하고 있다. 또한 현재 대만에 단독으로 투자하는 펀드는 설정되어 있지 않다.

① 국내에 상장된 ETF
국내에서 대만에 투자할 수 있는 방법은 한국거래소에 상장된 ETF에 투자하는 방법이다. 현재까지는 미래에셋TIGER대만ETF 가 2016년 10월에 상장되어 거래되고 있다.

② 해외전용계좌 개설을 통한 ETF
대만 주식을 보다 적극적으로 매매할 수 있는 방법이 미국, 홍콩, 영국, 독일에 상장된 ETF를 매매하는 방법이다. 미국에 상장된 iShares MSCI Taiwan ETF 거래 편이성에서는 가장 용이하다. 다음으로는 홍콩에 상장된 iShares Core MSCI Taiwan ETF가 활발히 거래되고 있다.

③ 해외전용계좌 개설을 통한 개별주식 거래
본격적인 주식투자는 대만에 상장된 주식에 직접 투자로 가능하다. 국내증권사에서 대만 주식 거래는 아직까지 오프라인거래만 가능한 번거로움이 있으나 투자에는 무리가 없다.

TSMC

TSMC(Taiwan Semiconductor Manufacturing Company)는 IT, 자동차, 산업용 장비 등 다양한 산업에 사용되는 집접회로 제조 업체로서 웨이퍼 제조, 프로빙 조립 및 설계 서비스를 제공하고 있다. 1987년 대만 Hsinchu 지역에서 시작하였고 2017년 기준 257개의 특허 기술을 바탕으로 9,000개의 상품을 제조한다.

표준 반도체, IT, 컴퓨팅 시장에서 다양한 상품 라인업을 보유하여 일정한 생산성을 유지하는데 주력하고 있다. 특히 파운드리 산업 분야에서는 2017년 매출액 기준으로 1위를 기록하기도 했다. 북미, 유럽, 아시아 등에 약 48,000명의 직원이 근무 중이다. 현재 대만거래소에 상장되어 있으며 미국 시장에서도 ADR (티커: TSM US)로 거래 가능하다.

미래에 4차 산업혁명시대를 성공적으로 열어나가기 위해 가장 중요한 핵심 부품은 반도체이다. 높은 성장성이 기대되는 분야의 반도체를 생산하는 업체로서 TSMC는 최근 들어 더욱 주목을 받고 있다. 반도체 생산은 고도의 기술과 대규모의 생산시설이 필요하기 때문에 TSMC외 극소수만 가능한 상황이다. 전 세계 시장 점유율은 5%이며 기술력도 상당하다. AMD, NVIDIA 와 같은 주요 AI 칩 제조업체로부터 많은 주문이 쇄도하는 현상도 TSMC의 첨단 파운드리 기술과 생산능력을 인정받았다는 증거이다.

또한, Cambricon, Horizon robotics, Hisilicon, Deephi 등 많은 칩 제조업체를 위한 파운드리 서비스도 제공 중이다. 향후 NVIDIA의 차세대 GPU 출하량의 증가와 스마트폰 Soc 주문 증가도 TSMC의 또 다른 성장동력을 제공할 것으로 예상된다.

| Taiwan Semiconductor Manufacturing Co., Ltd. | | | | (TWD,십억, %) | |
|---|---|---|---|---|---|
| | 2015 | 2016 | 2017 | 2018 | 2019 |
| 매출액 | 843.512 | 947.909 | 977.443 | 1,031.362 | 1,039.161 |
| 영업이익 | 321.903 | 377.903 | 386.860 | 385.725 | 369.974 |
| 순이익 | 306.574 | 334.247 | 343.111 | 351.131 | 335.685 |
| 영업이익률 | 38.2% | 39.9% | 39.6% | 37.4% | 35.9% |
| 순이익률 | 36.3% | 35.3% | 35.1% | 34.0% | 32.5% |
| 매출액증가율 | 10.6% | 12.4% | 3.1% | 5.5% | 0.8% |
| 영업이익증가율 | 8.1% | 17.4% | 2.4% | -0.3% | -4.1% |
| PER | 12.1 | 14.1 | 17.3 | 16.7 | 19.4 |
| PBR | 3.0 | 3.4 | 3.9 | 3.5 | 3.6 |
| 부채비율 | 15.4% | 13.2% | 10.7% | 8.6% | 7.4% |

자료: FactSet, 2019년 추정치, 2019년 4월 3일 기준

Uni-President
Enterprises

유니프레지던트 엔터프라이즈는 대만 로컬 시장을 비롯하여 중국, 동남아시아까지 진출한 종합 식음료 업체이다. 유제품, 냉동식품, 인스턴트, 동물 사료, 양식업 사료, 식용유 등 다양한 상품을 제조, 가공 및 판매하고 있다.

대만 현지에서는 식품 유동 센터와 자동판매기 사업도 운영 중이다. 식음료 부문의 강점을 이용하여 퉁이 세븐일레븐, 스타벅스, 미스터 도넛 등 다양한 브랜드를 운영하고 있으며 전체 매출 중 음료사업이 62%까지 성장하는 성과를 보이고 있는 상황이다.

또한, 일본 사자비리그와 협력하여 운영 중인 퉁이 애프터눈 브랜드를 대만과 중국으로 진출시켰다. 유명한 아이스크림 브랜드인 콜드스톤도 수입하여 운영하며 사업을 확장하고 있다.

중국으로의 투자도 많이 진행하고 있다. 대표적인 투자 중 하나는 중국 쑤저우 쿤산에 인스턴트 라면 및 테트라팩을 생산하기 위한 생산기지를 설립한 사례가 있다. 이에 이어 중국 본토 전체를 커버할 수 있는 네트워크 망 구축을 위해 각 자치구(성)에 생산 공장을 설치하여 유통망 확보 중에 있다.

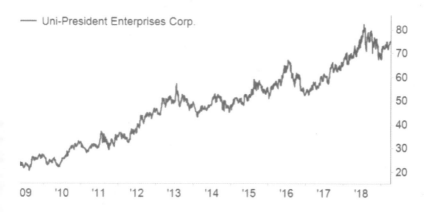

―― Uni-President Enterprises Corp.

| Uni-President Enterprises Corp. | | | | | (TWD,십억, %) |
|---|---|---|---|---|---|
| | 2015 | 2016 | 2017 | 2018 | 2019 |
| 매출액 | 416.151 | 413.364 | 399.861 | 431.446 | 448.518 |
| 영업이익 | 21.948 | 21.400 | 22.644 | 27.278 | 28.742 |
| 순이익 | 14.108 | 14.527 | 39.845 | 17.442 | 18.568 |
| 영업이익률 | 5.3% | 5.2% | 5.7% | 6.3% | 6.7% |
| 순이익률 | 3.4% | 3.5% | 10.0% | 4.0% | 4.3% |
| 매출액증가율 | -2.1% | -0.7% | -3.3% | 7.9% | 4.0% |
| 영업이익증가율 | 23.5% | -2.5% | 5.8% | 20.5% | 5.4% |
| PER | 22.1 | 20.9 | 9.4 | 22.7 | 22.5 |
| PBR | 3.2 | 3.2 | 3.1 | 3.7 | 3.8 |
| 부채비율 | 32.4% | 29.0% | 21.0% | 25.6% | - |

자료: FactSet, 2019년 추정치, 2019년 4월 3일 기준

CATCHER
可 成 科 技

---

Catcher

Technology

Catcher Technology는 1988년에 설립된 알류미늄 및 마그네슘 주물을 제조하는 업체이며 노트북, 컴퓨터, 휴대전화 및 하드 디스크 드라이브 베이스 제작업체에 납품하고 있다. 타이난시에 본사를 두고 있으며 직원수는 약 3,300명을 보유하고 있다. 1994년부터 대만 노트북 회사들과 마그네슘 다이캐스팅 사업에 진출했으며, 1998년 미국과 유럽 등 세계 각지의 제조업체들로부터 인증을 받았다.

지속적인 R&D 투자를 통해 알류미늄의 단조, CNC공정, 압출가공, 양극 처리 등에서 뛰어난 발전을 보이고 있으며 노트북, 스마트폰에 필요한 케이스 부문에서 글로벌 리딩 업체로 포지셔닝 중이다. Catcher Technology만의 핵심 기술로는 재료과학, 제조 기술, 몰딩, 화학 엔지니어링 및 표면 처리 기술이 있으며 추가로 전기, 기계, 열처리, 광학기술 관련 라인업도 보유하고 있다. 이 회사가 바로 대만 출장시 우리 일행을 당혹시킨 그 Catcher 이다.

Catcher의 기업탐방을 주선한 대만 증권사 직원에게 'Catcher는 매우 만나기 힘든 기업이며 태도도 상당히 뻣뻣하다. 질문이 마음에 들지 않으면 미팅을 일찍 마무리 하니 주의해야 한다'는 황당한 충고를 들었다.

IR 담당 여직원은 마스크를 쓰고 우리를 안내했다. 그리고 마스크를 착용한 채로 미팅을 진행했다. 특이하다는 느낌을 갖게 될 무렵 그녀의 첫 질문이 시작 되었다.

"왜 Catcher를 방문하였나요? 혹시 무슨 루머라도 듣고 왔나요?"

날카로운 질문과 함께 우리는 산업스파이 취급을 받았다. 모든 질문에 대한 답변은 단답형으로 끝났다. 물론 미팅은 예정된 시간보다 훨씬 빨리 끝났다. 미팅을 마치고 나오면서 Catcher IR 직원에게 '많은 정보를 들었고 좋은 미팅이었다'고 말하는 대만 증권사 직원 또한 신선한 충격이었다.

Catcher Technology Co., Ltd.

| Catcher Technology Co., Ltd. | | | | | (TWD,십억, %) |
|---|---|---|---|---|---|
| | 2015 | 2016 | 2017 | 2018 | 2019 |
| 매출액 | 82.413 | 79.114 | 93.296 | 95.416 | 82.505 |
| 영업이익 | 29.431 | 27.594 | 33.433 | 29.604 | 21.517 |
| 순이익 | 25.121 | 22.020 | 21.843 | 27.972 | 17.455 |
| 영업이익률 | 35.7% | 34.9% | 35.8% | 31.0% | 22.6% |
| 순이익률 | 30.5% | 27.8% | 23.4% | 29.3% | 18.3% |
| 매출액증가율 | 49.1% | -4.0% | 17.9% | 2.3% | -13.5% |
| 영업이익증가율 | 44.7% | -6.2% | 21.2% | -11.5% | -27.3% |
| PER | 8.5 | 7.8 | 11.6 | 6.2 | 11.2 |
| PBR | 1.8 | 1.4 | 1.9 | 1.1 | 1.3 |
| 부채비율 | 13.4% | 20.8% | 22.5% | 28.6% | 14.0% |

자료: FactSet, 2019년 추정치, 2019년 4월 3일 기준

सत्यमेव जयते

INDIA
천(千) 개의 언어
만(萬)가지의 꿈

2007년 새로운 펀드를 만들라는 임무가 나에게 주어졌다. 당시 우리나라는 BRIC 열풍이 한창이었다. BRIC란 빠르게 경제대국으로 성장할 것이라는 브라질, 러시아, 인도, 중국을 말한다. 모두 넓은 영토와 풍부한 자원과 노동력을 갖고 있다. 우리 회사에서는 며칠 동안의 토론을 거쳐 러시아펀드를 만들기로 했다. 인도도 논의되었지만 러시아에 밀렸다. 주식시장 규모는 인도가 더 컸지만 친근감을 고려하지 않을 수 없었다. 우리는 인도를 이머징 시장으로 부른다. 하지만 인도의 금융시장은 역사가 오래되고 많은 증권회사와 상장사가 있다. 인도의 봄베이 증권거래소(Bombay Stock Exchange, BSE)는 1875년 설립된, 아시아에서 가장 오래된 증권거래소이다. 인도의 증권사는 무려 1,300개 사가 넘고 상장회사는 5,000개에 이른다.

2018년 홍콩 첵랍콕 국제공항에서 뭄바이행 비행기를 기다렸다. 사람들의 표정에는 긴장감이 돌았다. 방금 비즈니스 미팅에서 만난 제이슨

최의 말 때문인 것 같았다. 제이슨은 미국 교포로 홍콩, 스페인, 브라질에서 근무한 금융 전문가였다. 교포 특유의 한국어 발음으로 제이슨이 물었다.

"여기 마치고 어디 가시죠?"
"오늘 밤 인도로 갑니다."
"오, 노우."
"인도에 문제라도 있나요?"
"인도는 우리 회사 사람들도 가장 기피하는 나라에요."
"구체적으로 뭐가 안 좋다는 건가요?"
"우선 냄새가 심해요. 아마 비행기 타는 순간부터 냄새 때문에 기절할 겁니다. 가셔서 샐러드는 절대 드시지 마세요. 설사해요. 호텔에서 준 생수도 양치할 때만 쓰시고 마시지 마세요. 식사도 무조건 미국 계열 특급 호텔 레스토랑에서만 하세요."

제이슨은 인도에서의 에피소드를 쏟아 냈다. 탑승이 시작되는지 대기실의 사람들이 분주해지기 시작했다. 그때 문자가 울렸다. 핸드폰을 보니 홍콩계 캐나다인 레베카였다.

'재현. 너무 걱정말아요. 좋을 거예요. 나도 작년에 갔었는데 음식도 맛있고 좋았어요. 굿 럭!'

레베카의 문자에 힘이 났다. 거기도 사람 사는 곳인데 괜찮겠지. 호텔 밥만 먹으면 거기 사람들은 어떻게 살겠어. 교민들도 있는데. 한숨 돌리고 기내에 올랐다. 제이슨이 말하던 냄새는 나지 않았다. 기내식도 맛있었다. 7시간을 날아 자정에 차트라파티시바지 국제공항에 도착했다. 택시를 타고 가면 새벽 2시에 도착하리라 생각했다. 하지만 입국심사 대기줄이 움직이지 않았다. 새벽 4시가 넘어 겨우 공항을 나왔다. 결국 뜬 눈으로 밤을 세우고 주일 아침을 맞았다. 오전 10시 뭄바이 한인교회를 방문했다.

"오늘은 한 집사님께서 맥도날드 치킨버거로 점심을 제공해 주셨습니다."

환호성이 터져 나왔다. 교민들도 인도 음식은 힘든 걸까. 왜 치킨버거일까. 그제야 여기가 힌두교 국가라는 사실을 깨달았다. 인도는 인구의 80%가 힌두교라서 소고기를 구경하기 힘들다. 게다가 14%는 이슬람교라 돼지고기로 만든 소시지, 베이컨, 햄버거도 맛보기 어렵다. 치킨버거를 먹고 있는데 이병두 차장이 멈칫거렸다.

"햄버거에 빵이 없어요."

자세히 보니 햄버거 패티 아래엔 빵이 없고 위에만 달랑 한 장이 있었다. 교민들은 늘 있는 일이라 말하며 다른 햄버거를 건넸다. 여러 개를 시키면 이런 경우가 꼭 발생한다고 한다.

흥미로웠던 점은 인도는 사람이나 건물 이름이 유난히 길다는 것이었다. 뭄바이에는 '쉬바지왕 박물관'이 있다. 한때 '웨일스 왕자 박물관'이라 불리던 곳이다. 그런데 정식명칭이 크해트라파티 쉬바지 마하라지 바스투 샌그라할라야 Chhatrapati Shivaji Maharaj Vastu Sangrahalaya 이다. 바트리바라 카라니 증권의 니하리카 고레츠하 전무가 친절히 설명해 주었다. 인도인의 이름은 '이름+아버지 이름+(할아버지 이름)+성(姓)'으로 이루어 진다. 우리나라 이름으로 치자면 '동원 원혁 준호 김' 정도가 되겠다. 김가 집안의 준호의 아들 원혁의 아들 동원인 것이다. 신기한 것은 인도 사람들은 긴 이름을 기억한다는 것이다. 그리고 헌법에서는 사라졌다는 신분제인 카스트가 지금도 이름에 쓰이고 있다고 한다. 시타 라마 라주 알루리 Sita Rama Raju Alluri 의 경우 이름은 시타 라마이고, 라주가 카스트 계급을 드러내는 이름이다. 알루리는 성이다. 게다가 종교에 따라 이름 짓는 방식이 조금씩 달라진다. 이슬람교와 힌두교를 조화시킨 시크교도들은 이름에 종교를 드러내는 단어인 싱(남자이름), 카우르(여자이름)를 쓰고 보통 성을 쓰지 않는다. 우리가 아는 만모한 싱 Manmohan Singh 전 총리가 시크교도이다. 시크교도들은 머리에 터번이라 하는 두건을 두른다.

인도에서의 일정은 매번 한 시간씩 지연되었다. 시간을 칼같이 지키던 나로서는 어색했다. 그러나 방문 기업 담당자나 미팅을 잡아준 증권사 직원 모두 시간이 늦어지는 것을 너그럽게 받아들였다. 차로 두시간 거리를 이동하고 있는데 리하리카 전무가 곧 도착할 회사 직원과 통화를 했다. 영어와 현지 언어를 섞어가며 통화를 끝내고는 한 마디 건넸다.

"미안합니다. 지금 가려는 회사에서 내부 사정이 생겼다며 미팅을 못하겠답니다."

이해할 수 없었다. 투자자와 투자대상 기업의 공식 일정인데 몇 분 전에 취소하다니. 세상엔 다양한 가치관이 있는가 보다.

투자처로써 인도의 잠재력은 어디에 있을까? 방문 기업 중 침구류 매출액 세계 1위인 웰스펀(Welspun)이라는 기업이 있었다. 미국시장에서 침구류 5년 연속 1위를 차지하는 기업이다. 고급 면제품에 대한 설명을 하던 하리쉬 벤카테스와란 전무가 의미 심장한 말을 했다.

"진짜 인도의 성장 가능성을 보고 싶으면 차를 타고 시골을 가보세요." 다음 설명을 기다렸지만 그게 다였다. 철학자가 한마디 말을 던지듯 해답은 스스로 찾으라는 것 같았다. 나는 가우탐에게 인도시장의 미래에 대해 물어봤다. 가우탐은 인도의 대형 증권사 모티랄 오스왈 Motilal Oswal 증권의 리서치 헤드였다.

"우리는 학교 숙제가 20개가 넘었습니다. 하교 후 밤늦게까지 숙제를 했습니다. 그래서 우리들은 누가 시킨 일은 철저하게 해냅니다. 그러나 창의적인 일에서는 경쟁력이 없어요. 인도가 한 단계 발전하기 위해서는 창의성을 발휘할 수 있게끔 하는 교육과 산업의 육성이 필요합니다."

숙제가 20개였다니. 숙제하느라 학원을 다닐 시간도 없을 것 같았다. 인도에서의 나흘간 일정이 끝나가고 있었다. 퇴근시간 교통체증은 심했다. 우리가 가는 방향은 차가 두 줄이고 반대 방향은 세 줄이었다. 중앙선도 없었다. 무질서해 보였는데 그 안에 나름의 질서가 있어 보였다.

마지막 날, 우리는 간단히 맥주라도 할 겸 식당으로 향했다. 메뉴판에는 맥주가 있는데 팔지 않는다고 한다. 이유를 물으니 오늘이 국부 간

디의 서거일이라고 했다. "인도 사람들은 위인들을 추모하는 날에는 술을 마시지 않아요." 우리는 김구 선생, 안중근 의사의 서거일에 무엇을 하고 있었을까.

## 인도 주식시장

인도 주식시장의 시가총액은 약 2조 1,700억 달러 (2019년 3월 말 기준), 세계 8위 규모이다. 전세계 주식시장의 2.8%를 차지하고 있다. 우리나라가 시가총액 1조 4,500억 달러에 세계 11위인 것을 감안해보면, 인도 주식시장은 한국보다는 조금 크다고 할 수 있다. 아시아 기준으로는 중국, 일본, 홍콩에 이어 4번째 규모를 보이고 있다. 인도의 산업별 비중은 금융 24.9%, IT 12.2%, 원자재 11.6%, 에너지 11.6%, 필수소비재 10.6%, 경기소비재 10.3%, 산업재 8.0%, 헬스케어 5.3%, 유틸리티 3.5%, 통신 1.9%의 모습으로 상대적으로 고른 산업 분포를 보이고 있다.

시가총액 상위 주요기업으로는 Tata Consultancy Services(IT), Reliance Industries(에너지), HDFC Bank(금융), Hindustan Unilever(필수소비재), ITC(필수소비재), HDFC(금융), Infosys(IT), Maruti Suzuki India(경기소비재), Kotak Mahindra Bank(금융), State Bank of India(금융)등으로 금융과 소비재 산업의 비중이 매우 높은 모습을 보이고 있다.

## 인도에 어떻게 투자하면 될까?

우리나라에서 인도는 ①펀드, ②국내에 상장된 ETF, ③증권사 해외전용계좌 개설을 통해 주식을 거래할 수 있다. 다만 국내증권사에서 해외증권계좌를 개설하면 아시아 주식을 거래할 수 있으나 인도는 수요부족과 다소 복잡한 거래절차로 인해 중개서비스를 제공하는 곳은 아직 없다. 앞으로 인도 시장에 대한 관심이 늘어나면서 중개서비스를 제공할 것으로 예상된다.

① 펀드
국내에서 가입 가능한 인도 투자 펀드는 상대적으로 많은 편으로 현재 10개 이상의 운용사에서 인도투자펀드를 보유하고 있다. 설정액 면에서는 삼성과 미래에셋이 1,000억 원 이상의 설정액을 운용중이고, KB, 피델러티, NH아문디, IBK, 키움 등도 100억 원 이상의 설정을 보유하고 있다.

② 국내에 상장된 ETF
국내에서 투자할 수 있는 다른 방법은 한국거래소에 상장된 ETF에 투자하는 방법이다. 현재는 키움 KOSEF NIFTY50 인디아 ETF와 레버리지 상품인 미래에셋 TIGER 인도 레버리지 ETF가 상장되어있다.

③ 해외전용계좌 개설을 통한 ETF
인도 주식을 보다 적극적으로 매매할 수 있는 수단이 미국 등 해외에 상장된 ETF이다. 미국에 상장된 ETF중에는 iShares MSCI India ETF와 Wisdomtree India Earining ETF의 거래가 가장 활발하다. 인도 투자ETF는 상승에 베팅하는 2배와 3배 레버리지 상품도 있고 하락에 베팅하는 2배 인버스 상품도 있어 보다 다양한 전략을 수행할 수 있다.

④ 해외전용계좌 개설을 통한 개별주식 거래

주식투자는 인도에 상장된 주식에 직접 투자로 가능하다. 하지만 국내 증권사에서 인도주식 중개 서비스를 제공하지 않아 본토 주식거래는 힘들다. Tata Motors, State Bank of India, Reliance Industries 등 80개 이상의 기업이 미국, 영국, 독일, 싱가포르 등에 DR을 상장시켜서 투자에는 무리가 없다.

Tata

Motors

타타 모터스는 100개 이상의 계열사를 보유하고 있는 인도 최대의 기업 Tata Group의 주요 계열사 중 하나다. 주요 사업으로 자동차, 스포츠카, 트럭, 버스, 군용차량 제조업을 영위한다. 뭄바이에 본사를 두고 있다.

1945년 기관차 제조 사업을 하는 Tata Engineering and Locomotive Company(TELCO)로 시작하여 1954년 Daimler-Benz AG와 협력하여 최초로 상용차를 제조하였고 1988년 승용차 시장에 진입하였다. 인도에서 최초로 경쟁력 있는 현지 자동차 제조의 가능성을 제시하였다. 2004년 대우자동차 상용차 부문을 인수한 뒤 Tata Daewoo상용차를 공식 출범시켰으며, 2008년 영국의 재규어와 랜드로버 브랜드를 사들이기도 했다. 또한 2009년에는 세계 최저가 자동차인 Tata Nano를 출시하였다.

이미 170여개 국 이상에 퍼져있는 타타 모터스는 1961년 이래로 전세계적으로 850만대 이상 수출을 통해 국제적 입지를 확장했다. 6,600개이상의 터치 포인트로 구성된 전 세계적인 네트워크를 보유하고 있다.

현재 인도의 자동차 산업은 전세계에서 4위 규모이다. 2018년도의 연간 생산은 전년대비 14.8% 성장하였고 인도 정부의 정책(National Electric Mobility Mission Plan 2020)과 적극적인 감세정책이 자동차 산업을 든든하게 지원해 주고 있다. 인도의 자동차 시장은 세계 3위권이 될 가능성이 높다. 타타 모터스는 새로운 기술과 진보된 디자인을 도입하는 등 성장을 위한 투자를 지속하고 있다. 2016년 포춘지 선정 세계 500대기업 중 226위에 올라 있다.

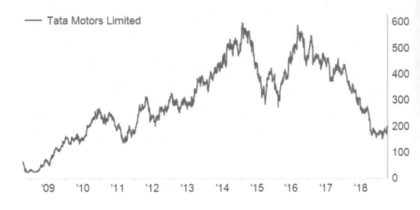

| Tata Motors Limited | | | | | (INR,십억, %) |
|---|---|---|---|---|---|
| | 2015 | 2016 | 2017 | 2018 | 2019 |
| 매출액 | 2,716.8 | 2,584.4 | 2,824.1 | 3,075.5 | 3,340.9 |
| 영업이익 | 190.8 | 51.0 | 1.7 | 42.2 | 114.5 |
| 순이익 | 115.8 | 74.5 | 89.9 | 5.1 | 60.0 |
| 영업이익률 | 7.0% | 2.0% | 0.1% | 1.4% | 3.7% |
| 순이익률 | 4.3% | 2.9% | 3.2% | 0.2% | 2.0% |
| 매출액증가율 | 4.2% | -4.9% | 9.3% | 8.9% | - |
| 영업이익증가율 | -19.9% | -73.3% | -96.6% | 2346.7% | - |
| PER | 11.4 | 21.4 | 12.5 | 149.6 | 13.1 |
| PBR | 1.7 | 2.7 | 1.2 | 1.0 | 0.9 |
| 부채비율 | 26.0% | 28.7% | 26.8% | 33.9% | 35.4% |

자료: FactSet, 2018년 및 2019년 추정치, 2019년 4월 3일 기준

Sun Pharmaceutical
Industries

다국적 기업인 Sun Pharmaceutical Industries Limited는 인도에서 가장 큰 만성질환 치료제 제조 회사로 1983년 설립된 세계 5대 제약회사다. 주로 미국과 인도에서 제약 제형 및 활성 제약 성분(APIs)을 제조, 판매하고 심장학, 정신 의학, 신경과, 위장학 및 당뇨학과 같은 다양한 영역에서 제형을 제공하고 있다.

선파마슈티컬은 인도 외에 미국, 브라질, 캐나다, 헝가리, 이스라엘, 방글라데시, 멕시코, 루마니아, 아일랜드, 모로코, 나이지리아, 남아프리카, 말레이시아 등에 45개 공장을 보유하고 있으며 제조는 미국, 캐나다, 브라질, 멕시코 및 이스라엘의 공장을 포함하여 26개 지역에 걸쳐 이뤄진다.

선파마는 활발한 인수합병을 통해 해외 시장에 적극적으로 진출하며 매출 성장을 이루었다. 2014년 Ranbaxy 인수로 인도 최대 제약 회사이자 세계에서 다섯 번째로 큰 특수 제네릭 회사가 되었다.

현재 선파마는 인도에서 두 번째로 크고 가장 수익성 있는 제약회사다. 시가총액 규모로는 가장 크다. 인도의 낮은 인건비를 활용해 해외시장에서 두각을 나타내는 선파마는 매출의 72% 이상이 인도를 제외한 미국 시장에서 달성한다. 50%의 매출액을 차지하는 미국은 썬파마의 최대 단일 시장이다.

선파마는 2016 회계연도 기준 아시아 제약회사 중 매출 1위를 차지했다. 2017년 3월 기준 1년간 46억 달러 (약 5조 2200억 원)의 매출을 올린 것이다. 그러나 2009년 선파마 Carco Pharmaceutical의 Detroit 공장은 위생 문제로 폐쇄되었다. 미국 FDA는 오염 문제에 대해 2000만 달러의 약물을 압수했다. 2016년 12월 FDA는 Halol 제조 공장에 오염과 관련된 9건의 위반에 대한 경고문을 보냈다.

—— Sun Pharmaceutical Industries Limited

'09 '10 '11 '12 '13 '14 '15 '16 '17 '18

| Sun Pharmaceutical Industries Limited | | | | | (INR,십억, %) |
|---|---|---|---|---|---|
| | 2015 | 2016 | 2017 | 2018 | 2019 |
| 매출액 | 281.1 | 313.1 | 264.2 | 295.5 | 332.5 |
| 영업이익 | 75.1 | 84.9 | 41.0 | 52.0 | 63.7 |
| 순이익 | 45.5 | 69.6 | 21.6 | 39.6 | 51.6 |
| 영업이익률 | 26.7% | 27.1% | 15.5% | 17.6% | 21.5% |
| 순이익률 | 16.2% | 22.2% | 8.2% | 13.4% | 17.4% |
| 매출액증가율 | 3.0% | 11.4% | -15.6% | 11.9% | - |
| 영업이익증가율 | 9.2% | 13.0% | -51.8% | 27.0% | - |
| PER | 43.4 | 23.7 | 55.0 | 29.2 | 22.2 |
| PBR | 6.0 | 4.5 | 3.1 | 2.7 | 2.5 |
| 부채비율 | 15.2% | 15.9% | 16.0% | 14.9% | 13.3% |

자료: FactSet, 2018년 및 2019년 추정치, 2019년 4월 3일 기준

Tata

Consultancy Services

TCS Limited는 Tata Sons Limited에 의해 1968년에 설립되었다. TCS(Tata Consultancy Services Limited)는 인도의 Maharashtra에 본사를 둔 컨설팅 회사이다. 타타 그룹 계열이며 46개 국가에서 운영된다.

1980년에 인도의 첫 전용 소프트웨어 연구 개발 센터인 Pune에 Tata Research Development and Design Center를 설립했다. 1981년 최초로 당시 Tandem(현재 회사명 Compaq)을 위한 client-dedicated offshore development center를 설립했다.

TCS는 시가총액 기준으로 대형 인도 기업 중 하나이다. TCS는 현재 세계에서 가장 가치 있는 IT 서비스 브랜드 중 하나이며, 모기업인 Tata Sons에게 70%의 배당금을 지급한다. 2018년 TCS의 최대주주인 Tata Sons가 보유중인 TCS 주식을 매각했다. 2015년 TCS는 Forbes가 선정한 세계에서 가장 혁신적인 기업 순위에서 64위를 차지하였다. 세계에서 두 번째로 큰 IT 서비스 프로바이더이며 포춘지 선정 500위권에서 10위(2017년 기준)를 차지하였다. 2018년 4월, TCS는 인도 IT기업 중 최초로 1000억 달러 규모의 시가총액을 돌파하였으며, 이는 Reliance Industries에 이어 두 번째 사례였다.

TCS와 67개 자회사는 애플리케이션 개발, 비즈니스 프로세스 아웃소싱, 용량 계획, 컨설팅, 엔터프라이즈 소프트웨어, 하드웨어 사이징, 결제, 소프트웨어 관리 및 기술 교육 서비스를 비롯한 광범위한 정보 기술 관련 제품과 서비스를 제공한다. 이 회사의 기존 소프트웨어 제품은 TCS BANCS 및 TCS MasterCraft 등이 있다.

2004년 TCS는 상장회사가 되었고 2005년에 인도에 기반을 둔 최초의 IT 서비스 회사가 되었다. TCS는 클라우드 기반 제품을 통해 2011년 처음으로 중소기업 시장에 진입했다. 2011년 말 인도 소재 기업 중 시가총액 1위를 달성했다. 2011년 TCS는 처음으로 연간 100억 달러 이상의 매출을 달성했다.

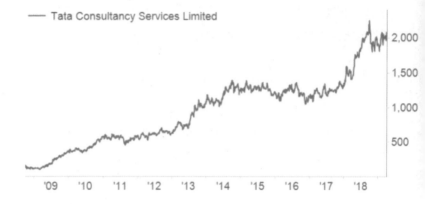

## Tata Consultancy Services Limited

| | 2015 | 2016 | 2017 | 2018 | (INR,십억, %)<br>2019 |
|---|---|---|---|---|---|
| 매출액 | 1,086.5 | 1,179.7 | 1,231.0 | 1,463.9 | 1,625.3 |
| 영업이익 | 287.9 | 303.2 | 302.0 | 378.0 | 422.4 |
| 순이익 | 242.7 | 262.9 | 258.3 | 314.8 | 347.7 |
| 영업이익률 | 26.5% | 25.7% | 24.5% | 25.8% | 28.9% |
| 순이익률 | 22.3% | 22.3% | 21.0% | 21.5% | 23.7% |
| 매출액증가율 | 14.8% | 8.6% | 4.4% | 18.9% | - |
| 영업이익증가율 | 26.9% | 5.3% | -0.4% | 25.1% | - |
| PER | 20.4 | 18.2 | 21.2 | 24.2 | 21.7 |
| PBR | 7.0 | 5.6 | 6.4 | 8.6 | 7.6 |
| 부채비율 | 0.3% | 0.3% | 0.2% | 0.3% | 0.3% |

자료: FactSet, 2018년 및 2019년 추정치, 2019년 4월 3일 기준

'한 사람의 삶의 무게는 지구보다 무겁다고 합니다'

주변 상황들 때문에 내가 지쳐 쓰러지기 직전, 김선화 검사님께서 해주신 말씀이다. 지구보다 무거운 만남은 어떤 것일까. 스쳐 가는 지나침이 아닌 무엇인가를 쌓아가는 만남에는 우주보다 큰 의미가 있는 것같다.

중국 전문가인 김대영 이사와의 첫 만남은 2007년으로 거슬러간다. 당시 나는 하나은행에서 운용사로 이직한지 얼마 안 된 시기였다. 김 이사도 증권사에 근무하다 운용사로 이직한 직후였다. 자연스럽게 우리는 수시로 글로벌 투자에 대해 다양한 정보를 나누게 되었다. 지도도나침반도 없는 거친 사막에서 길동무를 만난 기분이었다. 함께 걸어가고 있다는 느낌으로도 힘이 되었다. 중국에 출장을 가서도 우리는 주식시장을 논하며 연구했다. 서로에게 배우며 지적 호기심들을 채워 나갔다. 중국 출장을 다녀오던 비행기 안에서 김 이사가 말했다.

"아무래도 학원을 등록해서 중국어를 공부해야 될 것 같아요."
"집도 과천이라 여의도까지 출퇴근하기도 힘들 텐데. 언제 가려고?
"출근 전에 가려구요."
"출근이 오전 8시전인데 학원은 몇 시에 가게?"

김 이사는 정말로 새벽마다 학원을 다녔다. 그리고 10년 지난 지금 명실공히 최고의 중국 투자 전문가가 되었다. 나의 버팀목이 되어주었던 KB자산운용 김대영 이사의 중국 투자 이야기를 들어보자.

*

중국은 인접국이면서도 정치적 문제로 가까이하지 못했다. 나에게 중국의 이미지는 학창시절 동대문 시장의 나이키 농구화 같았다. 나이키를 싼값에 살 수 있다기에 무턱대고 찾아간 동대문, 그리고 몇 시간 발품과 애원 끝에 손에 넣었던 짝퉁 나이키 농구화. 흰색 바탕에 빨간색 나이키 로고가 큼직하게 그려진 운동화의 모습이 아직도 선명하다. 흠집이라도 날까 싶어 품에 안고 다녔던 운동화는 며칠 만에 가죽이 쭉쭉 찢어졌다. 밑창도 금세 나갔다. 겉으로 보면 그럴싸한데 써보면 어이없는, 그러한 짝퉁 메이커 이미지가 바로 중국의 모습이었다.

값싼 공산품으로만 만나보던 중국을 처음 방문한 것은 2006년이었다. 모든 물가가 저렴했고 사회주의 체제의 흔적을 볼 수 있었다. 식당에 가면 손님보다 많은 종업원들이 무리지어 서 있었다. 관광지의 한국어 안내 표시판은 꼭 틀린 글자들이 있었다. 만리장성에 청룡열차를 의미하는 '칭용열차'라고 쓰여진 간판처럼 말이다.

그럼에도 불구하고 중국인들은 상업적 마인드가 탁월하다. 그들의 상업적 본능과 역동적 성장 가능성을 느낀 것은 심천에서 북경까지 가는 기차에서였다. 기차에는 침대가 있었는데 같은 침대칸이라도 침대가 설치된 높이에 따라서 가격이 달랐다. 조금이라도 차별화된 부분이 있으면 그 대가를 요구하는 모습이 인상적이었다.

중국에서 사업을 하는 친구를 만나 이런저런 얘기를 나누었는데 그의 말이 흥미롭다. 중국 업체와 사업을 하다 물품에 하자가 있어서 항의하면 별거 아니라는 반응이 돌아온다고 했다. '메이꽌시, 메이꽌시 (没关系, 没关系) 괜찮아요. 그 정도는 문제없습니다.' 그러면서 친구는 다음과 같은 말을 덧붙였다.

"그런데 나는 중국이 이런 모습을 가지고 있어서 다행이라고 생각해."
"왜? 이런 식이면 나오면 사업하는데 힘들지 않아?"
"그런 면도 있지만, 한번 생각해 봐. 그 많은 중국 사람들이 품질과 서비스에 신경 쓰기 시작하면 어떻게 될까? 우리는 먹고살기 힘들어질 거야. 지금은 신경을 안 쓰니까 우리가 그나마 경쟁력이 있는 거지"
"암튼 중국에 왔으니까 잘 놀고 쉬다 가. 물가도 싸고 살기 좋아. 너도 여기 와서 살아."

친구는 중국의 다양한 모습을 보여준다면서 3천 원짜리 마사지와 3만 원짜리 마사지를 체험하게 해 주었다. 친구가 잡아 준 6만 원짜리 호텔은 고급 호텔 스위트 룸처럼 넓고 쾌적했다. 간만에 풍요롭게 여행을 즐기다 왔다.

중국은 이제 만만치가 않다. 강변을 따라 있는 고급 아파트들의 경우 100억 원을 호가한다. 중국 기업을 방문해 보면 더 가관이다. 정보기술 확산 속도는 공포감이 든다. 도시에는 자전거 공유 시스템이 잘 되어있다. 디디추싱은 카카오택시보다 훨씬 전부터 택시를 잡기 어려운 시간대나 지역에서는 손님들이 비용을 더 지불하겠다는 의사표현을 할 수 있도록 했다. 위치 파악을 위한 문자서비스는 바로 번역되어 표시가 된다. 택시 영수증까지도 이메일을 통해 받을 수 있었다. 디디추싱은 소비자의 요구사항을 즉각 반영하며 성장하는 중국 기업의 현주소를 보여주고 있었다. 중국에서 사업을 하시는 사장님과의 대화는 더 충격적이었다.

"요즘에는 중국 호텔에서 한국 사람들 받기를 꺼려한답니다."
"왜 한국 사람들 받기를 꺼려하죠?"
"이것 저것 엄청 따지고, 무엇보다 돈이 별로 없잖아요. 그래서 싫어합니다."

하긴 국내 면세점에서도 큰 손인 중국 관광객들을 상대하느라 한국 손님들은 뒷전인 경우를 보긴 했다. 중국 기업이 부를 축적하고 빠르게 발전하는 것은 한국에게는 위협이지만 중국 시장에 관심있는 투자자들에게는 기회다.

나는 무엇보다 소비가 고급화되고 있다는 점에 주목하고 있다. 필연적으로 성장하게되는 소비 관련 품목과 관련된 회사, 품질과 서비스 개선을 하는 회사, 그러면서 매출과 수익이 늘어나는 회사들을 주목한다. 이런 중국 회사들을 눈여겨 볼 필요가 있다. 물론 중국 주식시장은 아직 이머징 시장이다. 특히 중국 본토는 개인 투자자들이 많다. 따라서 시장의 변동성이 높다. 시장의 쏠림도 종종 발생한다. 하지만 나는 중국에 대한 부정적인 뉴스가 나온다거나 시장이 하락할 때가 기회라고 생각한다. 그때 오히려 적극적으로 다가가야 한다. 중국은 과거의 영광을 찾아가고 있는 매력적인 시장임에 틀림 없다.

## 중국 주식시장

중국 주식시장의 시가총액은 2019년 3월 말 기준 약 7조 4,400억 달러로 세계 2위 규모이다. 전 세계 주식시장의 9.7%를 차지한다. 산업별 비중은 IT 21.9%, 산업재 17.4%, 경기소비재 15.2%, 원자재 12.1%, 금융 10.4%, 필수소비재 10.3%, 헬스케어 7.0%, 유틸리티 3.4%, 에너지 1.7%, 통신 0.6%의 모습을 보이고 있다.

시가총액 상위 주요기업으로는 Alibaba(IT), Kweichow Moutai(필수소비재), Baidu(IT), SAIC Motor(경기소비재), China Yangtze Power(유틸리티), Midea Group(경기소비재), Hangzhou Hikvision Digital Technology(IT), JD.com(경기소비재), Industrial Bank(금융), Wuliangye Yibin(필수소비재) 등으로 IT와 소비재 산업의 비중이 매우 높은 모습을 보이고 있다. 특히 마오타이와 우량예 등 전통주 기업이 시총 상위를 차지하고 있다.

## 중국에 어떻게 투자하면 될까?

중국은 우리나라에서 펀드와 개별주식으로 가장 많이 투자하는 국가일 것이다. 중국투자는 ①펀드, ②국내에 상장된 ETF, ③증권사 해외전용계좌 개설을 통해 다양하게 할 수 있다. 국내증권사에서 해외증권계좌를 개설하면 중국 주식을 거래할 수 있고 수요가 많아 대부분 온라인 거래를 제공하고 있어 주식을 거래하기는 매우 수월한 편이다. 특히 증권사에서 종목 리포트도 발간하고 있어 해외 주식 중 가장 거래하기 원활한 국가가 중국일 것이다.

① 펀드
2018년 6월 30일을 기준으로 제로인의 펀드 분류에 따른 투자 지역이 중국인 펀드는 160개가 넘는다. 국내 설정 해외펀드는 약 700개 정도라고 하면 우리나라 투자자의 중국에 대한 관심은 매우 뜨겁다고 할 수 있다. 설정액은 7조 원 이상으로 가장 크다. 20개 이상의 운용사에서 중국펀드를 보유하고 있는데 KB, 미래에셋, 삼성 등이 1조 원 이상의 자금을 운용중이다.

② 국내에 상장된 ETF
국내에서 상장되어 있는 중국관련 ETF도 15개 이상이 상장되어 있다. 미래에셋TIGER, 한국투자KINDEX, 삼성KODEX, KB KBSTAR, 한화ARIRANG, 신한BNPPSMART 에서 대형주, 중소형주, 레버리지 등 다양한 ETF를 상장하여 거래가 가능하다.

③ 해외전용계좌 개설을 통한 ETF
중국 주식을 보다 적극적으로 매매할 수 있는 방법이 홍콩, 미국, 독일, 영국, 프랑스, 일본, 싱가포르에 상장된 ETF를 매매하는 방법이다. 160개가 넘는 ETF가 있으나 국내에서는 다양한 펀드와 국내상장 ETF의 편리성으로 인해 해외상장 ETF에 대한 수요는 적은 편이다.

④ 해외전용계좌 개설을 통한 개별주식 거래
중국 주식투자는 직접 중국에 상장된 주식에 직접 투자로 가능하다. 국

내증권사에서 중국 주식 거래는 온라인거래 가능하여 투자가 많이 이루어지고 있다. 기업들도 우리에게 익숙한 기업들이 많다.

Wuliangye

Yibin

Moutai와 공동으로 손꼽히는 중국의 대표 고가 바이주 기업이다. 중국의 3대 명주(Moutai, Wuliangye, Jinanchun) 중 하나로 1997년 중국 쓰촨성 이빈시(宜宾市) 소재의 국유 독자(独资) 기업이다.

소맥, 옥수수, 고량 등 여러 곡물을 발효하여 만든 농향성(浓香型) 바이주는 1909년부터 이빈시의 명물로 자리매김하였으며 1929년 Wuliangye라는 이름을 공식 부여받음으로써 인지도를 높여가기 시작했다. 1957년 국가 경영의 이빈시오량액 주류 공장이 공식 설립되어 공식적으로 Wuliangye를 생산하였으며 1998년 오량액그룹유한공사로 공식 출범하였다.

매출액 중 고가 바이주의 비중이 71%, 중저가 주류 비중이 22%이다. 고가 제품 이외에도 중저가 제품 라인을 보유하고 있다. 대표 제품으로는 Puwu(普五), 1618 등이 있다. Puwu는 설립 이전부터 알려진 제조법으로 만든 대표적인 고가 주류다. 출고가 기준 820위안의 가격이다. 한편 1618은 Wuliangye가 설립된 이후 2007년에 출시한 신제품인데 역시 대표 고가 라인 주류이다.

Wuliangye는 현재 중국 전역에 1,100개의 중간 판매 업체를 보유하고 있다. 장쑤성, 상하이, 저장성, 동사 소재지인 쓰촨성에 가장 많이 분포해 있다. 이외에도 스톡옵션을 통해 혼합 소유제 개혁을 적극적으로 추진했다. 2015년 10월 스톡옵션 계획을 발표한 이후 2017년 5월 유상증자안이 CSRC의 승인을 얻었고 주당 21.64위안에 18.54억 위안을 조달하였다. 직원들의 보유 규모가 2,373만 주였는데, 당시 유상증자 발행 규모의 22.66%에 해당되는 규모였다.

직원과 중간 판매 업체들의 지분 보유로 회사의 경쟁력이 커질 것으로 예상된다. 매출액 구성은 주류(93.06%), 플라스틱 제조품(5.94%), 유리병 류(0.21%), 인쇄(0.14%) 등 이다.

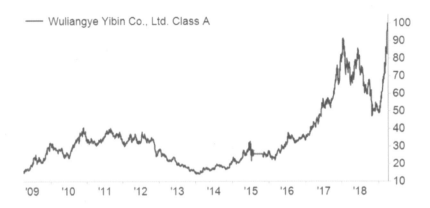

| Wuliangye Yibin Co., Ltd. Class A | | | | | (CNY,십억, %) |
|---|---|---|---|---|---|
| | 2015 | 2016 | 2017 | 2018 | 2019 |
| 매출액 | 19.875 | 22.603 | 26.692 | 34.122 | 47.542 |
| 영업이익 | 7.495 | 8.480 | 12.392 | 17.442 | 21.646 |
| 순이익 | 6.176 | 6.785 | 9.674 | 13.384 | 16.177 |
| 영업이익률 | 37.7% | 37.5% | 46.4% | 51.1% | 54.1% |
| 순이익률 | 31.1% | 30.0% | 36.2% | 39.2% | 40.4% |
| 매출액증가율 | 2.0% | 13.7% | 18.1% | 27.8% | 39.3% |
| 영업이익증가율 | 1.8% | 13.1% | 46.1% | 40.7% | 24.1% |
| PER | 16.8 | 19.3 | 31.4 | 14.6 | 23.9 |
| PBR | 2.4 | 2.8 | 5.7 | 3.1 | 5.2 |
| 부채비율 | 0.4% | 0.5% | 0.9% | 0.5% | 0.0% |

자료: FactSet, 2019년 추정치, 2019년 4월 3일 기준

# Haier

Qingdao
Haier

중국의 대표 가전업체 칭다오 하이얼은 1989년 4월 28일에 설립되었다. 1993년 상하이 증권 거래소에 상장되었고 홍콩 증시에 상장된 자회사 Haier Appliance(1169.HK)의 지배주주이다.

사업 초기 냉장고를 생산하였으나 이후 세탁기, 에어컨, 주방 가전 등 백색가전의 상품 라인을 갖추었다. R&D, 생산, 판매, 서비스 등의 비즈니스 모델을 구축하였다. 고가 브랜드 카사띠(Casarte)의 고가 가전 시장(1만 위안 이상 기준) M/S는 35%로 빠른 성장세에 있다. 특히 냉장고와 세탁기의 M/S가 각각 30%와 69%로 매출 호조를 견인하였다. 카사띠 브랜드의 높은 인지도와 제품 라인의 경쟁력이 강화되면서 2017년에는 냉장고와 세탁기의 M/S가 각각 전년 대비 3.45%p, 2.3%p 상승하였다. 한편, 2018년 1분기 에어컨 평균 판매 가격은 4,486위안이었는데, 이는 전년 동기 대비 9.70% 상승한 수치이다. 본토 브랜드 중 가장 높은 평균 판매 가격을 기록했다.

이외에도 일본 SANYO 가전 부문, GE 가전사업 부문 (GEA), 뉴질랜드 Fisher&Paykel 를 인수하였다. 또한 뉴질랜드 FPA 를 인수하여 AQUA, GEA, Fisher & Paykel 등 3대 글로벌 유명 브랜드까지 확보하였다. 또한 글로벌 전략을 통해 국내외 기술을 적극적으로 융합하였다. FPA와 GEA의 기술력을 활용해 새로운 5구 가스레인지 등을 론칭하여 고급 주방가전 시장에 진입하였다. 2017년 국내 주방가전 매출액을 보면 전년 대비 47% 증가, 카사띠의 주방가전 매출은 125%로 대폭 성장하였다.

하이얼은 IoT 시대 트렌드에 맞춰 가전제품의 스마트화에도 적극적이다. 산업 인터넷 플랫폼인 COSMOPlat 을 자체적으로 구축하였다. 이로써 기존의 '대규모 생산방식'을 높아지는 중국의 소비 수준에 대응하기 위해서 '대규모 맞춤 생산방식'으로 전환하였다. 높아지는 중국의 소비 수준에 대응하기 위해서이다. 8개의 산업 인터넷 공장을 건설하였으며 모든 생산 과정에 산업 인터넷이 활용되는 생산 체계를 구축하였다. 또한 스마트 라이프를 테마로 스마트 가전제품과 스마트 클라우드 매장까지 론칭하였다. 매출액 구성은 냉장고 29.5%, 세탁기 19.4%, 에어컨 18.1%, 주방과 욕실 전기제품 17.9%, 부품 1.9%, 서비스 12.8% , 기타 0.3% 등 이다.

Qingdao Haier Co., Ltd. Class A

| Qingdao Haier Co., Ltd. Class A | | | | | (CNY,십억, %) |
|---|---|---|---|---|---|
| | 2015 | 2016 | 2017 | 2018 | 2019 |
| 매출액 | 89.400 | 118.444 | 158.446 | 179.343 | 196.677 |
| 영업이익 | 5.002 | 6.131 | 8.553 | 10.899 | 12.162 |
| 순이익 | 4.304 | 5.042 | 6.926 | 7.615 | 8.469 |
| 영업이익률 | 5.6% | 5.2% | 5.4% | 6.1% | 6.8% |
| 순이익률 | 4.8% | 4.3% | 4.4% | 4.2% | 4.7% |
| 매출액증가율 | 1.2% | 32.5% | 33.8% | 13.2% | - |
| 영업이익증가율 | -20.2% | 22.6% | 39.5% | 27.4% | - |
| PER | 14.1 | 11.9 | 16.6 | 14.0 | 12.8 |
| PBR | 2.7 | 2.3 | 3.6 | 2.6 | 2.3 |
| 부채비율 | 19.6% | 37.3% | 34.9% | 29.4% | 29.4% |

자료: FactSet, 2018년 및 2019년 추정치, 2019년 4월 3일 기준

Foshan Haitian
Flavouring & Food

중국의 대표적인 조미료 업체로 간장, 양념장, 굴 소스 제품이 핵심 제품이다. 조미료라는 상품의 특성상 시장 트렌드의 변화에 빠르게 대응하기보다는 장기적인 전략에서 소비자에게 브랜드 이미지를 구축, 인지도를 높이는 것이 더욱 요구되는 데 동사의 간장, 양념장, 굴 소스는 이미 중국 소비자들에게 널리 알려져 있어 업계 내 안정적인 지위를 석권하고 있다.

상품 별로 간장, 굴 소스, 양념장 매출액 증가율이 각각 15%, 15%, 8%를 기록하였고 식초, 맛술 등은 모두 20% 이상 성장하였다. 동사는 2016년 말에 업계 내 최초로 가격 인상을 시도하면서 5분기 연속 매출총이익률이 개선되었다. 또한 제품군이 다양하고 핵심 제품이 안정적인 매출을 창출하고 있는 가운데 소비 수요에 적극적으로 맞춰 개발한 비빔밥 양념장 등과 같은 신제품이 시장에서 인기를 얻으면서 추가적인 매출 증가를 견인하고 있다.

글로벌 동종업계와 비교할 시 동사의 M/S는 여전히 상승할 여지가 존재한다. 간장, 양념장, 굴 소스 시장 내 1위를 확보하였으나 향후 맛술, 식초 등 제품도 고속 성장 단계에 진입할 것으로 예상된다.

판매 채널 부문에서도 중국 동종업계 중 가장 많은 판매 채널을 보유하고 있고, 약 3,000여 개의 중간 판매 업체와 협력하고 있으며 우수한 가격 결정력으로 높은 수익성을 유지하고 있다. 판매 업체에 대한 정보화 관리를 통해 재고 및 판매 데이터를 정확하게 모니터링 함으로써 경영 효율을 제고하고 있다. 또한 지역적으로 판매 네트워크가 31개 성(省), 1,500여 개 시(현)에 분포되어 있어 중국 전체 도시 80~90%를 커버하고 판매하고 있다. 한편 경영진은 추가적으로 4, 5선 도시 및 농촌 지역으로 판매 네트워크를 확대할 계획이다.

중국의 가계 가처분소득이 증가함에 따라 외식 비율이 급속도로 증가하는 추세로 조미료 시장이 점차 확대될 것으로 예상되고 있다. 업계 내 규모나 경쟁력 면에서 모두 독보적인 입지를 확보하고 있어 향후 3-5년간 매출액이 10%(CAGR 기준) 성장할 것으로 전망된다. 매출액 구성은 간장 60.58%, 굴 소스 15.54%, 양념장 13.99%, 기타 9.89% 이다.

| Foshan Haitian Flavouring & Food Co., Ltd. Class A | | | | | (CNY,십억, %) |
|---|---|---|---|---|---|
| | 2015 | 2016 | 2017 | 2018 | 2019 |
| 매출액 | 11.189 | 12.332 | 14.425 | 16.844 | 19.771 |
| 영업이익 | 2.870 | 3.269 | 3.941 | 4.751 | 5.978 |
| 순이익 | 2.510 | 2.843 | 3.531 | 4.365 | 5.194 |
| 영업이익률 | 25.6% | 26.5% | 27.3% | 28.2% | 35.2% |
| 순이익률 | 22.4% | 23.1% | 24.5% | 25.9% | 30.6% |
| 매출액증가율 | 14.8% | 10.2% | 17.0% | 16.8% | 17.4% |
| 영업이익증가율 | 21.8% | 13.9% | 20.6% | 20.5% | 25.8% |
| PER | 38.0 | 27.9 | 41.1 | 42.6 | 44.3 |
| PBR | 10.9 | 7.9 | 12.3 | 13.4 | 13.6 |
| 부채비율 | 0.9% | 0.7% | 0.4% | 0.4% | - |

자료: FactSet, 2019년 추정치, 2019년 4월 3일 기준

VIETNAM
다시 찾게 되는
사이공의 전설


베트남의 수도는 하노이이다. 그런데 하노이는 정치도시의 모습을 갖추고 있다. 경제적으로는 남쪽의 호치민시가 중요하다. 사이공이라 불리던 도시는 통일 이후 민족의 지도자 호치민의 이름을 따서 호치민시로 바뀌었다. 그런데 베트남 국부인 호치민이 항상 곁에 둔 책이 있다고 한다. 다산 정약용 선생의 목민심서이다. 이 책을 읽은 호치민은 백성을 향한 지방관리의 태도에 대해 감명을 받았다고 전해진다. 그리고 목민심서를 그가 꿈꾸는 나라를 만들어가는 초석으로 삼았다고 한다. 정약용 선생의 기일에는 항상 묵념을 하고 임종하는 날 목민심서를 머리맡에 둘 정도였다고 한다. 호치민시는 국제도시의 면모를 갖춘 곳이다. HSBC 은행의 첫 해외점포는 1870년에 진출한 사이공 지점이었다. 사이공에는 전해 내려오는 전설이 있다.


'사이공에 한번 발걸음이 머문 사람은 언젠가 꼭 다시 한번 사이공에 오게 된다. 생전에 못 오면 자녀들이 다시 오게 된다'

2006년 6개월간 해외 지역 전문가 연수로 사이공에 머물렀다. 재밌는 건 아버지께서도 월남전쟁이 한창이던 1968년 대학생으로 사이공을 방문하셨다는 사실이다. 그리고 연수중인 아들을 보러 베트남에 다시 오셨다. 전설이 맞기는 맞나 보다. 1968년 11월 전국의 대학교 총학생 회장들이 주축이 되어 파병 군인들을 위한 위문단이 구성되었다. 모국 학생 위문단은 부산 중앙 부두에서 군함을 탔다. 백 명이 넘는 청년들이 일주일이 넘는 항해로 베트남에 도착한다. 대만을 거쳐 다낭에 도착한 그들은 호이안, 퀴논, 냐짱, 사이공에 있는 파병 군인들에게 고국의 소식과 위문을 하였다.

나의 베트남과의 인연은 2004년으로 거슬러 올라간다. 하나은행 자금부에서 일하던 어느 날 오후 인력개발실에 있던 김기홍 과장님의 전화를 받았다.

"재현아, 은행에서 베트남 연구회를 만들 예정인데 참여해 볼래?"
"네, 알겠습니다."
도움을 주시던 분의 전화에 매몰차게 싫다고 할 사람이 있을까. 나는 부담없이 대답을 하고 점심을 먹으러 나갔다.
"인사드려. 베트남 연구회 회장을 맡으실 홍성혁 차장님이야. 네가 간사를 맡아서 앞으로 많이 도와드렸으면 좋겠는데."
"네?"
"베트남 연구회는 행장님께서 특별히 관심이 있으신 프로젝트니깐, 한 달 내로 발족해서 활동을 시작해야 해."

얼떨결에 베트남 연구회가 시작되었다. 창립 발표회 날이 다가오자 이왕 할 바에야 폼나게 하고 싶어졌다. 무작정 주한 베트남 대사관을 찾아가서 증찡특 대사를 초청했다. 거절당할까 봐 조마조마했는데 의외로 흔쾌히 허락해주셨다. 행사 당일 하나은행 본사에는 베트남 국기가 펄럭였다. 연구회에서는 직원들과 베트남어 수업을 듣고 역사와 문화를 공부했다. 2006년 2월 24일, 드디어 호치민시의 떤선녓 Tan Son Nhat 국제공항에 도착하였다.

"승객 여러분! 저희 비행기는 곧 호치민시 떤썬녓 국제공항에 도착하겠습니다. 현지 기온은 섭씨 32도……"

조금 전까지만해도 영하였는데 여름이 찾아왔다. 베트남에서의 첫 한 달은 정말 힘들었다. 한국의 7~80년대 같았다. 30대 초반의 내가 할만한 것이 없었다. 달빛이 청아하다는 것을 그때 처음 알았다. 매일 밤 밤하늘에 처량히 뜬 달을 바라보았다. 한국이 그리웠다. 그런데 한 달이 지나자 마음이 조금씩 편안해지기 시작했다. 무엇보다 당시 우리나라 80년대 풍경같은 호치민시를 보면 사춘기 시절이 떠올랐다. 사춘기 시절 설레임, 잊은 줄만 알았던 꿈들이 다시 수면위로 떠오르고 있었다. 베트남으로 오기 전 구입한 여행 가이드북 론니 플래닛 Lonely Planet 의 문화면에는 다음 글귀가 있었다.

'베트남 사람들은 가정을 꾸리지 못한 것을 불행으로 여긴다. 그래서 솔로는 동정의 대상이다. 결혼은 했는지 자녀가 있는지 묻는 사람이 많다. 만약 30세 이상인데 미혼이라면 거짓말하는 편이 낫다.'

가이드북의 글을 대수롭지 않게 여겼다. 하지만 생활을 하다보니 실감이 났다. 베트남에서는 꼭 나이를 물어본다. 베트남어는 나이에 따라 상대방의 호칭이 바뀌기 때문이다.

베트남에서 32살이라고 말하면 결혼 여부는 생략하고 아이가 몇이냐고 물어본다. 미혼이라고 말하자 친하게 지내던 현지인들이 날 피하기 시작했다. 외톨이가 되어갔고 나중엔 서럽기까지 했다. 그런데 베트남 사람들은 나를 20대 초반으로 보았다. 그래서 마음먹었다. 동정을 받으니 앞으로 그냥 25살로 지내자고. 출생연도까지 계산했다. 1981년생. 그러자 이상하게 현지 대학생들과 친해지게 되었다. 그들의 고민과 꿈을 함께 나누다 보니 20대 시절 내가 떠올랐다. 타임머신을 타고 과거로 돌아간 행복한 시간이었다. 그런데 행복이 깨질 위기가 찾아왔다. 친해진 대학생들과 저녁을 먹던 중 서클 회장을 맡던 흥 Hung 이 내게 물었다.

"너 띠가 뭐니?"
25살이 81년생이라는 것은 계산해 놓았는데 띠 계산을 하지 않았다. 순간 여기서 들통나면 나는 외톨이가 될 것이라는 걸 직감했다. 대답을 잘 해야 했다. 자축인묘진사오미…… 계산이 안됐다. 무의식적으로 말이 튀어나왔다.
"한국에는 띠가 없어."
"정말?"
"그럼. 띠는 나라마다 달라. 베트남에는 고양이띠가 있잖어. 그거 중국에는 없어. 중국은 대신 토끼띠가 있어."
"그렇구나. 재현이 너 81년생이니깐, 닭띠네."

그렇게 친구들을 유지할 수 있었다. 베트남의 12간지는 조금 다르다. 토끼띠 대신 고양이띠가 있고, 양띠 대신 염소띠가 있다. 소띠는 물소띠이다.

무더운 날씨와 언어로 베트남에서의 적응은 생각보다 쉽지 않았다. 특히 반공 교육을 받고 자란 세대에게 사회주의 국가의 생활은 불편했다. 베트남에서 가장 어색했던 날은 해방 기념일인 4월 30일이었다. 미국과의 전쟁을 끝낸 날로 거리가 온통 붉은 깃발로 물든다. 베트남 국기는 그나마 거부감이 없었는데 거리에 붉은색 바탕에 낫과 망치가 그려져 있는 깃발을 보자 불안해졌다. 어릴 적 받은 반공교육 때문인지 거리를 벗어나야 할 거 같은 불안감이 엄습해왔다. 이념과 상처는 가슴속에 깊게 자리 잡는다. 우리 세대에겐 붉은색은 타부의 상징이었다. 2002년 월드컵 붉은 물결이 그나마 그런 타부를 없애 주었던 것 같다.

30년 전 이곳을 전쟁이 휩쓸고 지나갔다는 것이 믿기지 않았다. 베트남전은 남의 일이 아니었다. 6.25 전쟁처럼 베트남전쟁에서도 무고한 사람들이 목숨을 잃었다. 우리나라의 젊은 영혼들도 타국 땅에서 사라졌다.

호치민시에는 베트남 전쟁 당시 미군의 숙소와 사무실로 쓰였던 5성급 렉스호텔이 있다. 내가 외로워한다는 소식을 듣고는 친구인 영우와 승한이가 한국에서 방문했다. 그들 덕에 렉스호텔에 묵게 되었다. 그런데 그날 이상한 일이 생겼다. 잠을 자는데 숨이 멎는 것 같았다. 그리고 점점 암흑의 터널로 빠져들었다. 아무리 옆에서 자고 있던 친구들을 불러도 그들은 대답하지 않았다.

식은땀에 젖은 채 가까스로 침대에서 일어났다. 가위에 눌렸던 것이다. 호텔이 전쟁 당시 미군의 숙소였다는 것을 알고 나서 간담이 서늘해졌다. 베트남에 잠든 슬픈 영혼들 때문이었을까.

## 베트남 주식시장

베트남 주식시장의 시가총액은 2019년 3월 말 기준 약 1,900억 달러이다. 세계 31위 규모이며 세계 주식시장에서 비중은 0.25% 정도이다. 비슷한 규모의 시장으로는 필리핀(시가총액 2,700억 달러, 28위)과 폴란드(시가총액 1,600억 달러, 32위)가 있다. 베트남의 산업별 비중은 금융 37.9%, 필수소비재 12.7%, 유틸리티 7.1%, 산업재 4.7%, 원자재 4.6%, 경기소비재 2.8%, IT 1.0%, 에너지 1.0%, 헬스케어 1.0%의 모습을 보이고 있다.

시가총액 상위 주요기업으로는 Vingroup(금융), Vietnam Dairy(필수소비재), Vietcombank(금융), Petrovietnam Gas(유틸리티), Vietinbank(금융), BIDV(금융), Masan Group(필수소비재), Hoa Phat Group(원자재), Bao Viet Holdings(금융), Military Bank(금융)등으로 금융산업의 비중이 매우 높은 모습을 보이고 있다.

## 베트남에 어떻게 투자하면 될까?

우리나라에서 베트남은 무척이나 투자에 있어 특별한 나라이다. 시장규모에 비해 우리나라의 베트남 투자금액이나 관심은 이례적이다. 국내에서 베트남 투자는 ①펀드, ②국내에 상장된 ETF, ③증권사 해외전용계좌 개설을 통해 가능하다 특히 베트남의 경우 온라인거래가 가능한 증권사도 있어 매매가 용이하다.

① 펀드

2018년 6월 30일을 기준으로 투자 지역이 베트남인 펀드는 10개가 넘는다. 특히 베트남펀드의 설정액은 1조 3천억 원으로 상대적으로 규모가 크다. 8개 운용사에서 베트남펀드를 보유하고 있는데 한국투자신탁이 8,000억 원 이상으로 설정액이 가장 크고 유리하다. 미래에셋이 1,000억 원 이상 IBK, 삼성, 한화 등이 100억 원 이상의 자금을 운용중이다.

② 국내에 상장된 ETF

국내에는 한국투자 KINDEX 베트남 VN30 ETF 가 2016년 6월 상장되어 있다.

③ 해외전용계좌 개설을 통한 ETF

베트남 주식에 투자하는 ETF는 많지 않다. 미국에 상장된 Vaneck Vectors Vietnam ETF가 유동성이 그나마 양호하나 국내투자자에게는 투자매력도가 떨어진다.

④ 해외전용계좌 개설을 통한 개별주식 거래

본격적인 베트남 주식투자는 직접 베트남에 상장된 주식에 직접 투자로 가능하다. 국내증권사에서 베트남 주식 거래는 대부분 가능하고 온라인거래도 가능한 증권사가 있어 투자가 많이 이루어지고 있다.

Vingroup

베트남 최대의 민간 기업으로 '베트남의 삼성'이란 별칭을 가진 재벌 기업이다. 전체 임직원이 43,000명에 달하며 작년 한 해에만 50%가 넘는 매출 성장을 이뤄냈다. 7천 개의 신규 일자리를 창출하는 등 수직적 사업 통합을 통해 고속 성장을 지속하고 있다. 베트남 시총 상위 15개 종목 가운데 3종목이 Vingroup과 연관된 종목이다.

주력 사업은 부동산이며, 대표적으로 프리미엄 아파트 및 빌라를 건설하는 Vinhomes, 중저가 아파트 위주의 Vincity, 46개의 쇼핑몰을 운영하는 Vincom Retail 등의 자회사를 보유하고 있다. 더불어 5성급 고급 리조트로 유명한 Vinpearl을 포함해 리조트 및 골프 사업도 영위하고 있다.

두 번째 주력 사업은 식료품 유통업이며, Vincommerce가 1,200개의 리테일 네트워크를 보유하고 있다. 리테일 부문의 자회사로는 67개의 슈퍼마켓 체인을 보유한 VinMart, 1,055개의 편의점을 운영중인 VinMart+, 36개의 전자제품 쇼핑몰을 보유한 VinPro, 인터넷 쇼핑몰 Adayroi가 있으며 모두 베트남 전역을 커버하고 있다.

이외에도 자회사 Vinmec을 통해 의료사업도 진행 중이다. 현재 6개의 국제 병원, 2개의 클리닉을 운영중이며, 자회사 가운데 가장 빠른 외형 성장을 보이는 사업 부문이다. 이를 바탕으로 사업 시작 5년만에 베트남 대표적인 의료업체로 성장하게 된다. 또한 교육사업에도 진출했다. Vinschool을 통해 유치원부터 고등학교까지의 교육 과정을 지원하고 있다. 현재 17곳의 캠퍼스, 재학생 2만 명 등 베트남의 최대 민간 교육 업체로 발돋움했다.

최근 가장 주목받는 사업으로는 완성차 시장으로의 진출이다. 올해 10월 파리모터쇼에서 세련된 디자인의 자동차를 전시했고, 내년 3분기부터 최초의 '메이드 인 베트남' 자동차에 대해 본격적인 양산 돌입에 들어갈 것으로 전망되고 있다.

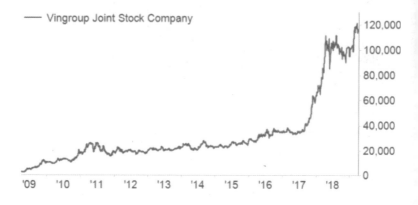

— Vingroup Joint Stock Company

| Vingroup Joint Stock Company | | | | | (VND,십억, %) |
|---|---|---|---|---|---|
| | 2015 | 2016 | 2017 | 2018 | 2019 |
| 매출액 | 35,694 | 57,614 | 89,350 | 121,894 | 142,830 |
| 영업이익 | 3,713 | 921 | 8,032 | 7,037 | 16,603 |
| 순이익 | 1,216 | 3,385 | 4,462 | 3,777 | 4,771 |
| 영업이익률 | 10.4% | 1.6% | 9.0% | 5.8% | 13.5% |
| 순이익률 | 3.4% | 5.9% | 5.0% | 3.1% | 3.9% |
| 매출액증가율 | 23.6% | 61.4% | 55.1% | 36.4% | 17.2% |
| 영업이익증가율 | -32.3% | -75.2% | 771.7% | -12.4% | 135.9% |
| PER | 81.9 | 30.5 | 42.6 | 75.0 | 80.4 |
| PBR | 3.4 | 3.7 | 6.0 | 5.4 | 5.3 |
| 부채비율 | 25.4% | 21.7% | 23.1% | 31.6% | 31.9% |

자료: FactSet, 2019년 추정치, 2019년 4월 3일 기준

Vietnam Dairy Products JSC는 베트남 유제품 시장에서 50%에 육박하는 점유율을 지닌 최대 유제품 기업이다. 대표적으로 우유, 농축유, 분유 및 아이스크림, 음료 등을 생산한다. 현재 베트남 유제품 시장은 2017년 기준 과거 3년 간 꾸준히 12%씩 증가하였다. 앞으로도 인구증가와 경제성장으로 인해 전체 시장 규모는 커질 것으로 기대된다.

베트남은 개발도상국에서 성장하고 있는 국가이기 때문에 잠재력이 크다. 그 중 Vinamilk는 베트남에서 압도적인 점유율을 누리고 있어 매력적이다. 2017년 글로벌 유제품 시장 성장이 상대적으로 둔화되고 경쟁이 심화된 가운데에서도 점유율을 2% 확대하였고, 2018년에도 지속해서 성장하였다. 2012년 이후 꾸준한 성장세를 보이고 있는 것이다.

눈여겨 볼 만한 것은 현재 VNM의 최대주주가 36%의 지분을 보유한 베트남국부펀드인 SCIC(베트남 국가자본투자공사)라는 점이다. 이러한 지배구조는 안정적인 성장에 긍정적 요소다. 이런 경우 주식가격이 하락할 가능성이 희박하기 때문이다. 매출의 약 70%가 우유와 분유에서 창출되고 있고, 나머지 30%는 요거트, 시리얼, 음료다. 상위 범주로 보면, 전체 매출액이 포장식품(Packaged Food)에서 창출된다.

성장 잠재력이 크지만 위험요소도 있다. 몇 가지 나열하자면 경쟁심화, 글로벌 경제 불확실성, 원재료 비용의 변동성, 그리고 정치적 위험 등을 꼽을 수 있다. 2018년은 지난해 대비 동사에 대한 투자심리가 크게 위축되었는데, 글로벌 경제에 대한 대외변수가 작용했기 때문이다.

주로 미국 경제의 강세에 따른 자금유출 등으로 충격을 받았다. 이머징 시장이 과거 금융위기 당시보다 펀더멘털 측면에서 크게 개선됐다고 하지만 아직까지 대외 불확실성에 따른 충격을 온전히 흡수하기에는 충분치 않다. 따라서 위의 위험요소들은 여전히 상존해 있다.

| Vietnam Dairy Products Corp. | | | | | (VND,십억, %) |
|---|---|---|---|---|---|
| | 2015 | 2016 | 2017 | 2018 | 2019 |
| 매출액 | 40,080 | 46,794 | 51,041 | 52,562 | 57,355 |
| 영업이익 | 8,781 | 10,534 | 11,441 | 11,224 | 12,031 |
| 순이익 | 7,006 | 8,426 | 9,224 | 9,221 | 10,586 |
| 영업이익률 | 21.9% | 22.5% | 22.4% | 21.4% | 22.8% |
| 순이익률 | 17.5% | 18.0% | 18.1% | 17.5% | 20.1% |
| 매출액증가율 | 14.6% | 16.8% | 9.1% | 3.0% | 9.1% |
| 영업이익증가율 | 28.6% | 20.0% | 8.6% | -1.9% | 7.2% |
| PER | 21.9 | 21.5 | 32.8 | 22.7 | 23.6 |
| PBR | 7.4 | 8.2 | 13.0 | 8.1 | 8.4 |
| 부채비율 | 6.7% | 5.6% | 1.6% | 3.4% | - |

자료: FactSet, 2019년 추정치, 2019년 4월 3일 기준

VietcomBank

2008년 베트남 금융 민영화의 선두주자로 베트남을 대표하는 은행이다. 정식 명칭은 Joint Stock Commercial Bank for Foreign Trade of Vietnam으로 현재 베트남 은행 중 가장 높은 신용등급을 유지하고 있다.

지점과 거래소 500곳을 통해 2만 명에 육박하는 직원이 일하고 있다. 460억 달러의 자산을 보유하고 있어, 자산 규모 면에서는 BIDV, VietinBank에 이은 베트남 3위의 은행이다. 특히 빠른 외형성장을 바탕으로 회사가 설정한 VND 1,000조 목표를 2017년에 달성했다. 그리고 세계 300대 은행 진입이라는 목표를 달성하기 위해 노력 중이다.

Vietcombank은 1955년 베트남의 대외 환전 및 수출입 관련 업무를 위해 만들어진 부서로 시작되었다. 1963년 외국 수출 업무를 지원하고 외환 업무를 전담하기 위해 독자적인 은행인 Bank for Foreign Trade of Vietnam이 설립된 것이 그 모태이다. 1990년에 들어 비로소 대중을 상대로 한 상업은행으로서의 사업 다각화를 추진하게 되었다. 외국환 업무를 독점한다는 상대적인 강점이 부각되면서 외형 성장을 이루게 된다. 1996년에는 공식적인 회사명을 Joint Stock Commercial Bank for Foreign Trade of Vietnam으로 변경하게 되면서 상업은행으로서의 역할을 확대한다. 2008년에는 베트남 정부가 추진하는 국영은행 민영화의 시범케이스로 선정되어 국영 은행 가운데 가장 처음으로 민영화 절차에 돌입하게 되고, 이러한 프로세스의 일환으로 2009년 6월 베트남 역사상 최대 규모의 IPO를 진행하게 되고, 호치민 거래소에 상장된 첫 번째 국영은행이라는 타이틀을 얻게 된다.

일반적인 은행에서 크게 벗어난 사업은 없는 편이다. 대표 사업으로는 주력인 금융 서비스(Financial Services), 그리고 비금융업인 부동산 부문을 보유하고 있다. 우선 금융부문에는 기본적인 상업은행(Commercial Banking), 투자은행(Investment Banking), 리스, 증권 회사 등을 포함한 기타 금융서비스로 구성되어 있다. 더불어 합자회사 형식으로 VCB Cardif Life Insurance를 보유하고 있다. 이 외에도 VCB Tower 198, VCB Bonday - Ben Thanh 등의 부동산 자회사도 보유 중이다.

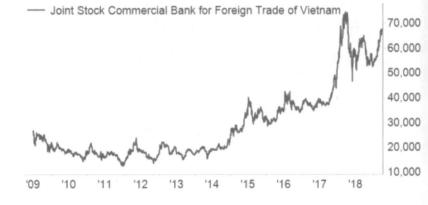

| Joint Stock Commercial Bank for Foreign Trade of Vietnam | | | | | (VND,십억, %) |
|---|---|---|---|---|---|
| | 2015 | 2016 | 2017 | 2018 | 2019 |
| 매출액 | 38,845 | 46,599 | 56,642 | 70,595 | 43,624 |
| 영업이익 | 6,662 | 8,531 | 11,282 | 18,418 | 25,284 |
| 순이익 | 4,333 | 5,458 | 7,568 | 12,895 | 16,125 |
| 영업이익률 | 17.2% | 18.3% | 19.9% | 26.1% | 64.2% |
| 순이익률 | 11.2% | 11.7% | 13.4% | 18.3% | 40.9% |
| 매출액증가율 | 11.9% | 20.0% | 21.6% | 24.6% | -38.2% |
| 영업이익증가율 | 21.1% | 28.1% | 32.2% | 63.3% | 37.3% |
| PER | 27.0 | 23.4 | 25.8 | 14.9 | 17.3 |
| PBR | 2.6 | 2.7 | 3.7 | 3.1 | 3.2 |
| 부채비율 | 17.4% | 17.4% | 24.8% | 17.7% | - |

자료: FactSet, 2019년 추정치, 2019년 4월 3일 기준

Hong Kong
세금, 유연성
그리고 통합

파이스트홀딩스 권석열 대표 기고

전 세계를 공포로 몰아넣었던 전염병 사스가 한창이었던 2003년, 홍콩 첵랍콕 국제공항에 도착하였다. 마스크를 쓴 사람들이 보였다. MTR를 타고 홍콩 역에 도착했다. 나는 이곳 IFC 64층의 캔터 피츠제럴드 Cantor Fitzerald 홍콩지사에 고용된 것이다.

캔터 피츠제럴드는 미국 정부채의 삼분의 일을 거래한다. 세계 각국의 정부와 기업이 발행한 채권을 거래하는 금융 브로커리지 사업을 한다. 우리 회사는 9.11 테러 당시 월드트레이드센터에 근무하던 본사 직원 천 명 중 657명이 희생된 것으로도 유명하다. 지금도 희생자들을 추모하기 위해 매년 9월 11일에 희생자 가족들을 위한 자선 행사를 개최한다. 아시아 본드 데스크 한국담당으로 홍콩에서의 나의 첫 하루가 시작되었다.

Yours! Mine!

도떼기시장 같았다. Yours는 채권을 매도할 때, Mine은 채권을 매수할 때 사용하는 용어이다. 양손으로 전화기를 붙들고 온통 이 단어를 외치고 있었다. Voice Box에서는 각국의 트레이더들이 호가를 물어온다. 쉴 새 없이 Bloomberg로 트레이드 티켓을 주고받는다. 눈과 귀, 두 손 어디 하나 여유롭지 못하다. 배달된 샌드위치는 책상 모퉁이에 포장된 채 그대로 놓여 있다. 영국인 마크는 검은색 거래용 전화기를 벽에 집어던지고 자리를 박차고 나가버렸다. 거래에 실수가 있었던 모양이다. 첫날 본 광경은 그날 이후부터는 일상이 되었다.

마스크 쓴 사람들 사이에서 첫 출근이었다. 부산하고 시끄러운 분위기의 오피스, 화려하고 세련된 건물과 명품매장들, 그리고 사무실에서의 거친 목소리, 고객의 비위를 맞추는 표정들 속에서 나는 살아가게 될 것이다. 퇴근 후 세환이를 만나기 위해 센트럴 청콩 Cheung Kong 센터로 향했다. 청콩 그룹은 중국의 살아있는 전설이라 일컫는 리카싱(李嘉誠)이 세운 회사이다. 69층으로 지어진 이 건물에는 골드만삭스, RBS, ABN암로 등 세계의 내노라하는 IB들이 입주해 있다. 세환이는 싱가포르에서 외환(Foreign Exchange)업무를 하다가 ABN암로 홍콩 지사에 스카우트 되었다. 그곳에서 채권(Fixed Income)을 담당하고 있었다. 나는 여기서 그가 일을 마칠 때까지 기다려야 했다. 밤 12시까지 언제 나올지 모르는 주문에 대기하는 것이 그의 일이다. 그는 한국은행의 미국채나 유럽 국채 거래 주문을 다룬다. 12시가 지나서야 나는 친구와 번화가 침사추이 골목의 한국 포차를 찾았다. 한 병에 만원하는 소주를 기울이며 홍콩에서의 첫 하루를 마무리 할 수 있었다.

글로벌 금융시장은 뉴질랜드 웰링턴에서 시작되지만 실은 홍콩이 아시아를 깨운다. 이어 싱가포르, 런던 그리고 뉴욕으로 이어져 24시간 쉬지 않고 돌아가는 것이다. 그럼 왜 홍콩이 동아시아 금융중심지가 되었을까? 홍콩은 철저한 자유시장 경제체제를 기반으로 글로벌 자금들의 아시아 허브가 되기 때문이다. 홍콩이 아시아 금융허브로서 성장할 수 있게 한 경제 주요 요인을 구체적으로 알아보자.

첫 번째는 세금이다. 홍콩에서는 증여세와 상속세가 없다. 그리고 양도세, 이자 소득세, 자본이득세의 원천 징수도 없다. 그리고 소득세는 법인 16.5%, 개인 15%로 세계에서 가장 낮은 세율에 속한다. 이러한 조세제도는 홍콩이 글로벌 사업가에게 아시아에서 기업하기에 가장 좋은 곳으로 인식하게 된 요인이 되고 있다. 낮은 세금과 간결하고 투명한 과세제도에 대한 신뢰가 글로벌 투자자금들을 끌어당기고 있는 것이다.

두 번째는 고용의 유연성 때문이다. 홍콩은 친 기업적 성향을 가진 도시로서 계약제 근로가 많다. 고용과 해고가 자유롭다. 홍콩의 근로계약은 사용자와 근로자간 자유로이 체결되며, 사용자는 계약기간이 지나면 조건 없이 계약을 해지할 수 있다.

세 번째는 중국 경제의 성장에 따른 후광과 중국 본토와 경제통합 가속화이다. 1997년 홍콩의 중국반환 이후 미래에 대한 불확실성은 오히려 사라졌다. 중국경제의 강력한 성장을 기반으로 홍콩은 아시아 금융허브로서 확고히 자리잡고 있다. 세계경제의 축이 중국과 아시아로 집중되는 요즘 홍콩은 중국의 금융허브로 입지를 굳히며 성장스토리를 매년 갱신하고 있는 것이다.

홍콩의 유력 일간지 사우스차이나모닝포스트는 올해 홍콩 거래소가 뉴욕거래소를 제치고 세계 기업공개시장(IPO 시장)에서 1위에 올랐다고 보도했다. IPO 부문에서 홍콩증시가 뉴욕 증시를 압도할 수 있었던 이유가 있다. 그것은 중국 본토 기업들의 대규모 홍콩 거래소 상장이었다. 홍콩증시가 중국 기업들의 자금조달 창구 역할을 하게 된 것이다.

2007년은 홍콩은 알리바바닷컴의 IPO로 떠들썩했다. 알리바바는 생소한 인터넷 서점이었다. 지금은 중국 전자상거래의 80%를 차지하는 기업이 되었다. 매일 1억 명이 물건을 구매하기 위해 알리바바를 찾는다. 2018년 기준 알리바바는 전 세계 기준 시가총액 순위 4위를 기록하고 있다. 홍콩 거래소는 중국기업들의 세계 진출을 위한 핫 플레이스 역할을 톡톡히 담당하고 있다.

중국정부는 홍콩에 국영기업을 등록하여 거래하게 했다. 그것이 홍콩 H주식으로 거래되고 있다. 쉽게 말해 홍콩거래소에 상장된 중국주식들이다. 이들을 지수화한 것이 H지수이다. 중국정부는 2014년 홍콩거래소 주식들과 상하이 거래소 주식들의 교차거래를 승인하는 후강통, 2016년 홍콩거래소 주식들과 심천거래소 주식들의 교차거래를 승인하는 선강통을 승인했다. 이로써 홍콩 거래소를 통해 중국 상하이와 심천 거래소에 상장된 주식을 매매할 수 있게 되었다. 이를 '강구통'이라 부른다. 중국정부가 홍콩(강)을 관문(구) 으로 중국주식을 통(통)해 거래할 수 있게 한 것을 의미한다. 홍콩거래소를 허브로 중국 주식을 자유롭게 거래할 수 있게 된 것이다.

## 홍콩 주식시장

홍콩 주식시장의 시가총액은 2019년 3월 말 기준 약 5조 6,000억 달러로 세계 4위이다. 세계 주식시장에서 차지하는 비중은 7.4% 정도이다. 홍콩의 산업별 비중은 금융 42.2%, IT 14.8%, 경기소비재 10.9%, 통신 8.0%, 산업재 7.1%, 유틸리티 5.5%, 에너지 4.1%, 필수소비재 3.1%, 원자재 2.5%, 헬스케어 1.8%의 모습을 보이고 있다.

시가총액 상위 주요기업으로는 Tencent(IT), China Construction Bank (Class H)(금융), China Mobile(통신), AIA Group(금융), CNOOC(에너지), Ping An Insurance (Class H)(금융), ICBC (Class H)(금융), BOC Hong Kong(금융), Hang Seng Bank(금융), Sun Hung Kai Properties(금융)등으로 금융산업의 비중이 매우 높은 모습을 보이고 있다.

## 홍콩에 어떻게 투자하면 될까?

국내증권사에서 해외증권계좌를 개설하면 홍콩 상장 주식을 거래할 수 있고 대부분 온라인 거래가 가능하기 때문에 거래가 용이하다. 홍콩거래소에는 다양한 종류의 ETF가 상장되어 있어 개별종목뿐 만 아니라 ETF거래가 가능하다.

Geely

Automobile

Geely 자동차는 자동차 R&D, 생산 및 판매 사업에 주력하는 중국 토종 자동차 브랜드로 본사를 항저우(杭州)에 두고 있으며 상하이, 닝보 등 총 9개 도시에 국내 자동차 생산 기지를 보유하고 있다.

자동차 업계 불황기였던 2015년에도 Geely는 20%의 성장을 기록하였다. 2010년 스웨덴 볼보(Volvo) 인수 이후 한동안 과도한 차입으로 고전을 면치 못하였으나 고급화 전략을 기반으로 중국 자동차 시장 내 해외 자동차 기업에 도전장을 내밀겠다는 목표를 수립하고 해외 R&D 인력을 대거 영입했다. 자체 기술개발에 주력하며 해외 자동차 기업과의 품질 격차를 크게 축소하고 있다.

2017년 매출액은 73% 증가한 927.61억 위안, 순이익은 108% 증가한 106.34억 위안을 기록하였다. 특히 순이익 증가율(108%)이 시장 컨센서스를 8~9%p 상회하였는데, 이는 자산 인수에 따른 일시적 실적 기여를 배제한 후에도 컨센서스를 4%p 상회하였다. 견조한 실적을 다시한 번 입증한 것이다. 중국 자동차 시장의 구조가 SUV 위주로 재편되는 흐름에 맞춰 SUV 매출 비중이 50%에 가까운 수준으로 상승했다. 2016년 대비 15%p 올랐으며 GPM도 1%p 개선되었다. 한편 새로 런칭한 Link&Co 브랜드는 생산력이 제한적이다. 신규 모델 출시 단계의 퀄리티를 엄격히 통제하고 있어서 주문량을 따라가지 못하는 현상이 발생하였다. 그러나 올 3월부터 공장 생산 가동률 향상으로 주문량을 따라잡음으로써 판매량이 증가할 것으로 전망된다.

이외에도 Link&Co 브랜드는 현재 소형차 중심이나 향후 중, 대형차로 취급 범위를 확대할 전망이다. 한편 볼보와의 기술 협력 강화를 통해 모든 차종에 신 에너지 모델을 출시할 계획이다. 전기차 차량공유서비스인 차오차오 전용차(曹操专车)를 제공함으로써 전기차 비즈니스 모델의 다각화를 실현할 계획이다. 중장기적으로 SUV 전 상품 라인의 기술력 강화 및 전기차, 커넥티드카, 자율주행 분야에서의 선도적 입지에 따른 시장 점유율 확대가 전망된다.

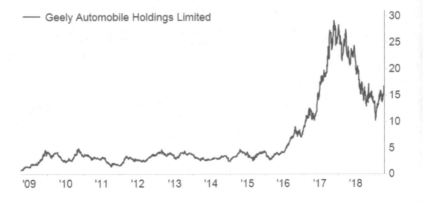

| Geely Automobile Holdings Limited | | | | | (HKD,십억, %) |
|---|---|---|---|---|---|
| | 2015 | 2016 | 2017 | 2018 | 2019 |
| 매출액 | 37.175 | 62.769 | 106.961 | 126.257 | 131.009 |
| 영업이익 | 2.147 | 5.600 | 12.695 | 16.098 | 16.902 |
| 순이익 | 2.788 | 5.973 | 12.262 | 14.869 | 15.412 |
| 영업이익률 | 5.8% | 8.9% | 11.9% | 12.8% | 13.5% |
| 순이익률 | 7.5% | 9.5% | 11.5% | 11.8% | 12.3% |
| 매출액증가율 | 35.9% | 68.8% | 70.4% | 18.0% | 3.8% |
| 영업이익증가율 | 86.7% | 160.8% | 126.7% | 26.8% | 5.0% |
| PER | 13.0 | 10.9 | 19.7 | 8.3 | 10.0 |
| PBR | 1.6 | 2.4 | 5.9 | 2.4 | 2.4 |
| 부채비율 | 4.6% | 3.3% | 1.5% | 3.7% | - |

자료: FactSet, 2019년 추정치, 2019년 4월 3일 기준

Li Ning
Company

Lining은 1982년 세계 체조 월드컵 6관왕, 각종 체조 대회에서 총 106개의 금메달을 딴 중국의 체조 스타 '리닝'이 1990년에 설립하였다. 설립 2년 만에 중국 국가 대표팀 납품에 성공하였으며 샤킬 오닐을 비롯한 유명 NBA 스타들과 스폰서십 계약을 체결하면서 세계적인 브랜드로 이름을 알렸다.

2000년 대 초반 Lining의 중국 내 스포츠화 및 스포츠 의류 매출은 50억 달러에 달하였으며 2010년에는 100억 달러로 약 2배 성장하였다. 2011년 재고 과잉 문제로 경영난을 겪었으나 2015년 기준 재정 손실을 메우고 정상 경영 궤도에 재 진입하였다.

이후 Lining이 재기할 수 있었던 비결은 판매 유통 채널의 다각화 측면에서 온라인 유통망을 적극 활용한 것을 꼽을 수 있다. 2014년 알리바바 티몰(Tmall)과 계약을 맺고 2015년 11월 11일 중국판 블랙 프라이데이 광군제 쇼핑 축제 하루 만에 2억 5천 위안의 매출을 기록하였다. 또한 경쟁사 브랜드들이 고수하던 대리점 운영체제 대신 본사에서 직영점을 운영하는 방식을 추가로 도입함에 따라 판매 관련 여러 문제를 신속히 해결하고 고객의 수요에 발빠르게 대응하면서 브랜드 인지도와 M/S가 크게 향상되었다. JD.Com의 스포츠 전문 온라인 쇼핑몰 JD스포츠가 발표한 '2017년 온라인 스포츠 소비 보고서'에 따르면 최근 3년 매출액 기준 Lining이 아디다스, 나이키 다음으로 3위로 토종 브랜드 중에서는 독보적인 1위를 기록하였다.

2017년 매출액은 88.7억 위안으로 전년 동기 대비 10.7% 증가한 가운데 특히 이커머스를 통한 매출액이 46.3%로 대폭 성장하였다. 매출 호조는 R&D 및 디자인 관련 투자 확대에 기인한 것으로 분석된다. 또한, 온/오프라인 채널 통합을 통합하여 소비자 데이터 분석을 통해 상품 기획력을 강화하고 있다.

경영 효율 제고를 위해 2017년에만 108개의 비효율 대리점과 70개의 비효율 직영매장을 폐점하면서 현재 대리점과 직영점이 각각 4,721개와 1,541개로 축소되었다. 한편 매장 수가 감소한 반면, 매장 당 매출액은 급증하는 효율 개선 시그널이 나타나고 있으며, 대리점/직영점 매출이 각각 전년 동기 대비 6%/12% 증가하였다. 매출액 구성은 스포츠화(47%), 의류(47%), 스포츠 기구(6%) 이다.

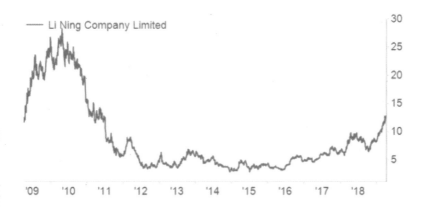

| Li Ning Company Limited | | | | | (HKD,십억, %) |
|---|---|---|---|---|---|
| | 2015 | 2016 | 2017 | 2018 | 2019 |
| 매출액 | 8.745 | 9.365 | 10.232 | 12.450 | 14.413 |
| 영업이익 | 0.156 | 0.364 | 0.464 | 0.787 | 1.304 |
| 순이익 | -0.053 | 0.299 | 0.594 | 0.847 | 1.136 |
| 영업이익률 | 1.8% | 3.9% | 4.5% | 6.3% | 10.6% |
| 순이익률 | -0.6% | 3.2% | 5.8% | 6.8% | 9.2% |
| 매출액증가율 | 14.9% | 7.1% | 9.3% | 21.7% | 15.8% |
| 영업이익증가율 | -119.0% | 134.1% | 27.3% | 69.8% | 65.7% |
| PER | 518.5 | 28.0 | 25.6 | 23.9 | 28.5 |
| PBR | 2.8 | 2.6 | 2.5 | - | 4.1 |
| 부채비율 | 31.8% | 20.8% | 7.6% | 0.0% | 0.8% |

자료: FactSet, 2019년 추정치, 2019년 4월 3일 기준

Tianyi Group

Tianyi Group은 아시아 대표 냉동 농축 오렌지즙 생산업체이다. 주로 냉동 오렌지즙, 신선 오렌지 및 자체 음료수 브랜드인 'Summi' 등을 생산하고 판매한다. 원스톱 경영방식을 채택하고 있으며 업계에서 보기 드문 오렌지 농장을 자체 보유하고 있는 주스 생산업체이다.

코카콜라 등 글로벌 유명 기업에 장기적으로 냉동 농축 오렌지 주스를 공급해오면서 탄탄한 고객 기반과 성숙한 비즈니스 모델을 확립하였다. 매출액 중 농축 주스의 매출 비중은 50% 이상으로 안정적인 현금 흐름을 창출하고 있다. 2015년부터 판매 채널사업에 뛰어들면서 자체 음료수 브랜드인 Summi 오렌지 주스를 출시함으로써 새로운 이익 성장 모멘텀을 창출하였다.

2017년 6월부터 병원 및 지하철역 등 공공장소에 Summi 오렌지 주스를 판매하는 자동판매기를 설치하기 시작한지 3개월 만에 1,000대를 설치하였다. 지난해 연말 기준 중국 전역에 약 2천 대의 자판기를 설치하였으며 앞으로 5년 내에 인구 유동이 많은 지역에 1만 3,000 대를 추가 설치할 계획이다. 자판기 설치를 통해 동사의 주스 매출이 급증하였으며 스마트폰 앱을 개발함으로써 고객 선호도를 쉽게 파악하고 물류 및 재고 관리 수준 모두 개선하였다.

2017년 6월 말 기준, 동사는 약 6.55억 위안의 현금을 보유하고 있으며 순부채비율은 20%로 재무 건전성이 양호하다. 올해 예상 CAPEX 규모는 약 1억 위안으로 주로 자판기 추가 설치 비용 및 설치장소 임대에 사용할 계획이다. 브랜드 홍보 면에서 동사는 주로 자판기 광고와 건강에 민감한 고소득 소비자를 대상으로 이커머스 및 전통 판매 채널과 협력하는 방식으로 마케팅 활동을 펼치고 있다. 또한 인기 영화에 PPL 광고를 삽입하는 방식으로 Summi 오렌지 주스의 고급스럽고 건강한 이미지를 구축하고 있다.

안정적인 재무 상태를 기반으로 중국의 소비 업그레이드와 소비자들의 건강에 대한 인식이 강화되면서 동사의 농축 오렌지즙과 자체 음료수 상품의 매출이 안정적인 성장을 이어나갈 것으로 전망된다. 매출액 구성은 냉동 농축 오렌지즙 57.17%, Summi 오렌지 음료수 22.35%, 신선 오렌지 20.48% 이다.

— Tingyi (Cayman Islands) Holding Corp.

| Tingyi (Cayman Islands) Holding Corp. | | | | (HKD,십억, %) | |
| --- | --- | --- | --- | --- | --- |
| | 2015 | 2016 | 2017 | 2018 | 2019 |
| 매출액 | 70,570 | 64,986 | 67,979 | 71,879 | 74,193 |
| 영업이익 | 5,410 | 4,365 | 4,474 | 3,946 | 4,975 |
| 순이익 | 1,987 | 1,373 | 2,098 | 2,918 | 3,099 |
| 영업이익률 | 7.7% | 6.7% | 6.6% | 5.5% | 7.0% |
| 순이익률 | 2.8% | 2.1% | 3.1% | 4.1% | 4.4% |
| 매출액증가율 | -11.1% | -7.9% | 4.6% | 5.7% | 3.2% |
| 영업이익증가율 | -1.7% | -19.3% | 2.5% | -11.8% | 26.1% |
| PER | 31.2 | 38.4 | 40.6 | 20.1 | 22.8 |
| PBR | 2.7 | 2.6 | 3.9 | - | 3.0 |
| 부채비율 | 28.9% | 28.4% | 26.6% | 20.4% | 17.6% |

자료: FactSet, 2019년 추정치, 2019년 4월 3일 기준

SINGAPORE
글로벌 금융인의
꿈과 현실

Commerzbank 백현정 이사 기고

외국계 은행의 리스크팀에서 인턴을 하던 시절의 일이다. 싱가포르의
독일계 코메르쯔 은행에서 한국인 파생상품 세일즈 담당자를 채용한
다는 소식을 들었다. 당시는 막연하게 외국에서 일해보고 싶다는 로망
이 있었을 뿐, 파생상품에 대해 아는 것이 없었다. 그래도 인생에서 다
시는 없을 수도 있는 기회라는 느낌이 들었다. 인터뷰 대본을 작성해서
통째로 외워버렸다. 우여곡절 끝에 오퍼를 받고 급하게 짐을 싸고 비행
기에 올랐다.

나는 교환학생이나 어학연수 등의 단기 체류를 제외하고는 해외에서
장기간 생활했던 적이 없었다. 돌이켜 보면 인터뷰 기회를 통해 오퍼를
받고 싱가포르행 비행기에 올랐던 것이 커리어에 변곡점이 된 것 같다.
싱가포르에서 4년 3개월 가량을 보낸 후 현재는 홍콩에서 1년 10개월
가량 거주하면서 일을 하고 있다. 이렇게 6년이 넘어가는 해외 생활을
할 것이라고는 전혀 예상하지 못했었다. 우연한 기회에 시작한 해외 생

활과 외국계 은행 근무를 통해 내 삶이나 시야가 많이 넓어질 수 있었고 또 다양한 사람들을 만난 것은 큰 행운이자 선물이라고 생각한다.

싱가포르에 도착한 후 첫 몇 개월간은 정신 없는 생활의 연속이었다. 딜링 룸에서 파생상품 세일즈를 한다는 게 어떤 업무인지도 제대로 모르고 일을 시작했으니 배워야 할 것과 공부해야 할 것이 너무 많았다. 다행히 주변에 좋은 동료들이 많았고 내게 선생님처럼 이것 저것 가르쳐 주는 친절한 사람들 덕분에 빠르게 적응 할 수 있었다. 기초자산의 변동성, 선물시장, 각 기초자산의 특성 및 규정 등, 경영학을 전공하고 대학원까지 나왔지만 생소한 내용들 뿐이었다. 백지에 가깝던 나를 잘 이끌어 주었던 동료들에게 감사한 마음뿐이다.

싱가포르는 물가가 비싼 편이다. 특히 부동산은 한국보다 몇 배 정도는 비싸며, 한국과 같은 '전세' 라는 개념이 없이 매달 월세를 내고 집을 빌려야 한다. 도착 후 가장 중요했던 일은 집을 알아보는 것이었다. 지리도 모르고 어떤 지역을 사람들이 선호하는지도 모르는 상황에서 부동산 에이전트에게 연락을 하고 집을 보러 갔었다. 싱가포르에 거주하던 4년 동안 5회 이사를 했고 집을 보러 다녔던 횟수는 50번도 넘었다. 처음에는 노하우가 없어서 인터넷에 포스팅 된 내용만 보고 가격과 조건이 맞으면 무조건 먼 길을 마다하지 않고 집을 보러 갔다. 여러 차례 이사를 하고 지리에 밝아지기 시작 한 후에는 포스팅 내용과 사진만 보고 좋은 집일지 판단 할 수 있는 수준이 되었다. 서울에 살 때는 대학생 때 딱 한 번 이사를 했었을 뿐이라 집에 대해 무감각하게 살았는데 이사를 하면서 집의 중요성을 새삼 깨닫게 되었다.
지역에 따라 차이가 있지만, 당시 약 14평 정도의 집 한 채를 렌트하

는 데는 4,000SGD (약 320만 원), 그리고 큰 집의 방 하나를 렌트하는 데
는 1,000~1,500SGD (약 80~120만 원) 정도였다. 최근에는 부동산 가격이
하락세라서 더 저렴해졌다. 하지만 집 한 채를 빌리는데 2~3백만 원이
드니 상당히 큰 금액이다.

싱가포르 정부는 HDB(Housing and Development Board)라고 하는 일종
의 임대주택을 공급하고 있고 국민 대부분이 HDB에 거주하고 있다.
HDB는 99년까지 장기 임대가 가능한데 싱가포르 국민에게 최우선적
으로 임대 권한이 부여된다. 그래서 외국인들에게는 HDB의 거주 와
임대 권한이 매우 제한적이다. 싱가포르에는 외국인이 상당히 많이 거
주하기 때문에 국가 차원에서 이득을 보는 점도 많다. 하지만 이로 인
해 부동산 가격과 물가 상승이 문제로 부각되어 왔다. 이런 문제들로부
터 자국민을 보호하려는 싱가포르 정부의 정책이 인상적으로 느껴졌
다.

싱가포르는 역사가 짧고 다인종으로 구성된 나라이다. 그러다 보니 싱
가포르의 전통 음식이라고 불릴만한 것보다는 말레이시아, 인도네시아
등 근접 국가의 전통 음식이 싱가포르인들의 주식을 이룬다. 또한 호커
센터Hawker Center라고 하는 우리나라 식으로는 길거리 푸드 코트가
곳곳에 있다. 치킨라이스, 바쿠테 등의 싱가포르 로컬 음식 역시 맛있
지만 친구들이나 가족들이 놀러 온 경우 항상 칠리 크랩을 먹으러 갔
다. 칠리크랩은 큰 크랩을 페퍼 혹은 칠리 소스로 간을 하여 만든 음식
으로 싱가포르에 방문하는 사람들은 꼭 먹어보고 가는 음식이다. 크랩
이 딱딱하고 크다 보니 먹기가 쉽지 않지만 한번 맛 보면 계속 생각나
는 마성의 음식이다. 4년 넘게 로컬 음식은 물론 스타 쉐프들의 음식을

즐기며 즐거운 식도락 생활을 할 수 있었다.

흥미로운 것은 싱가포르는 음주에 매우 엄격하는 것이다. 알콜에 부과하는 세율도 높다. 몇 년 전 리틀인디아 지역에서 음주 사고가 발생한 후, 싱가포르 정부는 오후 10시 30분부터 다음날 오전 7시까지는 편의점 등에서 알콜 판매를 금지하는 법령을 내렸다. 그 시간 동안은 주류가 보관되어 있는 냉장고가 큼지막한 사슬로 묶여있게 된다. 그래서인지 싱가포르에서 가장 인기 있던 액티비티 중 하나는 바베큐 파티였다. 싱가포르의 대부분의 콘도는 잘 만들어진 수영장과 바베큐장을 가지고 있고 거주민들이 쉽게 사용할 수 있다. 바베큐 파티를 통해 새로운 친구들을 쉽게 만날 수 있었다. 파티에 참여하는 것이 물가가 비싼 싱가포르에서 조금이나마 저렴하고 즐거운 저녁을 보낼 수 있는 방법 중 하나이다.

지금의 나는 싱가포르에서의 근무를 마치고 홍콩에서 일하고 있다. 대학생 때의 막연하게 상상했던 금융권과 해외 근무 근무를 해보니 생각했던 것과 다른 힘든 일도 많았다. 세상 모든일이 그렇듯 쉬운 게 없다. 하지만 나에게 해외 취업, 특히 싱가포르에 대해 물어본다면 자신 있게 추천해 줄 수 있다.

## 싱가포르 주식시장

싱가포르 주식시장의 시가총액은 2019년 3월 말 기준 약 5,110억 달러로 세계 21위 규모이다. 주변 아세안 회원국의 경우 태국(시가총액 5,100억 달러, 22위), 인도네시아(시가총액 5,150억 달러, 20위), 말레이시아(시가총액 4,000억 달러, 24위)로 비슷한 모습을 보이고 있다.

싱가포르의 산업별 비중은 금융 45.5%, 산업재 26.5%, 필수소비재 10.7%, 통신 6.9%, 경기소비재 6.0%, IT 1.8%, 헬스케어 1.0%, 원자재 0.6%, 유틸리티 0.5%, 에너지 0.5%의 모습을 보이고 있다.

시가총액 상위 주요기업으로는 DBS Group(금융), Jardine Matheson(산업재), Jardine Strategic(산업재), Singapore Telecommunications(통신), Oversea-Chinese Banking Corporation(금융), United Overseas Bank(금융), Hongkong Land(금융), Wilmar International(필수소비재), Thai Beverage(필수소비재), Dairy Farm International(필수소비재)등이 있다. 금융, 산업재, 소비재 산업의 비중이 높다.

## 싱가포르에 어떻게 투자하면 될까?

우리나라에서 할 수 있는 방법은 ①펀드, ② 증권사 해외전용계좌 개설을 통해 싱가포르 주식을 거래할 수 있다. 국내증권사에서 해외증권계좌를 개설하면 대부분 싱가포르 주식을 거래할 수 있다. 아직까지는 온라인거래보다는 오프라인거래가 가능한 증권사가 대부분이라 다소 불편함이 있다.

① 펀드
국내에는 싱가포르에만 투자하는 펀드는 없다. 대신 아세안 회원국에 투자하는 펀드들이 있는데 이 펀드의 싱가포르 비중이 높다. 현재 삼성자산운용의 아세안 펀드가 설정액 2,000억 원 이상으로 가장 크고, 한화, NH아문디 등이 100억 원 이상의 설정액을 보유하고 있다.

② 해외전용계좌 개설을 통한 ETF
싱가포르 주식을 보다 적극적으로 매매할 수 있는 방법은 미국, 싱가포르, 독일, 홍콩, 일본에 상장된 ETF를 매매하는 것이다. 미국에 상장된 iShares MSCI Singapore ETF 와 싱가포르에 상장된 SPDR Straits Times Index ETF가 거래하기에 편리하다.

③ 해외전용계좌 개설을 통한 개별주식 거래
주식투자는 싱가포르에 상장된 주식 직접 투자로 가능하다. 국내증권사에서 대부분 싱가포르 주식 거래가 가능하다. 투자에는 무리가 없다.

**Keppel
Corporation**

Keppel

Corporation

Keppel Corporation사는 싱가포르 해양 및 해양 부동산 기업이다. 인프라 및 자산 관리 사업까지 전문으로 하는 여러 계열사로 구성되어 있다. 자회사로는 Keppel Land, Keppel Capital, Keppel Offshore & Marine, Keppel Telecom & Transport 등이 있다.

Keppel의 사명은 1848년 싱가포르에 처음 도착한 영국 함장의 이름인 Henry Keppel에서 유래되었다. Keppel은 1968년에 기업화되어 1975년 필리핀 투자자들과 협력하여 Philippines Shipyard를 설립하고 3년 후인 1978년 해상 종사자들을 위한 금융 서비스인 Shin Loong Credit으로 보험 및 증권을 통한 서비스 확장을 추진했다. 1983년 싱가포르에 상당한 토지를 보유한 해운 회사인 Straits Steamship Company를 인수하면서 부동산 개발에 몰두했고 이는 현재 아시아 최고의 부동산 회사 중 하나인 Keppel Land가 된다.

1990년 아시아 상업 은행 인수와 함께 금융서비스를 더욱 성장시키려고 노력했고 이는 현재 Keppel Bank가 된다. 2001년에 Keppel은 은행 업무 및 금융 서비스 사업과 함께 해상사업까지 민영화하고 통합했다. 2018년 매출액은 59억 싱가포르달러에 이르며 원화로 환산하면 5조 원에 이른다. 또한 영업이익은 2억 싱가포르달러, 순이익은 9억 싱가포르달러이다.

Golar LNG사에 대한 세계 최초의 FLNG(해상 액화 저장 하역 설비) 선박을 포함한 10개의 주요 Offshore & Marine 프로젝트를 제공했으며 약 12억 달러의 Non-Drilling 계약을 확보했다. 또한 Pavilion Energy와 인도네시아 PNG과의 협약을 체결하여 소규모 액화 천연 가스 기반 시설을 개발했다. 자본 투자 전략으로 부동산 부문에 집중하고 5,480채 이상의 부동산을 매각하였다.

홍콩 최초의 통합 폐기물 관리 시설을 설계, 건설, 운영하기 위한 계약 체결하고 싱가포르의 Keppel Marina East 담수 플랜트 건설을 착수했고 대규모 도시 개발 총괄 업체로 Keppel Urban Solutions를 설립했다.

에너지 및 환경 관련 인프라와 인프라 서비스 비즈니스의 핵심 역량을 구축 할 예정이고 Keppel Telecommunications & Transportation의 데이터 센터 사업을 계속 개발하며 성장 중인 전자 상거래 비즈니스에서 보완하며, 물류 사업을 자산 중심 사업에서 도시 물류 부문의 고성능 경량 서비스로 전환할 계획이다.

| Keppel Corporation Limited | | | | (SGD,십억, %) | |
|---|---|---|---|---|---|
| | 2015 | 2016 | 2017 | 2018 | 2019 |
| 매출액 | 10.296 | 6.767 | 5.964 | 5.965 | 7.201 |
| 영업이익 | 1.453 | 0.970 | 0.408 | 0.230 | 0.992 |
| 순이익 | 1.525 | 0.784 | 0.196 | 0.944 | 1.032 |
| 영업이익률 | 14.1% | 14.3% | 6.8% | 3.9% | 16.6% |
| 순이익률 | 14.8% | 11.6% | 3.3% | 15.8% | 17.3% |
| 매출액증가율 | -22.5% | -34.3% | -11.9% | 0.0% | 20.7% |
| 영업이익증가율 | -28.8% | -33.3% | -57.9% | -43.5% | 330.7% |
| PER | 7.8 | 13.4 | 68.1 | 11.4 | 11.7 |
| PBR | 1.1 | 0.9 | 1.2 | 0.9 | 1.0 |
| 부채비율 | 29.6% | 32.0% | 28.5% | 29.2% | 28.5% |

자료: FactSet, 2019년 추정치, 2019년 4월 3일 기준

Singapore

Airlines

싱가포르 에어라인은 1972년 말레이시아 싱가포르 항공을 분리하여 설립되었다. 1979년 동아시아 및 동남아시아 국제선 노선을 신설하고 이어서 1980년에 나리타 국제 공항, LA 국제 공항 국제선을 개설하고 보잉 747 대형 여객기를 도입하였다. 이듬해인 1981년 싱가포르 창이 국제공항을 개항했다.

싱가포르 에어라인은 싱가포르의 항공사로 싱가포르의 창이 국제공항을 허브 공항으로 두고 동남아시아, 캥거루 루트(유럽, 오스트레일리아, 뉴질랜드)에서 두각을 나타내며 최초로 가장 큰 여객기인 에어버스 A380 항공기를 도입한 업체이다. 자회사로는 Scoot, SilkAir, SIA Cargo등이 있다. SIA 엔지니어링은 보잉, 롤스로이스를 포함한 27개국 합작 투자를 통해 유지 보수와 수리 및 정비(MRO) 부문까지 사업 영역을 확장하고 있다.

1991년 최초로 인공 위성을 통해 기내전화 서비스를 제공했고, 1999년 영국의 버진 애틀랜틱 항공의 일부 지분을 인수, 2000년에 항공 동맹인 스타 얼라이언스에 가입했다. 2004년 LA 국제공항의 직항이 개설되고 에어버스 A340을 이용해 존 F. 케네디 국제공항 직행 편 다음으로 최장거리 국제선으로 기록됐으며 이를 통하여 세계 일주 노선을 완성하였다. 2011년에는 바르셀로나, 상파울루 노선이 신설되면서 최초로 남아메리카까지 취항했다.

2018년 싱가포르 에어라인은 'Best First Class', 'Best First Class Airline', 'Best Airline in Asia'을 비롯하여 같은 해 3개의 다른 카테고리에서 1위를 차지하였다. 2018년 세계 최고의 항공사로 선정되었으며 약 3,366만 명의 승객이 싱가포르 에어라인을 이용하였다.2018년 매출액은 165억 싱가포르달러에 이르며 원화로 환산하면 14조 원에 이른다. 또한 영업이익은 10억 싱가포르달러에 이르며, 순이익은 7억 싱가포르달러에 이른다.

자회사인 SIA는 2018년 10월부터 싱가포르-뉴욕 간의 논스톱 서비스를 재개함으로써 세계에서 가장 긴 비행경로를 운행하고 있으며 블록체인 기술을 이용한 디지털 지갑을 연구, 개발하여 나아가 세계 최고의 디지털 항공사가 되려는 계획까지 가지고 있다.

자회사인 SIA는 2018년 10월부터 싱가포르-뉴욕 간의 논스톱 서비스를 재개함으로써 세계에서 가장 긴 비행 경로를 운행할 예정이다. 블록체인 기술을 이용한 디지털 지갑을 연구, 개발하여 세계 최고의 디지털 항공사가 되려는 계획까지 갖고 있다.

| Singapore Airlines Ltd. | | | | | (SGD,십억, %) |
|---|---|---|---|---|---|
| | 2015 | 2016 | 2017 | 2018 | 2019 |
| 매출액 | 15.239 | 14.869 | 15.806 | 16.523 | 17.175 |
| 영업이익 | 0.940 | 0.659 | 1.103 | 1.087 | 1.229 |
| 순이익 | 0.804 | 0.360 | 0.893 | 0.734 | 0.856 |
| 영업이익률 | 6.2% | 4.4% | 7.0% | 6.6% | 7.4% |
| 순이익률 | 5.3% | 2.4% | 5.6% | 4.4% | 5.2% |
| 매출액증가율 | -2.1% | -2.4% | 6.3% | 4.5% | - |
| 영업이익증가율 | 0.1% | -29.8% | 67.2% | -1.4% | - |
| PER | 16.6 | 33.0 | 14.4 | 15.3 | 13.8 |
| PBR | 1.0 | 0.9 | 0.9 | 0.9 | 0.9 |
| 부채비율 | 5.6% | 6.3% | 11.3% | 17.4% | 25.7% |

자료: FactSet, 2018년 및 2019년 추정치, 2019년 4월 3일 기준

Singapore

Telecommunications

Singtel은 1974년 싱가포르 전화국과 싱가포르 통신청이 합병하여 설립되었다. 싱가포르 최대의 이동통신 사업자이다. 2017년 기준 약 6억 4천만 명의 고객을 가지고 있고 자회사로는 Goodman Fielder, Adani Wilmar, Wii Pte등이 있다.

Singtel은 1974년 싱가포르 전화국과 싱가포르 통신청이 합병하여 설립되었다. 2001년 3G 라이선스를 취득해 냈고, 호주의 Optus사를 인수했다. 2003년 스웨덴 통신장비업체인 Ericsson을 3G 네트워크 공급 업체로 임명했다. 2005년 3G 서비스를 시작했고 2007년 유료 서비스인 mio TV를 출시하며 사업 부문을 다각화했다. 2008년 SingTel과 Apple이 iPhone 3G 서비스 출시를 공동 발표했다. 2009년에는 iPhone 3GS를 출시했다. 2011년 웹, iOS, Android를 통해 제공되는 싱가포르 최초의 E-Book인 Skoob를 출시하였다. 2012년 모바일 광고 기술 회사인 Amobee를 인수했으며, 싱가포르 전역에 4G LTE 서비스를 제공하기 시작했다. 2015년 미국 사이버 보안 회사인 Trustwave를 인수했고, Wavee라는 음성 및 화상 통화 프로그램을 발표했다.

2018년 매출액은 173억 싱가포르달러에 이르며 원화로 환산하면 15조 원이다. 영업이익은 24억 싱가포르 달러, 순이익은 29억 싱가포르 달러 이다.

Singtel의 국제 해저 케이블 네트워크는 100개 국 이상의 국가로 연결 되어 있다. 2018년 Telecom Asia Awards에서 아시아 최고의 이동 통 신사 상을 수상했다. 2018년 11월 Singtel과 Ericsson은 싱가포르 최 초의 5G를 출시했다. 기존의 4G 속도보다 평균 10배 빠른 속도로 운 송, 의료 및 제조와 같은 산업은 5G를 활용하여 디지털 변환을 가속화 할 것이라고 보고 있다.

Singtel의 데이터 분석 자회사인 DataSpark와 전기 통신 컨설팅 회사 인 Analysys Mason은 운영자의 수익률 극대화를 위한 네트워크 계획 응용 프로그램을 개발하고 있다. 운송 업체에 테스트해 본 결과 투자 수익이 11% 향상된 것으로 나타났다. 사업의 다각화 역시 빠른 속도로 발전하여 아시아 최고의 이동 통신사 타이틀을 토대로 발전해 나갈 것 으로 보인다.

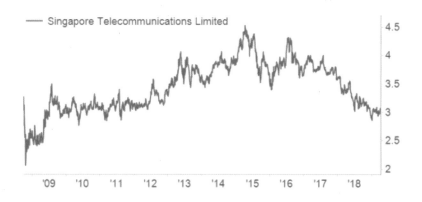

| Singapore Telecommunications Limited | | | | (SGD,십억, %) |
|---|---|---|---|---|
| | 2015 | 2016 | 2017 | 2018 | 2019 |
| 매출액 | 16.961 | 16.711 | 17.532 | 17.308 | 17.474 |
| 영업이익 | 2.712 | 2.536 | 2.485 | 2.474 | 2.443 |
| 순이익 | 3.871 | 3.853 | 5.451 | 2.999 | 3.175 |
| 영업이익률 | 16.0% | 15.2% | 14.2% | 14.3% | 14.1% |
| 순이익률 | 22.8% | 23.1% | 31.1% | 17.3% | 18.3% |
| 매출액증가율 | -1.5% | -1.5% | 4.9% | -1.3% | - |
| 영업이익증가율 | -2.4% | -6.5% | -2.0% | -0.4% | - |
| PER | 15.7 | 16.4 | 10.1 | 17.1 | 16.3 |
| PBR | 2.4 | 2.3 | 1.9 | 1.7 | 1.7 |
| 부채비율 | 22.8% | 23.2% | 21.6% | 22.0% | 22.4% |

자료: FactSet, 2018년 및 2019년 추정치, 2019년 4월 3일 기준

분당에 야마다야(山田家)라는 단골 우동집이 있다. 전통 사누끼 우동 맛이 생각날 때면 가족들과 자주 들른다. 담백하고 따뜻한 국물 맛이 좋고, 수타면 특유의 쫄깃한 면발이 좋다. 나는 우동뿐 만 아니라 군만두, 초밥, 라면 등 많은 일본 음식을 좋아한다. 일본 노래도 좋아한다.

X-Japan의 Endless Rain은 내 애창곡이다. 이와이 슌지(岩井俊二)감독의 일본 영화 '러브 레터'는 최소 다섯 번 이상 본 것 같다. 작가 구리 료헤이(栗良平)의 단편소설 '우동 한 그릇'은 내 나이만큼 읽었다. 일본인 친구들도 꽤 많았다.

그런데 '일본을 좋아한다'라고 말하려고 하면 가슴속에 해소되지 않는 무언가가 자리 잡는다. 적어도 해외투자를 하면서 일본 주식을 살 때에는 이런 불편함에서 자유로울 것이라 생각했다. 투자는 냉철한 판단으로 수익을 내는 것이 가장 중요하다고 생각했기 때문이다.

그런데 신문에서 국민연금이 일본 전범 기업에 투자한 것에 대한 비판 기사를 읽었다. 전범기업이라는 단어가 머릿속에서 맴돌았다. 전범국가라는 개념은 있었으나 전범기업에 대해서는 아는 게 없었다. 얼마 후 송혜교씨가 미쓰비시 광고모델 제의를 거절했다. 그 이유가 잊혀지지 않는다.

"전범기업이라 거절했다. 고민할 이유가 없는 사안이었다."

정작 투자전문가라는 사람이 미쓰비씨가 전범기업인지도 몰랐다니. 부끄러웠다. 전범기업은 전쟁에서 적극적으로 군납 물품을 제조했거나 식민지 국민들을 강제 징용하여 막대한 이익을 올린 기업을 말한다. 2012년 대한민국 국무총리실은 일제강점기 강제동원에 관여한 1,493개 기업 중 현존하는 299개 기업을 전범기업으로 지정했다.

대표적인 전범기업으로 꼽히는 곳은 일본 최대 재벌인 미쓰비시(三菱)다. 미쓰비시는 창업주인 이와사키 야타로가 1870년 정부로부터 나가사키 조선소를 넘겨받아 설립했다. 반란군을 제압한 공이었다. 태생부터 미쓰비시는 일본 정부와 깊은 정경유착이 이루어질 수밖에 없었다. 미쓰비시중공업은 일본 군수물품 제작의 산실 역할을 했다.

영화 '군함도'에는 미쓰비시의 만행이 잘 그려져있다. 지하 1km 탄광의 유독가스가 수시로 분출되는 작업 현장에 조선인들은 영문도 모른 채 끌려와 고통 속에서 죽어갔다. 미쓰비시는 '식민지 조선인 징용은 합법'인 만큼 사과나 보상의 대상이 아니라고 선을 그었다. 사람을 마음대로 끌고 와 정당한 숙식과 급여를 제공하지 않은 것이 합법이라니. 기업의 윤리 의식은 존재하는 것일까?

미쓰비시 계열사로는 니콘 카메라와 기린 맥주가 있다. 일본 제2의 재벌인 미쓰이(三井)는 미쓰이광산에서 석탄을 채굴하며 조선인을 강제 징용해 노역시켰다. 미쓰이 그룹의 계열사로 삿포로맥주가 있다. 일본의 세 번째 재벌 스미토모 (住友)는 일본, 조선, 태평양, 중국, 만주 등에 산재한 120여 곳 사업장에서 조선인을 징용해 노동력을 착취했다. 아사히 맥주가 스미토모의 계열사이다.

2016년 일본 국세청에 따르면 한국에 수출한 일본 맥주는 48억엔으로 전체 일본 맥주 수출의 56%나 차지했다. 닛산과 마쓰다 자동차는 지프, 트럭 등 군용차량을 일본군에 납품했다. 캬라멜로 유명한 모리나가 (森永)는 일본군 전투식량을 대량으로 제공하였다. 파나소닉의 옛 사명은 마쓰시타 전기였다. 역시 조선인들을 강제 동원해 노동시켰다. 파나소닉은 일본 우파를 육성해 논란이 일고 있다.

독일 정부와 기업들은 일본과 전혀 다른 태도를 보였다. 독일 정부는 과거 나치정권의 잘못을 인정하고 사죄함으로 과거 전쟁범죄를 일으킨 나치와 근본적으로 그들이 다름을 인정받았다. 유럽에서는 독일인을 전쟁을 일으킨 나치와 동일시 하지 않는다. 그들은 용기있는 사죄와 반성을 통해 자유를 얻었다. 바이엘 Bayer 은 아우슈비츠에서 유대인과 집시를 상대로 잔혹한 생체실험을 저질렀다. 도이체방크 Deutche Bank 는 나치의 횡포로 인해 압수당한 유대인들의 재산을 보관하였고 전쟁 예산을 책정하였다. 루프트한자 Lufthansa 는 독일군 항공기 파일럿을 양성했다. 벤츠, 아우디, 포르쉐는 동유럽인들과 유대인들을 강제노동 시켰다. 폭스바겐은 히틀러의 지시로 만들어진 회사였고 강제노동으로 운영되기도 했다. 지멘스도 유대인에 대한 노동력 착취 일삼았다. 하지만 이들에게 더 이상 전범 기업이라는 꼬리표가 붙지 않는다. 과거를 인정한 것이 오히려 그들을 과거의 굴레에서 자유롭게 한 것이다.

BMW는 창사 100년을 맞아 과거 군수물품 독점 공급과 강제노역 들에 대해 반성하는 모습을 보여주었다. 과거의 잘못을 바로 잡기 위해 재단을 설립하고 강제노역 피해자를 보상해 주며 진정성을 보여주었다. 메르세데스-벤츠 역시 나치에 협력한 과오를 인정하고 사죄했다. 슈투트가르트에 있는 박물관에는 당시의 치부를 숨김없이 드러내 놓았다. 이것이 진정성 있는 반성이다. 그래서 사람들은 지금의 메르세데스를 과거의 전범 기업과 동일시 하지는 않는다.

1970년 빌리 브란트 총리는 바르샤바의 유태인 위령탑앞에서 무릎을 끓고 애도를 표했다. 독일의 사과와 피해자 보상이 평화를 향한 역사를 만들고 있다. 2018년 경향신문과의 인터뷰에서 오늘날을 살아가는 평범한 독일인 프리츠 본마이어씨는 이렇게 말했다.

"추모는 의무입니다. 우리의 조부모와 부모가 하지 않았다면 우리라도 해야 한다고 생각합니다. 나는 나치 시절의 사람도 아니고 가해자도 아닙니다. 하지만 독일에 의해 이름도, 무덤도 없이 죽어간 사람들을 추모하는 것은 독일인의 의무입니다."

언젠가는 일본도 진정성 있는 사과를 할 날이 오리라 믿고 싶다. 독일과 폴란드의 청소년들이 함께 아우슈비츠 수용소를 방문하듯이, 우리 나라와 일본의 청소년들도 함께 서대문 형무소를 방문하는 날을 기대해 본다.

용서는 상대방을 위해 하는 것이 아니라 나 자신을 위해 하는 것이다. 용서는 나 자신이 하는 것이다. 그런데도 우리는 종종 상대방의 태도를 보고 용서할지 말아야할지 결정한다. 끝까지 결정권을 상대방에게 넘기고 있는 것이다. _ 조명준

## 일본 주식시장

일본 주식시장의 시가총액은 2019년 3월 말 기준 약 5조 7,000억 달러로 세계 3위 규모이다. 산업별 비중은 산업재 20.6%, 경기소비재 20.0%, 금융 14.8%, IT 14.8%, 필수소비재 9.3%, 헬스케어 8.0%, 원자재 6.0%, 통신 5.7%, 유틸리티 1.6%, 에너지 0.8%의 모습으로 상대적으로 고른 분포를 보이고 있다.

시가총액 상위 주요기업으로는 Toyota(경기소비재), NTT DoCoMo(통신), NTT(통신), SoftBank (통신), Mitsubishi UFJ(금융), KDDI(통신), Keyence (IT), Sony (경기소비재), Japan Tobacco (필수소비재), Sumitomo Mitsui Financial (금융)등으로 소비재, 통신, 금융 산업의 비중이 높은 모습을 보이고 있다.

## 일본에 어떻게 투자하면 될까?

우리나라에서 투자할 수 있는 방법은 ①펀드, ②국내에 상장된 ETF, ③증권사 해외전용계좌 개설 등 다양하다. 국내증권사에서 해외증권계좌를 개설하면 일본 주식을 거래할 수 있고 대부분 온라인 주문이 가능하다.

## ① 펀드
국내에서 가입 가능한 일본 투자 펀드는 대형주, 중소형주, 배당주 펀드 등 다양하다. KB, 삼성, 미래에셋 등 10개 이상의 운용사에서 일본

투자 펀드를 운용하고 있다.

② 국내에 상장된 ETF
국내에서 투자할 수 있는 다른 방법은 한국거래소에 상장된 ETF에 투자하는 방법이다. 현재까지는 삼성KODEX, 한국투자KINDEX, 미래에셋TIGER, KB KBSTAR ETF 가 상장되어 거래되고 있다.

③ 해외전용계좌 개설을 통한 ETF
일본주식을 보다 적극적으로 매매할 수 있는 방법이 일본, 미국 등에 상장된 ETF를 매매하는 방법이다. 레버리지 상품과 인버스 상품 등 다양한 ETF가 상장되어 있다. 일본에 상장된 종목중에는 2배 인버스 상품인 Next Funds Nikkei 225 Double Inverse ETF와 2배 레버리지 상품인 Next Funds Nikkei 225 Leveraged ETF 가 유동성이 풍부하다. 미국 상장 상품중에는 iShares MSCI Japan ETF의 거래가 활발하다.

④ 해외전용계좌 개설을 통한 개별주식 거래
본격적인 주식투자는 일본에 상장된 주식에 직접 투자로 가능하다. 국내증권사에서 대부분 온라인으로 주식 거래가 가능하여 투자가 용이하다. 기업들도 도요타, 혼다 등 익숙한 기업들이 많다.

**Nintendo**

_____

Nintendo

Nintendo는 글로벌 게임기 시장을 선도하고 있는 일본의 대표적인 게임기 제조 업체이다. 1980년대 게임보이 등으로 가정용 게임기 시장에 진출했으며 슈퍼마리오, 슈퍼NES 등으로 세계 게임시장을 석권하였다. 1985년 선보인 패미콤(Famicom), 1990년 출시한 슈퍼패미콤을 통해 글로벌 시장을 지배했다.

자체 제작한 슈퍼마리오시리즈는 비디오 게임 역사에 남을 대표적인 게임이기도 하다. SONY에서 출시한 플레이스테이션에 밀리며 한때 부진한 시기를 보내기도 했지만 닌텐도 DS 및 Wii 시리즈가 흥행에 성공하며 위기를 극복하였다.

2000년대 들어 타 일본 게임업체들이 불황을 겪으며 힘든 시기를 보내는 와중, 닌텐도는 휴대용 게임기 부문의 지속적인 성장에 힘입어 10여 년간 호황을 누리기도 했다. 하지만 스마트폰의 대중화로 인해 휴대용 게임기 부문의 매출은 지속적으로 하락하기 시작했고, 2011년 상반기 약 8400억 원의 적자를 기록한 것으로 알려졌다.

2017년 상반기, 닌텐도는 스위치(SWITCH)라는 차세대 게임기를 출시하였다. TV에 결합도 가능하며 소형 컨트롤러를 통해 휴대용으로 사용가능한 강점을 바탕으로 일본, 북미, 유럽에 돌풍을 일으키며 새로운 동력을 갖추기도 하였다. 또한 미국, 아시아 등 해당 지역에서만 게임이 구동할 수 있게 제한한 지역코드를 제거하여 전 세계 어디든 게임을 이용할 수 있게 확장성도 재정비하였다.

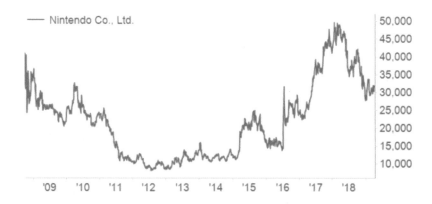

— Nintendo Co., Ltd.

| Nintendo Co., Ltd. | | | | | (JPY,십억, %) |
|---|---|---|---|---|---|
| | 2015 | 2016 | 2017 | 2018 | 2019 |
| 매출액 | 504 | 489 | 1,056 | 1,233 | 1,347 |
| 영업이익 | 33 | 29 | 178 | 252 | 345 |
| 순이익 | 17 | 103 | 140 | 192 | 254 |
| 영업이익률 | 6.5% | 6.0% | 16.8% | 20.4% | 27.9% |
| 순이익률 | 3.3% | 21.0% | 13.2% | 15.6% | 20.6% |
| 매출액증가율 | -8.2% | -3.0% | 115.8% | 16.8% | - |
| 영업이익증가율 | 32.7% | -10.7% | 504.7% | 41.7% | - |
| PER | 116.4 | 30.3 | 40.3 | 21.3 | 16.1 |
| PBR | 1.7 | 2.5 | 4.3 | 2.8 | 2.6 |
| 부채비율 | 0.0% | 0.0% | 0.0% | 0.0% | 0.0% |

자료: FactSet, 2018년 및 2019년 추정치, 2019년 4월 3일 기준

HONDA

혼다(Honda)는 도요타, 닛산자동차와 함께 일본을 대표하는 세계 10위권을 자랑하는 자동차 회사이다. 도쿄와 뉴욕 거래소에 동시 상장되어 있으며 전 세계 30여 개국에 70여 개의 생산기지, 40개 이상의 개발거점을 두고 있다. 주요 생산품은 자동차, 모터사이클, 동력엔진으로 항공기, 스쿠터, 발전기 등 이다.

1948년에 현재의 사명으로 개칭하고 모터사이클 제작을 시작하였다. 최초의 혼다 모터 A형을 판매하기 시작하였으며 이어 1951년에는 드림호(號) E형, 1953년에는 벤리호와 기타 신제품을 개발하였다. 1961년 영국 만섬[島]에서 열린 TT레이스에서 3부문(125·250·350cc)을 제패하면서 국제적 위상을 확립했다. 1963년에는 스포츠카 S360을 발표하여 4륜차 부문에 진출했다.

1968년 2륜차의 생산이 연 1,000만 대를 돌파하였다. 4륜차 부문에서는 1969년 '혼다 1300'을 기점으로 본격적으로 승용차 부문에 진출하였다. 1972년에는 배출가스면에서 우수한 CVCC엔진 개발에 성공하였다. 판매·생산을 위한 현지법인이 세계 각지에 10개사, 그 밖에 기술제휴에 의한 현지 생산회사 30개사가 있다. 매출 구성은 2륜차 22%, 4륜차 62%, 기타 16%이다.

2014년 하이브리드 소형차 피트(Fit)의 품질 문제가 제기되고 다카타 에어백을 사용한 혼다 차량에서 결함 사고가 발생하면서 위기를 맞는다. 그해 매출 1,190억 달러, 순이익 57억 5천만 달러를 기록했다. 현재 사업부는 크게 아큐라, 혼다자동차, 혼다모터사이클로 나뉘어 있다. 자동차, 항공, 항공기엔진, 스포츠카 부문 등의 자회사가 있다. 영국과 캐나다, 대만, 파키스탄 등 전 세계에 지사를 두고 있다.

혼다자동차의 주요 모델로 중형세단 어코드(Accord), 소형차 시빅(Civic), 스포츠카 S2000, NSX, 그리고 RV 차량 CR-V가 있다. 그리고 모터사이클의 주요 모델로 골드윙(Gold Wing), CBR 600RR이 있다.

| Honda Motor Co., Ltd. | | | | | (JPY,십억, %) |
| --- | --- | --- | --- | --- | --- |
| | 2015 | 2016 | 2017 | 2018 | 2019 |
| 매출액 | 14,601 | 13,999 | 15,361 | 15,833 | 16,007 |
| 영업이익 | 503 | 841 | 834 | 821 | 858 |
| 순이익 | 345 | 617 | 1,059 | 729 | 740 |
| 영업이익률 | 3.4% | 6.0% | 5.4% | 5.2% | 5.4% |
| 순이익률 | 2.4% | 4.4% | 6.9% | 4.6% | 4.7% |
| 매출액증가율 | 9.6% | -4.1% | 9.7% | 3.1% | - |
| 영업이익증가율 | -24.9% | 67.0% | -0.9% | -1.5% | - |
| PER | 16.1 | 9.8 | 6.2 | 7.5 | 7.3 |
| PBR | 0.8 | 0.8 | 0.8 | 0.6 | 0.6 |
| 부채비율 | 35.8% | 35.9% | 35.1% | 34.3% | 34.3% |

자료: FactSet, 2018년 및 2019년 추정치, 2019년 4월 3일 기준

# SONY

---

SONY

SONY는 일본 도쿄에 위치한 굴지의 전자기기 전문 제조업체이다. 1946년 도쿄통신공업에서 시작했으며 테이프 리코더, 트랜지스터 텔레비전, 트랜지스터 라디오, VTR 등을 개발을 통해 빠르게 성장하였다. 1949년 테이프식 자기녹음기를 제작, 1950년 테이프리코더 G형을 개발하는 등 일본 최초라는 수식이 많이 붙는 기업이다.

TV제조부문에서는 세계 3위권 안에 들며 반도체 판매 부문에서도 두각을 드러냈다. 도쿄거래소와 뉴욕 증권거래소에 상장되어있다. 글로벌 시장공략에 집중하는 전략을 선택하면서 1960년 이후 전 세계 각지에 생산과 판매 법인을 설립해 왔다. 미국, 남미, 유럽 등에 많은 현지 법인을 운영 중이며 1990년 한국 시장에 진출하였다. 현재 소니코리아라는 사명으로 비즈니스를 확장 중이다.

SONY Group은 기존의 전자제품 일변도에서 벗어나 금융, 엔터테인먼트 등 다양한 분야로 사업을 확장하였다. 컨텐츠 및 전자 사업 부문을 담당하는 소니 코퍼레이션, 게임 부문을 담당하는 소니 컴퓨터 엔터테인먼트, 영화 부문 담당의 소니 픽쳐스, 음악 부문 담당의 소니 뮤직 엔터테인먼트, 컨텐츠 퍼블리싱 및 금융 서비스 담당의 소니 파이낸셜 홀딩스 등을 운영하고 있다.

2018년 매출액은 8조 5,740억 엔(약 93조 원)을 기록했다. 영업이익은 8,830억 엔, 순이익은 8,250억 엔을 기록하였다.

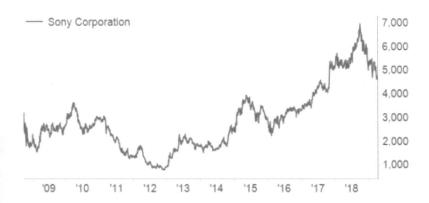

| Sony Corporation | | | | | (JPY,십억, %) |
|---|---|---|---|---|---|
| | 2015 | 2016 | 2017 | 2018 | 2019 |
| 매출액 | 8,134 | 7,631 | 8,549 | 8,574 | 8,704 |
| 영업이익 | 409 | 543 | 757 | 883 | 845 |
| 순이익 | 148 | 73 | 491 | 825 | 569 |
| 영업이익률 | 5.0% | 7.1% | 8.9% | 10.3% | 9.9% |
| 순이익률 | 1.8% | 1.0% | 5.7% | 9.6% | 6.6% |
| 매출액증가율 | -1.2% | -6.2% | 12.0% | 0.3% | - |
| 영업이익증가율 | 12.5% | 32.6% | 39.5% | 16.6% | - |
| PER | 24.2 | 64.9 | 13.3 | 8.0 | 11.5 |
| PBR | 1.5 | 1.9 | 2.2 | 1.7 | 1.5 |
| 부채비율 | 5.4% | 6.8% | 7.1% | 6.5% | 7.0% |

자료: FactSet, 2018년 및 2019년 추정치, 2019년 4월 3일 기준

America

# 4 장
## 아메리카 이야기

MEXICO
지진에 대처하는
자세를 보다

중남미 투자를 위해 주요 국가를 방문하기로 마음먹었다. 멕시코, 브라질, 칠레를 방문하는 일정이 잡혔다. 첫 일정은 GBM(Grupo Bursátil Mexicano) 증권에서 멕시코 금융시장에 대한 세미나였다. 한국에서 몇 차례 전화로 회의를 했던 알베르토가 본사 앞에서 우리를 기다리고 있었다. 인심 좋아보이는 거구의 알베르토와 아침부터 미팅을 시작했다. 열정적인 알베리토 덕에 멕시코의 일정은 오전 8시부터 저녁 7시까지 꽉 짜여 있었다. GBM증권의 회의실에서 아침밥을 먹으며 심도있는 투자관련 미팅을 진행했다.

미팅이 끝나고 증권거래소로 가는 길, 빌딩안에서 사람들이 질서정연하게 거리로 나오고 있었다. 마치 민방위 훈련을 하는 것 같았다. 우리는 거래소로 들어가지 못하고 그 광경을 지켜봤다.

"무슨 일인가요?"

"실은 오늘이 6,000명의 목숨을 앗아간 1985년 9월 19일 대지진 추모일 입니다. 매년 그날을 추모하기 위해 사람들이 건물밖으로 나옵니다."

추모행렬을 지켜 보고 멕시코 증권거래소 건물로 들어갔다. 호세 사장을 만나 자본시장에 대한 설명을 들었다. 이런저런 이야기를 나눈 후 다음 행선지로 향했다. 1시에는 부동산 사업을 하는 산타페와 미팅을 했다. 그들이 운영하는 호텔 4층의 미팅룸에서 회의를 시작했다. 10여분이 지났을까. 갑자기 건물이 흔들렸다. 좌우로 심하게 움직였다. 테이블 앞에 있던 사람이 왼쪽으로 가더니 다시 오른쪽으로 간다. 눈앞에 있는 사람들의 얼굴이 창백해졌다. 당혹감에 어리둥절해 있을 때 알베르토가 소리친다.

"Earthquake!"

호텔관계자가 우리를 엘리베이터가 쪽으로 대피시켰다. 그나마 안전한 곳이 엘레베이터 근처인 것 같았다. 공포스런 순간에도 그녀는 'Welcome to Mexico.'라는 침착한 한 마디를 던지고는 차근차근 사람들을 대피시켰다.

이제 우리만 남은 듯했다. 소방관들이 들어왔다. 얼마 후 가스는 새지 않는다며 건물은 안전하다고 했다. 지난주에 멕시코로 발령받아서 좋다며 웃던 제니퍼가 옆에서 눈물을 쏟아냈다. 손수건을 건넸다. 잠시 후 집에 간다며 나가버렸다. 어수선했다. 프란시스코 사장이 말했다.

"미스터 염. 어떻게 할까요? 미팅 계속할까요?"
차마 먼저 미팅을 그만하자고 말을 할 수 없어서 내게 물어 봤으리라.
하지만 나 역시 선뜻 대답하기는 애매한 위치였다.

"무섭지 않으신가요?"
머뭇거리는 내게 그가 물었다. 현지인들까지 얼굴이 창백하게 변해 스
페인어로 전화를 하고 있었다. 나도 무서웠다. 그런데 내 입에서 나도
몰래 말 한 마디가 나왔다.

"Jesus protects us."

혼돈의 상황에서 미팅은 재개 되었다. 1시간 가량 머리가 혼미했다. 미
팅이 끝난 후 회사 관계자들은 돌아가고 알베르토와 우리만 남았다. 건
물안에 있는 것이 더 안전하다며 거리로 나가는 것을 만류했다. 주변엔
스페인어 뿐이라 상황을 파악할 수는 없었다. 진도 7.1의 지진이 발생
했다는 것만 알았다. 흔들림의 순간이 내겐 1시간 같았다. 나중에 알고
보니 진동은 2분 이상 있었다고 한다. 진동이 잠잠해지자 사람들은 뭔
가를 확인하고 전화를 걸고 분주했다.

이틀간의 일정이 모두 취소되었다. 오후 세시, 미팅장에서 나와 숙소까
지 마냥 걸었다. 지진으로 도로가 마비되었으니 걷는 수 밖에 없었다.
아침 8시에 간단히 먹은 게 다였다. 배가 고파왔다. 식당도 모두 문을
닫았다. 호텔에 도착하니 그야말로 아수라장이었다. 금이 간 곳도 보였
다. 호텔에서는 5층에 있던 방을 1층으로 옮겨주었다. 지진의 여파로
공항이 하루 동안 폐쇄되었고, 60만 원 하던 항공권은 500만 원까지 치

솟았다. 이마저도 표를 구할 수 없었다. 호텔 안에 있자니 무서워서 거리로 나섰다. 사람들은 안전모를 쓰고 돌아다녔다. 들어갈만한 건물도 없었기에 마냥 걸었다. 우리는 기둥 앞에서 걸음을 멈추었다.

소년 영웅 기념비 Monumento a Los Niños Heroes

1847년 멕시코와 미국의 전쟁에서 차풀테펙 성이 포위됐을 때, 끝까지 항전한 여섯 명의 사관학교 학생들을 기리기 위한 기념탑이다. 몸에 국기를 칭칭 감은 채 성벽에서 뛰어내렸다고 한다. 마지막 순간 멕시코 국기가 미군의 손에 떨어지는 것을 막기 위해서였다. 멕시코 영토였던 텍사스가 미국에 편입되는 것을 발단으로 시작된 전쟁이었다. 결국 멕시코는 뉴멕시코, 네바다, 캘리포니아, 유타, 애리조나, 와이오밍을 아우르는 땅을 빼앗긴다.

나흘이 지나 공항으로 가는 길에 올림픽 경기장을 지나가게 되었다. 전국에서 모인 구호물품을 모으고 있었다. '비바 멕시코(멕시코 만세)'를 외치며 서로를 격려하고 있었다. 공항에 도착하니 무너진 천장을 수리하고 있었다. 기업들을 방문하지 못하고 멕시코를 떠나는 것이 아쉬웠다. 하지만 유일한 방문 기업이었던 산타페가 운영하는 호텔이 지진의 속에서도 건재한 모습을 보았다. 견실한 회사일 것이라 생각하며 멕시코를 떠났다.

## 멕시코 주식시장

멕시코 주식시장의 시가총액은 2019년 3월 말 기준 약 3,500억 달러로 세계 26위 규모이다. 중남미 시장에서 브라질에 이어 2위의 규모를 자랑하고 있다. 산업별 비중은 필수소비재 29.5%, 금융 17.5%, 원자재 13.9%, 산업재 10.6%, 통신 8.5%, 경기소비재 5.2%, 유틸리티 1.6%, 헬스케어 0.2%, 에너지 0.01%의 모습을 보이고 있다.

시가총액 상위 주요기업으로는 Wal-Mart de Mexico(필수소비재), America Movil(통신), Grupo Mexico(원자재), FEMSA(필수소비재), Grupo Financiero Banorte(금융), Arca Continental(필수소비재), Grupo Televisa(경기소비재), Cemex(원자재), Grupo Financiero Inbursa(금융), Grupo Bimbo(필수소비재)등으로 소비재 산업의 비중이 높은 모습을 보이고 있다.

## 멕시코에 어떻게 투자하면 될까?

우리나라에서 투자 할 수 있는 방법은 ①펀드, ②국내에 상장된 ETF, ③증권사 해외전용계좌 개설을 통해 멕시코 주식(ETF)을 거래할 수 있다. 다만 국내증권사에서 대부분 멕시코 주식을 거래할 수 있는 곳은 아직 없다. 따라서 멕시코 주식거래는 대부분 ETF나 DR를 통한 거래만이 가능한 현실이다.

① 펀드

국내에서 가입 가능한 멕시코에만 투자 펀드는 현재 없고 대부분 중남미펀드에 멕시코 비중을 포함하고 있다. 중남미펀드 운용사중 미래에셋, 신한BNPP, 슈로더, 한화, KB 등이 100억 원이 넘는 설정액을 보유하고 있다. 대부분 2007년경 설정되어 10년이 넘는 운용기간을 보유하고 있지만 운용규모가 1,000억 원이 넘는 곳은 아직 없다.

② 국내에 상장된 ETF

국내에서 투자할 수 있는 다른 방법은 한국거래소에 상장된 ETF에 투자하는 방법이다. 현재까지는 한국투자KINDEX MSCI멕시코ETF 하나만이 상장이 되어있다. 다만 거래량 등 유동성이 아직은 좋지 않아 해외에 상장된 ETF가 매매의 효율성면에서 낫다.

③ 해외전용계좌 개설을 통한 멕시코 ETF

멕시코 주식을 보다 적극적으로 매매할 수 있는 방법이 미국, 영국, 독일에 상장된 ETF를 매매하는 방법이다. 미국에 상장된 ETF가 가장 편리하다. 다만 ETF수가 10개 정도로 적다. 거래량 기준으로는 iShares MSCI Mexico ETF가 유동성이 좋다. 다음으로는 3배 레버리지 상품인 Direxion Daily MSCI Mexico ETF가 있다.

④ 해외전용계좌 개설을 통한 개별주식 거래

국내증권사에서 멕시코 주식의 거래중개 서비스를 아직은 제공하고 있지 않아 본격적인 현지 주식투자는 힘들다. 하지만 Wal-Mart de Mexico, Grupo Televisa, Grupo Aeroportuario del Pacifico, Promotora y Operadora de Infraestructura, Grupo

Aeroportuario del Centro Norte, Grupo SIMEC 등 시가총액 상위 종목들의 DR이 미국에 상장되어 활발히 거래중이다.

GRUPOMEXICO

Grupo Mexico

멕시코 최대 광산 기업인 Grupo Mexico S.A.B. de C.V.에는 크게 3개의 사업부가 존재한다.

첫 번째 사업부는 Americas Mining Corporation (AMC)이다. 생산량 기준 세계 4위이자 전체 매출의 약 80%를 차지하는 핵심 부문이다. 멕시코와 페루 지역의 Southern Copper Corp, 미국의 ASARCO, 스페인 Minera Los Frailes 등을 자회사로 보유하고 있다.

두 번째 사업부는 철도 사업을 영위하는 GMexico Transportation 이다. 멕시코 전역을 연결하는 철도 네트워크를 보유하는 만큼 규모가 크다. 자회사로는 멕시코 최대 철도업체인 Ferrocarril Mexicano(Ferromex)를 포함, Ferrosur, IMex 등이 있다.

세 번째는 매출액 2% 미만에 불과하지만 전력 생산, 건설 등을 담당하는 인프라 사업부도 보유하고 있다.

Grupo Mexico의 모태는 1890년에 설립된 광산업체 Asarco이다. 100년이 넘는 역사를 가지고 있다. 1936년에는 생산한 원자재를 운송할 철도를 건설하기 위해 Mexico Compania Constructora라는 인프라 건설 회사를 출범한다. 남미의 경제 번영기인 1950년대와 60년대를 거치면서 급격히 성장하였고, 1966년 첫 번째 드릴쉽(Drilship)을 생산할 만큼 기술력 또한 크게 발전하였다.

1970~80년대에 여러 위기에 봉착하기는 했지만 1994년 멕시코 시장에 상장할 만큼 꾸준한 성장을 이룩했고, 1999년에는 Asarco 인수, Souther Peru의 최대 주주로 등극하면서 세계 구리 매장량 2위, 생산량 5위의 글로벌 기업으로 발돋움하게 된다.

현재 미국, 멕시코, 페루, 스페인 등에 15개의 광구, 52개의 제련 시설 등을 운영하고 있으며, 철도에서는 멕시코 전역을 연결하는 10,570km의 철도 노선을 보유한 멕시코 1위 업체가 자회사로 있다. 상품별 매출액 비중은 구리 55%, 철도 21%이고, 지역별로는 멕시코 34%, 미국 25% 이다.

## Grupo Mexico S.A.B. de C.V. Class B

|  | 2015 | 2016 | 2017 | 2018 | 2019 |
|---|---|---|---|---|---|
| 매출액 | 129.880 | 152.789 | 185.023 | 201.898 | 216.384 |
| 영업이익 | 39.577 | 44.651 | 67.496 | 73.730 | 78.055 |
| 순이익 | 16.148 | 19.723 | 29.640 | 25.582 | 38.666 |
| 영업이익률 | 30.5% | 29.2% | 36.5% | 36.5% | 38.6% |
| 순이익률 | 12.4% | 12.9% | 16.0% | 12.7% | 19.1% |
| 매출액증가율 | 5.1% | 17.6% | 21.1% | 9.1% | 7.2% |
| 영업이익증가율 | -6.8% | 12.8% | 51.2% | 9.2% | 5.9% |
| PER | 17.8 | 21.6 | 16.6 | 12.3 | 11.1 |
| PBR | 1.7 | 2.0 | 2.1 | 1.3 | 1.8 |
| 부채비율 | 34.0% | 32.4% | 32.2% | 31.2% | 31.3% |

(MXN,십억, %)

자료: FactSet, 2019년 추정치, 2019년 4월 3일 기준

# FEMSA

Fomento Economico
Mexicano

FEMSA는 라틴 아메리카를 대표하는 음료 및 리테일 체인업체이다. 127년 전통의 멕시코 거대 기업그룹이다. 매출액 기준 멕시코 5대 그룹이며 핵심 사업은 음료사업이다. 세계 10개국에서 코카콜라 제품을 판매한다. 코카콜라 이외에도 유제품 판매를 주력으로 하는 자회사를 보유하고 있다.

리테일 체인업, 음료 유통업 사업뿐 아니라 주유소, 드럭스토어 체인도 보유하고 있다. 글로벌 맥주회사 하이네켄의 지분 14.8%를 보유한 2대 주주이기도 하며 맥주 관련 사업 영역을 더욱 확장하려는 움직임을 보이고 있다.

FEMSA는 1890년에 설립된 맥주회사 Fabrica de Hielo y Cerveza Cuauhtemoc으로부터 시작되었다. 처음으로 출시한 맥주 Carta Blanca는 지금도 멕시코의 대표 맥주로 사랑받고 있다. 1930년대까지는 멕시코를 대표하는 맥주회사로 꾸준한 성장을 해왔고 1980년대까지는 경쟁업체 인수, 신제품 출시 등으로 급속한 외형성장을 이루었다. 이 과정에서 대표 편의점 체인 OXXO를 1978년에 설립한다. FEMSA 는 1990년대에 큰 변화를 맞이하는데, 코카콜라와의 파트너십으로 출범한 Coca Cola FEMSA가 그것이다. 주력이었던 맥주 사업보다 더 큰 시장인 일반 음료 시장에 진입하게 되고 이를 발판으로 라틴 아메리카 최대의 음료 회사로 성장하게 된다.

이후 Coca-Cola FEMSA에서 맡고 있는 음료 사업에 주력하였지만, 2015년부터는 다시 음료 사업부가 전체 매출액에서 차지하는 비중이 50% 미만으로 떨어지게 되었다. 그럼에도 불구하고 170개에 이르는 코카콜라의 다양한 제품들로 인해 가장 안정적인 매출을 기록하고 있다.

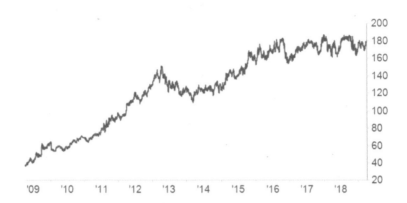

Fomento Economico Mexicano SAB de CV Units Cons. Of 1 ShsB And 4 Shs(MXN,십억, %)

| | 2015 | 2016 | 2017 | 2018 | 2019 |
|---|---|---|---|---|---|
| 매출액 | 311,589 | 399,507 | 460,456 | 469,744 | 522,623 |
| 영업이익 | 33,825 | 37,919 | 42,300 | 43,284 | 45,443 |
| 순이익 | 17,683 | 21,140 | 42,408 | 20,624 | 26,098 |
| 영업이익률 | 10.9% | 9.5% | 9.2% | 9.2% | 9.0% |
| 순이익률 | 5.7% | 5.3% | 9.2% | 4.4% | 5.2% |
| 매출액증가율 | 18.3% | 28.2% | 15.3% | 2.0% | 11.3% |
| 영업이익증가율 | 12.4% | 12.1% | 11.6% | 2.3% | 5.0% |
| PER | 32.7 | 26.7 | 15.6 | 25.2 | 24.8 |
| PBR | 3.2 | 2.7 | 2.6 | 1.8 | 2.2 |
| 부채비율 | 22.4% | 25.5% | 22.3% | 21.1% | 19.9% |

자료: FactSet, 2019년 추정치, 2019년 4월 3일 기준

**Mexichem.**

_____

Mexichem

Mexichem은 세계적 석유화학제품 생산업체로 시장 점유율 20%에 달한다. 전세계 140개의 생산 공장이 있으며 41개국에서 영업활동을 하고 있다. 대표 생산 제품으로는 일상생활에서 자주 쓰이는 자동차 부품, 건축 자재, 섬유 제품 등이다.

최근에는 사업 다각화를 통한 외형 성장을 도모하고 있다. 실제로 Mexichem의 핵심 사업은 석유 화학과는 동떨어진 파이프 인프라 사업이다. 인프라 사업이 전체 매출의 50% 이상을 창출하고 있으며 인수합병을 통해 보유하게 된 자회사들을 통해 냉난방 배관, 상하수도 설치, 통신 및 케이블 배관, 농업 관개 시설 등의 비즈니스를 영위한다.

Mexichem은 1953년 멕시코에서 고탄소강 와이어를 생산하기 위해 미국과 멕시코가 설립한 합자회사 Cables Mexicanos S.A가 시초이다. 규모가 확장되자 사명을 Grupo Industrial Camesa로 변경하고

1978년 멕시코 증시에 상장된다.

회사는 크게 세 가지 부문의 사업으로 운영된다. 가장 큰 매출은 언급했듯이 fluent business에서 발생한다. Mexichem의 자회사들은 냉난방 시스템부터, 전력 시스템, 교통 및 원유 업체의 인프라 솔루션, 농업 시스템, 통신 네트워크 등 '관'을 통해 흘러가는 모든 비즈니스에 대한 솔루션을 제공한다.

그 다음을 차지하는 사업은 본업인 석유화학제품 생산으로 PVC 제품, 접착제, 폴리머, 섬유 제품부터 헬스케어 원료, 가구 및 주방 용품까지 다양한 제품을 생산하고 있다. 매출액은 꾸준히 성장하고 있지만, 주력 사업인 fluent business에 비하면 성장성은 다소 낮은 편으로 전체 매출액 대비 비중이 31%까지 축소되었다.

마지막으로는 전체 매출의 11% 정도를 차지하는 불소응용 사업부(fluorine business)이다. Zephex 브랜드를 통해 정량흡입기(metered dose inhaler) 시장에서 80%에 육박하는 점유율을 보인다.

— Mexichem SAB de CV

| Mexichem SAB de CV | | | | | (MXN,십억, %) |
| --- | --- | --- | --- | --- | --- |
| | 2015 | 2016 | 2017 | 2018 | 2019 |
| 매출액 | 90.648 | 99.893 | 110.191 | 138.469 | 138.900 |
| 영업이익 | 7.748 | 10.564 | 13.791 | 37.262 | 17.690 |
| 순이익 | 2.940 | 6.114 | 6.380 | 6.387 | 8.285 |
| 영업이익률 | 8.5% | 10.6% | 12.5% | 26.9% | 12.8% |
| 순이익률 | 3.2% | 6.1% | 5.8% | 4.6% | 6.0% |
| 매출액증가율 | 22.7% | 10.2% | 10.3% | 25.7% | 0.3% |
| 영업이익증가율 | 57.7% | 36.4% | 30.5% | 170.2% | -52.5% |
| PER | 34.6 | 19.4 | 28.6 | 15.7 | 12.6 |
| PBR | 1.6 | 1.8 | 1.9 | - | 2.3 |
| 부채비율 | 36.1% | 36.4% | 41.3% | 35.5% | 35.2% |

자료: FactSet, 2019년 추정치, 2019년 4월 3일 기준

BRAZIL
과거의 영화
그리고 다양성

지진을 겪은 멕시코를 떠나 브라질로 향했다. 고통의 현장을 떠나왔다는 사실에 마음이 편치 않았다. 지진으로 상처받은 사람들이 안정을 찾을 수 있도록 기도했다. 그리고 상파울루까지 10시간 비행길에 올랐다. 잠이 오지 않았다. 문득 브라질 투자세미나에서 애널리스트가 보여주었던 발표 화면이 떠올랐다.

"브라질 하면 어떤 이미지가 떠오르시나요?"

그는 슬라이드 화면을 보여주며 질문을 했다. 화면에는 세 개의 그림이 있었다. 축구선수 펠레의 사진, 리우 카니발에서 삼바 춤을 추는 무희의 사진, 그리고 영화 <정사>의 포스터 한 장이 보였다.

우리가 브라질에 대해 알고 있는 것은 축구와 삼바 정도이다. 너무 먼 미지의 곳. 그래서 영화 <정사>에서 여자주인공은 브라질로 떠나며 '거기는 시간이 천천히 흐를 거 같아요'라고 말한다. 그녀에게 브라질은 지구 정반대 편에 있는, 현실과는 반대인 도피처인 것이다. 그도 그럴 것이 브라질까지는 너무 오래 걸린다. 직항으로는 갈 수 없다. 보통 로스앤젤레스를 경유하는데 한국에서 LA까지는 12시간이 걸리고 LA에서 상파울루까지 또 12시간이 넘게 걸린다.

브라질이라는 이름은 불타는 숯처럼 붉은 나무라는 뜻의 '파우 브라질(pau-brasil)'에서 유래했는데, 붉은색 염료를 만들 때 쓰이는 나무를 칭하는 말이라고 한다. 유럽에 이 나무를 수출하면서 브라질의 땅(Terra do Brasil)이라고 불리게 된 것이다. 시내로 향하면서 걱정스러웠다. 사실 출발 전 숙소를 도심의 4성급 호텔로 예약을 했었다. 세계적인 호텔에다가 도심에 있으니 안전할 것이라 생각했다. 그런데 현지 직원에게 호텔 위치를 이야기하자 단호한 목소리가 들려왔다.

"거긴 너무 위험해요."

자세한 설명 없이 위험하니 숙소를 옮기라는 것이었다. 우리나라로 치면 종로나 명동 정도의 도심인데 위험하다니. 결국 도심에서 떨어진 이비라뿌에라 공원 근처 호텔로 바꾸었다.

호텔에 도착하니 토요일 오후였다. 운동복으로 갈아입고 이비라뿌에라 공원으로 향했다. 조깅을 하면서 보니 규모도 크고 사람도 많았다. 조깅하는 사람, 반려견과 산책하는 사람, 여럿이 게임을 즐기는 사람들 등 다양한 인종들이 섞여 시간을 보내고 있었다. 아직 도심 한복판으로 가지는 않았으나 치안이 불안하기는 커녕 평온한 느낌이 들었다. 박물관이 보였다. 호기심에 발걸음을 박물관으로 돌리는데 자전거를 타고 가는 아가씨와 눈이 마주쳤다. 그녀는 미소를 지으며 천천히 다가왔다. 하얀 원피스의 금발 아가씨는 내 앞에서 자전거를 멈추었다. 그리고 바구니에 담긴 꽃다발을 꺼내 건네주었다. 순간 심장이 두근거렸다. 포르투갈어를 못하다고 말을 건네려는 순간 그녀는 자전거 페달을 밟으며 지나갔다. 난 그녀의 뒷모습을 멍하니 보고 있었다. 그녀는 종종 자전거를 멈추고 사람들에게 꽃을 전해주었다. 주변을 둘러보니 하얀 원피스를 입은 아가씨들이 몇 명 더 있었다. 꽃집 아가씨였던 것이었다.

아쉬움을 뒤로하고 아프리카 박물관 Museu Afrobrasil으로 향했다. 박물관을 들어선 이후 조금 전의 상쾌함은 숙연함으로 바뀌었다. 브라질에는 아프리카에서 이주한 흑인들이 많은데, 유독 체격이 작은 흑인이 많다. 이유인즉, 키가 큰 흑인들은 목화를 따기 위해 미국으로 팔려나갔고, 키가 작은 흑인들은 사탕수수를 베기 위해서 브라질로 팔려왔다고 한다. 브라질에서는 광맥이 발견되었을 때 굴 높이를 150㎝ 정도로만 뚫었다고 한다. 굴의 높이를 높게 하면 그만큼 더 크게 파야 하기 때문이다. 브라질에서 키 작은 흑인을 선호한 이유다. 심지어 키가 큰 흑인 노예들은 아예 죽여 버렸다고 한다. 그래서 키 작은 흑인들만 살아남게 된 것이다.

통계상으로는 브라질 흑인 비중은 7.6%에 불과하다. 그런데 체감 비중은 이보다 높다. 그 이유를 생각하다가 브라질은 인종 구분이라는 것이 의미가 없다는 결론에 도달했다. 미국에서는 흑인의 피가 한 방울만 섞여도 흑인으로 간주한다. 하지만 브라질은 다르다. 흑인과 백인, 흑인과 원주민, 백인과 원주민들이 결혼해서 아이를 낳으면 혼혈로 분류

한다. 그리고 이런 혼혈의 과정이 수없이 반복되어 지금은 겉모습으로만 흑인과 혼혈, 그리고 백인으로 구분한다. 공식적인 인종 구성은 백인47.8%, 혼혈 43.1%, 흑인 7.6%, 아시아계 1.1%, 아메리카원주민 0.4% 이다.

박물관을 둘러보다 나는 어떤 사진 앞에서 멍하니 서있었다. 노예선이었다. 빈 공간 하나 없는 배 안에서 흑인들이 짐짝처럼 손발이 묶여있었다. 겨우 한 사람이 서있을 만한 공간에 구겨 넣어진 흑인들의 모습은 참담했다. 그전까지는 노예선의 존재도 잘 몰랐을뿐더러 막연히 좁은 선실에 많은 인원이 실려왔을 것이라 생각했었다. 하지만 실상은 그 이상이었다. 인간은 어디까지 잔혹해질 수 있는 것일까. 긴 항해 기간 동안 저 상태로 이곳까지 온 것일까.

다음날 처음 예약을 했던 호텔 앞을 지나가게 되었다. 그제서야 왜 호텔을 옮기라고 했는지 이해가 되었다. 주변에 너무 노숙자가 많았고 치안이 불안해 보였다. 성당 안에서도 노숙자들이 구걸을 했다. 일부는 아예 텐트를 치고 드러누워 있다. 경찰과 노숙자가, 고층건물이 어우러져 있었다. 그런데 지저분하고 치안이 불안하다는 생각이 시간이 지나자 조금 바뀌기 시작했다. 그들도 갈 곳이 없으니 거기에 있는 것일 테지. 건물주들도 내쫓지는 않는 것 같았다. 이것이 브라질 식의 관용인가. 잘 사는 나라를 만들겠다고, 올림픽을 한다며 노숙자와 철거민들을 폭력으로 쫓아낸 우리의 모습이 떠올랐다. 사회적 약자에 대한 배려란 어떤 것일까.

브라질 주식시장

브라질 주식시장의 시가총액은 2019년 3월 말 기준 약 9,200억 달러로 세계 14위 규모이다. 비슷한 규모를 보이는 시장으로는 스웨덴, 스페인, 이탈리아, 러시아 등이 있다. 중남미 시장에서 시가총액 1위를 차지하는 브라질의 산업별 비중은 금융 31.8%, 필수소비재 15.5%, 원자재 15.3%, 유틸리티 10.0%, 경기소비재 8.2%, 에너지 7.4%, 산업재 6.2%, 통신 3.0%, IT 1.4%, 헬스케어 1.1%의 모습을 보이고 있다.

시가총액 상위 주요기업으로는 Ambev(필수소비재), Vale(원자재), Itau Unibanco(금융), Banco Santander Brasil(금융), Petroleo Brasileiro(에너지), Banco Bradesco(금융), Banco do Brasil(금융), Telefonica Brasil(통신), Suzano Papel e Celulose(원자재), BB Seguridade(금융)등으로 금융과 원자재 산업의 비중이 높은 모습을 보이고 있다.

브라질에 어떻게 투자하면 될까?

우리나라에서 브라질 투자는 ①펀드, ②증권사 해외전용계좌 개설을 통해 브라질 주식을 거래할 수 있다. 다만 국내증권사에서 해외증권계좌를 개설시 브라질 주식을 거래할 수 있는 증권사는 드물다. 거래가 가능한 증권사도 온라인거래 서비스는 제공하지 않고 창구를 방문하여야 거래가 가능한 불편함은 있다.

① 펀드

2007년 국내에서 브릭스 열풍이 불어 국내에서 브라질에 투자하는 펀드는 상대적으로 많다. 운용사중 미래에셋, KB, 한화, 신한BNP 등이 설정액 100억 원 이상의 브라질투자펀드를 운용중이다. 소액펀드와 투자지역이 중남미인 펀드까지 고려하면 10개 이상의 운용사에서 해당 펀드를 설정하여 운용중에 있다.

② 해외전용계좌 개설을 통한 ETF

브라질 주식을 적극적으로 매매할 수 있는 방법은 미국 등 해외에 상장된 ETF를 매매하는 것이다. 미국에 상장된 ETF가 거래하기 가장 편리하다. 미국에 상장된 브라질 ETF는 2배와 3배 레버리지 상품, 그리고 2배 인버스 상품도 있다. 또한 중소형주 ETF도 상장되어 있다. 유동성 면에서는 iShares MSCI Brazil ETF가 거래량이 가장 풍부하고, 다음으로 3배 레버리지 상품인 Direxion Daily Brazil Bull 3X ETF가 활발히 거래되고 있다.

③ 해외전용계좌 개설을 통한 개별주식 거래

주식투자는 브라질에 상장된 주식에 직접 투자로 가능하다. 국내증권사에서 브라질 주식 거래 서비스를 제공하는 곳은 적다. 중남미 국가의 거래도 향후 늘어날 것으로 예상된다. 브라질 주식은 미국 시장에 DR이 많이 상장되어 있다. 그래서 투자하는 데 불편함이 없다. 거래의 편의성상 본토 상장주식보다 DR를 선호하는 경우도 많다. 브라질 주식 중 Vale, Tecnisa, Suzano 등 30개 이상의 기업이 DR을 발행하고 있다.

# ambev

Ambev

Ambev는 세계 최대 맥주회사인 Anheuser-Busch InBev의 자회사이
다. 미대륙 18개국에 수출하는 라틴 아메리카 1위의 맥주 제조업체이
다. 맥주 판매량만을 기준으로 세계 4위에 올라있다. 브라질 내에서는
시장점유율 70%로 질대적인 1위이며, 유명한 맥주 브랜드 수만 해도
30개에 달한다.

편의점에서도 쉽게 볼 수 있는 Stella Artois, Budweiser, SKOL,
Barhma 등 다수의 맥주 브랜드를 보유하고 있다. PepsiCo와의 독점
계약을 통해 남미에서 PepsiCo의 제품을 판매하는데, 미국을 제외하
면 세계 최대의 펩시 제품 공급업체일 정도로 막대한 판매량을 자랑한
다.

1853년에 설립된 브라질 최초의 양조장인 Bohemia가 이후 끊임없는
인수합병을 통해 성장하게 된다. 2004년 AmBev(세계 5위)는 벨기에 회

사인 Interbrew(세계 3위)와 합병하여 InBev(세계 2위)를 설립하였다. 이후 InBev는 2016년 미국 맥주업체 Anheuser-Busch와 합병하여 세계 최대 맥주업체 Anheuser-Busch InBev로 재탄생했다. 거대 회사가 출현하는 과정에서 각 지역의 반독점 이슈를 피하기 위해, 새로운 사업체 설립이 필요했고, 이를 위해 Ambev SA는 현재 Anheuser-Busch InBev SA의 손자회사로서 남미에서 활동 중이다.

현재 66개의 맥주 및 음료 생산시설을 보유하고 있으며, 31곳이 브라질에 위치해 있다. 20개는 그 외 남미 지역, 10개는 캐나다, 8곳은 중앙아메리카 지역일 정도로 미주 전역에서 활동하고 있다. 작년 초, 브라질 시장 3위의 Heineken이 4위 Kirin의 브라질 법인을 인수하면서 시장 점유율 20%대로 급성장하며 브라질 맥주 시장은 빠르게 3강 체제로 재편되었다. 3위는 페트로폴리스로 10% 정도의 시장 점유율을 보유하고 있다.

Ambev는 16%에 이르는 가격 인상을 단행하였다. 치열해진 경쟁, 브라질 내 맥주 판매량의 감소, 원자재 가격 상승 등이 이유였다. 가격 인상은 단기적으로 판매량에 영향이 있었다. 그러나 후발주자도 가격 인상에 동참하면서 맥주 판매의 이익률도 회복할 것이라는 의견이 많다.

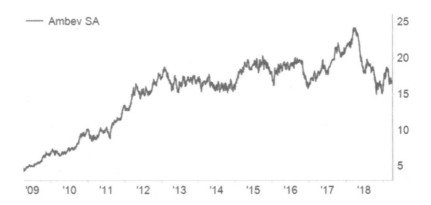

Ambev SA

| Ambev SA | | | | | (BRL,십억, %) |
|---|---|---|---|---|---|
| | 2015 | 2016 | 2017 | 2018 | 2019 |
| 매출액 | 46.720 | 45.603 | 47.899 | 50.231 | 53.293 |
| 영업이익 | 17.088 | 14.615 | 15.430 | 16.267 | 17.870 |
| 순이익 | 12.424 | 12.547 | 7.332 | 11.025 | 12.439 |
| 영업이익률 | 36.6% | 32.0% | 32.2% | 32.4% | 35.6% |
| 순이익률 | 26.6% | 27.5% | 15.3% | 21.9% | 24.8% |
| 매출액증가율 | 22.7% | -2.4% | 5.0% | 4.9% | 6.1% |
| 영업이익증가율 | 19.9% | -14.5% | 5.6% | 5.4% | 9.9% |
| PER | 22.6 | 20.5 | 45.3 | 21.9 | 21.8 |
| PBR | 5.8 | 5.7 | 7.3 | 4.3 | 4.7 |
| 부채비율 | 4.0% | 6.3% | 2.9% | 2.5% | - |

자료: FactSet, 2019년 추정치, 2019년 4월 3일 기준

Gerdau

Gerdau는 남미를 대표하는 글로벌 철강업체로 봉형강류(long steel)와 특수강(special steel)이 메인 제품이다. 현재 미국, 캐나다, 브라질, 인도, 멕시코 등 세계 14개국에 생산시설을 보유하고 있다. 임직원 수가 4만명 이상이며, 연간 생산량 2,500만 톤으로 생산량 기준 세계 14위의 철강회사이다.

1869년 독일 이민자 Joao Gerdau가 설립한 무역 회사가 기원이다. 무역 사업 이후 신규 비즈니스를 찾던 Gerdau는 1901년 Pontas de Paris Nail Factory를 인수하며 철강사업에 뛰어든다. 이후 사업을 성공으로 이끌면서 1947년 IPO를 진행하게 된다.

외형 성장으로 브라질 철강업체의 리더로 자리잡게 되었지만 사업처 다각화의 필요성이 대두되었고, 1970년부터는 세계 시장 진출을 추진하게 된다. 1980년부터 세계화의 성과가 나타나며 미국 시장 진출을 위해 우루과이 철강업체를 인수하였다. 이후부터 적극적으로 해외기업 인수를 시작하였고. 1989년 캐나다의 Courtice Steel 인수하며 정점을 찍었다. 이때부터 북미시장에 의미있는 매출을 확보하게 된다.

2009년부터는 브라질 Minas Gerias 에서 철광석 생산에 착수하였다. 2013년 자체 기술로 첫 평강제품(flat steel) 생산에 성공하였고, 다양한 영역에서 기술적 발전을 이뤄냈다. 아메리카 지역에서 손꼽히는 봉형 강류(Long Steel) 생산기업이며 세계 특수강 시장에서 주목 받는 업체이다. 이외에도 농업, 인프라, 자동차, 산업 및 건설용, 에너지 등 다양한 산업에서 사용되는 철강 제품을 생산하고 있다.

사업 모델은 경쟁업체들과 유사한 지역밀착형 모델이다. 인근 지역에서 원재료의 구입과 제품 판매가 모두 이루어진다. 지역별 매출은 북미 (50%), 남미(45%) 등 으로 아메리카 대륙 내 의존도가 높다.

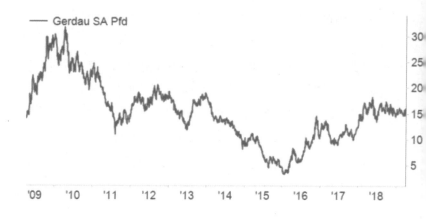

| Gerdau SA Pfd | | | | | (BRL,십억, %) |
| --- | --- | --- | --- | --- | --- |
| | 2015 | 2016 | 2017 | 2018 | 2019 |
| 매출액 | 43.581 | 37.652 | 36.918 | 46.159 | 45.201 |
| 영업이익 | 1.708 | 1.225 | 2.879 | 4.487 | 4.497 |
| 순이익 | -4.551 | -2.891 | -0.359 | 2.304 | 2.538 |
| 영업이익률 | 3.9% | 3.3% | 7.8% | 9.7% | 9.7% |
| 순이익률 | -10.4% | -7.7% | -1.0% | 5.0% | 5.5% |
| 매출액증가율 | 2.4% | -13.6% | -1.9% | 25.0% | -2.1% |
| 영업이익증가율 | -29.2% | -28.3% | 135.1% | 55.8% | 0.2% |
| PER | - | - | - | 10.9 | 10.4 |
| PBR | 0.2 | 0.8 | 0.9 | 1.0 | 1.0 |
| 부채비율 | 37.8% | 37.7% | 32.8% | 29.1% | 30.5% |

자료: FactSet, 2019년 추정치, 2019년 4월 3일 기준

GOL Linhas
Aereas

GOL은 브라질 제1의 항공사이다. 2002년부터 브라질의 항공 섹터가 연평균 7% 성장하는 동안, GOL Airline은 저가항공을 표방하여 18%의 고속 성장을 통해 2017년 수송객 수 기준 브라질 최대 항공사로 자리 잡았다. 보유 비행기는 120대로, 브라질 국내선은 36%의 시장 점유율로 LATAM(35%)에 근소하게 앞서고 있다. 그 뒤로 3위의 Azul이 17%, 4위의 Avianca가 12%이다.

브라질 대기업 Grupo Aurea의 자회사이며 2001년 항공 사업을 시작했다. 10대의 비행기로 시작한 GOL은 첫 3년 동안 매년 2배에 가까운 성장세를 보였다. 2004년 아르헨티나 부에노스아이레스 노선을 시작으로 국제선 사업을 시작하였다. 이를 발판으로 미국과 브라질에서 동시 IPO를 성공적으로 완료하였다. 2007년 VARIG(VRG Linhas Aereas)를 인수하며 Gol과 Varig 두 개의 브랜드를 필두로 연간 2천만 명 이상을 수송한다.

이렇게 브라질 대표 항공사로 자리매김하며 TAP Portugal과 코드쉐어 협정(공동운항)을 체결하였고 브라질 최초로 유럽 시장 진입에 성공했다.

2011년엔 저가 항공사 WEBJET을 추가로 인수했고 Delta Air Line과 전략적 파트너십도 체결하게 된다. Delta Air Lines는 GOL Airline의 지분 12.3%를 보유한 2대 주주이다. 매출은 항공 사업이 메인이며 브라질 항공국(National Civil Aviation Agency, ANAC)에 따르면 2017년 12월 기준 국내선 36.2%(1위), 국제선 10.8%(3위)의 시장 점유율을 기록하고 있다. 항공 시장 세계 4위의 브라질을 대표하는 기업이다.

항공 사업 이외에도 자회사 Smiles가 로열티 관리를 담당하고 있다. Smiles는 브라질에서 점유율 52%로 대한항공, 델타항공, 에어프랑스 등 18개 글로벌 항공사들과 파트너십을 체결하고 성장하였다. 브라질의 주요 은행들과 제휴해 신용카드 사업에도 진출하였다. 또한 브라질 주요 기업들과의 제휴를 통해 통합 마일리지 플랫폼의 확대를 이루어 나가고 있다.

### GOL Linhas Aereas Inteligentes SA Pfd

| | 2015 | 2016 | 2017 | 2018 | 2019 |
|---|---|---|---|---|---|
| 매출액 | 9.778 | 9.867 | 10.329 | 11.411 | 12.825 |
| 영업이익 | -0.206 | 0.595 | 0.996 | 0.485 | 1.688 |
| 순이익 | -4.461 | 0.850 | 0.019 | -1.085 | 0.533 |
| 영업이익률 | -2.1% | 6.0% | 9.6% | 4.3% | 14.7% |
| 순이익률 | -45.6% | 8.6% | 0.2% | -9.5% | 4.6% |
| 매출액증가율 | -2.9% | 0.9% | 4.7% | 10.5% | 12.4% |
| 영업이익증가율 | -147.2% | -389.6% | 67.3% | -51.3% | 247.8% |
| PER | - | 1.9 | 271.6 | - | 16.0 |
| PBR | - | - | - | - | - |
| 부채비율 | 88.3% | 74.2% | 70.8% | 67.0% | 81.6% |

(BRL,십억, %)

자료: FactSet, 2019년 추정치, 2019년 4월 3일 기준

CHILE
9시에 시작하는
저녁식사

대지진을 겪은 멕시코와 브라질의 치안 때문에 마음을 졸여야 했던 일정이 끝났다. 이제 중남미 3개국 출장의 마지막 여정인 칠레 산티아고에 도착하였다. 산티아고의 첫인상은 '평온함' 그 자체였다. 무엇보다 도심 너머로 보이는 안데스 산맥의 모습이 마음을 편안하게 해주었다.

안데스 산맥은 웅장함은 내게 첫 산행의 기억을 떠오르게 해주었다. 산을 가면 기분이 좋아진다. 학창시절 여름이 되면 바다보다 산을 주로 갔다. 산다운 산을 처음 오르게 된 것은 대학교 1학년 여름방학이었다. 초등학교부터 고등학교까지 함께 다닌 종완이와 한 달간 전국 일주를 떠났다. 한계령 근처에서 하룻밤을 묵고 큰 등산용 배낭을 메고 설악산을 가기 위해 새벽녘에 나섰다.

"학생, 혹시 그 배낭을 메고 산에 올라가려고? 그런 배낭을 메고는 절대 못 올라가. 짐은 내 차에 두고 나중에 하산하면 찾아들 가게."

난생처음 등산을 해보는 우리들이었다. 역시 배낭이 없는데도 몇 걸음 못 가서 숨이 차기 시작했다. 30분도 채 안돼 심장이 터질 듯하고 다리가 후들후들 떨렸다. 다섯 시간 거리의 대청봉까지는 엄두가 나지 않았다. 처음 30분만 넘기면 괜찮을 거라는 아저씨의 말에 희망을 걸어봤다. 숨이 끊어질 것만 같던 고통도 신기하게 어느 순간 익숙해졌다. 잠시 그루터기에 앉아 쉬면서 땀을 식혔다.

"앞으로 삶은 이보다 더 힘들 거야. 그래도 참고 걸어가다 보면 정상이 보일 걸세. 포기하지 말고."

결국 우리는 대청봉까지 올랐다. 세상이 펼쳐져 보이는 그때의 감흥 때문인지 난 지금도 마음이 답답할 때면 대청봉을 찾는다. 정상이 가까워지면 먼저 공기가 바뀐다. 수풀의 모습이 달라지고 새로운 세계가 펼쳐진다. 인고의 시간 끝에 꿈꾸던 곳에 이르게 되는 인생처럼 말이다.

칠레는 와인으로도 유명하다. 칠레 와인은 자유무역협정(FTA)을 계기로 우리나라에 수입되었다. 칠레에서 와인이 생산된 것은 16세기다. 와인 생산을 위한 포도의 첫 수확은 1551년으로 기록되어 있다. 하지만 당시 칠레 와인은 품질이 좋지 못했다. 그래서 에스파냐에서 건너온 지주들은 프랑스에서 수입한 와인을 즐기곤 했다. 이런 칠레에 와인 산업의 발전을 가져오게 되는 사건이 19세기에 발생한다. 1863년경에 프랑스 남부 지방을 시작으로 포도 진드기가 발생한 것이다. 이로 인해 프랑스 전역의 포도 재배는 막대한 피해를 입는다. 피해는 전 유럽으로 확산되고 수많은 농가가 파산하고 실업자가 증가하게 된다. 그때 지중해성 기후를 가진, 포도 재배에 완벽한 토양과 일조량을 갖고 있는 칠레가 부상한다. 결국 프랑스의 와인 농가들은 칠레로 이주를 하였고 오늘날 칠레는 전세계 5위의 와인 수출국이 되었다.

투자자 입장에서 칠레의 와인 기업은 특별하다. 전세계에 주류 회사 중 맥주나 위스키 회사들은 상장사들이 많다. 하지만 와인 기업들은 대부분 기업공개를 하지 않고 비상장 기업으로 운영을 한다. 그런데 유명한 상장회사가 하나있다. 몬테스 알파, 1865 등의 와인으로 유명한 산페드로 Vina San Pedro 이다. 1865는 회사의 설립연도이기도 하지만 골프에서 18홀 65타를 기원한다는 의미로도 통한다. '디아블로'라는 와인으로 유명한 상장 회사인 콘차이또로 Concha y Toro 도 있다.

콘차이또로 와이너리는 산티아고에서 한시간 정도 거리에 위치해 있어 기업탐방을 갈 수 있었다. 와이너리로 가는 길에 회사의 IR담당자 클라우디아 Claudia Cavada Sossa 가 동승하여 회사 소개를 해주었다.

"콘차이또로는 중남미지역에서 가장 큰 와인 기업입니다. 와이너리는 칠레 전역에 위치해 있고, 전체 면적은 8,720 헥타르에 달합니다. 1883년에 회사를 설립하여 135년 역사를 가지고 있습니다. 1923년부터 산티아고 증권거래소에서 거래되었습니다."

그녀는 한시간 내내 단 한마디도 쉬지 않고 회사에 대해서, 그리고 와인의 역사와 품종에 대해 설명해주었다.

"저희 와이너리의 주요 품종으로는 화이트 와인으로는 샤로도네 Chardonnay, 쇼비뇽 블랑 Sauvignon Blanc 등이 있고, 레드와인으로는 카베르네 쇼비뇽 Cabernet Sauvignon, 메를로 Merlot등이 있고……"

그녀의 열정적인 설명에도 불어로 된 와인 품종이 나오자 졸리기 시작했다. 중남미 출장 기간 동안 스페인어만 듣다가 이제는 프랑스어까지 나오니, 지금 듣고 있는 말이 무슨 나라 말인지 구분이 안갔다. 와이너리에 도착해선 그곳에서 생산된 와인을 곁들인 점심을 간단히 먹은 후 와이너리 탐방을 했다.

와인 저장소에 들어갔더니 갑자기 출입구 문이 닫혔다. 그리고 불이 꺼진다. 안 그래도 서늘한 와인 저장소에서 사방이 어두우니 무서웠다. 그런데 갑자기 디아블로 와인의 유래에 대한 그림 극이 나온다. 까시에로 델 디아블로 Casillero del Diablo, 와인 저장소의 악마라는 뜻이란다. 그 유래가 흥미롭다. 이 와이너리에서 일하는 일꾼들이 밤마다 와인저장소로 잠입하여 몰래 와인을 훔쳐먹는 일이 자주 발생했다고 한다. 어떻게 하면 이런 일을 방지할 수 있을까 고민하던 설립자 멜초르 Melchor Concha y Toro 가 밤에 몰래 와인 저장고에서 숨어 기다리다 도둑이 들면 악마 흉내를 내서 도둑을 쫓았다. 그래서 악마가 나오는 와인 저장고라는 이름이 붙었다. 이것이 와인 이름의 유래이다. 이후 포도밭을 보고 나서 회사의 재무 상태에 대한 이야기를 나눈 후 산티아고 시내로 돌아왔다.

산티아고에서의 마지막이자 출장 일정의 마지막 밤을 보내기 위해 현지 직원인 호세 Jose Correa 에게 식당을 물어봤다. 그는 한참을 고민하더니 옆에 있던 소비재 애널리스트인 안드레스 Andres Urzia 에게 도움을 청했다.

"Boca Nariz 에 가보세요. 숙소에서 걸어갈 수 있고, 주변에 박물관, 식당들이 많은 Lastarria 지역에 있어서 볼거리도 많을 겁니다. 그런데 밤 9시 넘어서 가야 될 거예요."

"9시라구요?"

"네. 보통 좋은 식당들은 8시 넘어 오픈을 합니다."

9시면 우리는 보통 식사를 마치고 집에 갈 시간이다. 안드레스의 조언대로 늦은 시간에 저녁식사를 하러 갔다. 칠레 와인과 함께 식사를 하고 자정쯤 식당을 나왔다. 식당과 노천 카페에는 여전히 사람들이 가득했다. 술에 취한 취객이 아닌 평범해 보이는 백발의 노부부와 청춘 남녀들이 모여있었다. 칠레에선 언제 잠을 자야 하는 걸까.

## 칠레 주식시장

칠레 주식시장의 시가총액은 2019년 3월 말 기준 약 2,600억 달러로 세계 29위 정도다. 비슷한 규모를 보이는 시장으로는 핀란드, 필리핀 등이 있다. 중남미 시장에서 시가총액 3위를 차지하는 칠레의 산업별 비중은 금융 31.6%, 유틸리티 16.9%, 산업재 12.1%, 경기소비재 9.5%, 필수소비재 9.4%, 원자재 9.3%, 에너지 7.1%, 통신 2.1%, 헬스케어 1.5%, IT 0.6%의 모습을 보이고 있다.

시가총액 상위 주요기업으로는 S.A.C.I. Falabella(경기소비재), Empresas Copec(에너지), Banco de Chile(금융), Banco Santander-Chile(금융), Enel Americas(유틸리티), CMPC(원자재), Banco Bci(금융), AntarChile(산업재), Cencosud(필수소비재), LATAM Airlines(산업재)등으로 금융과 소비재 산업의 비중이 높은 모습을 보이고 있다.

## 칠레에 어떻게 투자하면 될까?

우리나라에서 투자할 수 있는 방법은 ①펀드, ②증권사 해외전용계좌 개설을 통해 칠레 주식(ETF)을 거래할 수 있다. 다만 국내증권사에서 칠레주식을 거래할 수 있는 곳은 아직 없다. 따라서 칠레 주식거래는 대부분 ETF나 DR를 통한 거래만이 가능하다.

① 펀드
국내에서 가입 가능한 칠레에만 투자 펀드는 현재 없고 대부분 중남미

펀드에 칠레 비중을 포함하고 있다. 중남미펀드 운용사중 미래에셋, 신한BNPP, 슈로더, 한화, KB 등이 100억 원이 넘는 설정액을 보유하고 있다. 대부분 2007년경 설정되어 10년이 넘는 운용기간을 보유하고 있지만 운용규모가 1,000억 원이 넘는 곳은 아직 없다.

② 해외전용계좌 개설을 통한 ETF
칠레 주식을 보다 적극적으로 매매할 수 있는 방법이 미국에 상장된 ETF를 매매하는 방법이다. 미국에 상장된 ETF로 iShares MSCI Chile ETF가 있다.

③ 해외전용계좌 개설을 통한 개별주식 거래
국내증권사에서 칠레 주식의 거래중개 서비스를 아직은 제공하고 있지 않아 본격적인 현지 주식투자는 힘들다. 다만 세계 최대 리튬생산기업 Sociedad Química y Minera와 중남미 최대 와이너리인 Concha y Toro의 DR이 미국에 상장되어 거래중이다.

# FALABELLA
· · · ·

---

S.A.C.I.

Falabella

S.A.C.I. Falabella는 금융업 등 다양한 사업을 영위하는 그룹이다. 그 중 Falabella는 핵심 자회사로서 칠레의 대표적인 리테일 업체이다 그룹 전체 매출의 32%를 담당하고 있고, 남미에 110개가 넘는 매장을 보유한 백화점 체인이다. 브라질, 우루과이, 멕시코, 콜롬비아 등 라틴 아메리카 시장에서 온라인, 오프라인 리테일사업을 하고 있다.

Sodimac은 그룹 성장의 한 축을 담당하고 있으며 주택 관련 제품을 판매하고 있다. 라틴 전역에 260개 체인을 보유하고 있고 주택 관련 상품 판매뿐만 아니라, 유지 보수, 교육 등 서비스를 함께 제공하면서 그룹에서 가장 높은 매출 비중인 35%를 차지하고 있다. 칠레, 페루, 콜롬비아에서 시장 점유율 1위, 아르헨티나에서는 2위, 브라질 4위 등 모든 국가에서 확실한 경쟁력을 보여주고 있다.

이 외에 자회사로는 Tottus (130개 지점 슈퍼마켓 보유), CMR Falabella (카드 및 금융 서비스), Banco Falabella (은행), OpenPlaza, Mallplaza (쇼핑센터 운영회사) 등이 있다.

회사의 큰 특징은 가족중심 경영이다. 이탈리아 출신 이민자 Salvatore Falabella가 세운 칠레 최초의 대규모 재봉회사로부터 시작되었다. 이후 가족 경영체제가 유지되다가 1937년 손녀사위인 Alberto Solari가 합류하면서 현재의 Falabella 로 이름을 변경했다. 여성의류, 가전 제품 등 다수 제품을 판매하며 고속 성장을 이루게 된다. 이때부터 경영권도 Solari 가문으로 넘어가게 되었다.

2005년부터 2015년까지 주력 비즈니스의 온라인화와 남미 전 시장 진출에 성공하였다. 현재 칠레 시가총액 1위 기업, 남미 2위의 리테일 업체로 우뚝 섰다.

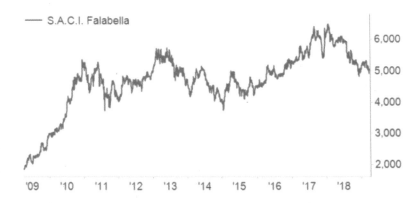

— S.A.C.I. Falabella

6,000
5,000
4,000
3,000
2,000

'09  '10  '11  '12  '13  '14  '15  '16  '17  '18

| S.A.C.I. Falabella | | | | | (CLP,십억, %) |
|---|---|---|---|---|---|
| | 2015 | 2016 | 2017 | 2018 | 2019 |
| 매출액 | 8,393 | 8,600 | 8,947 | 9,233 | 9,889 |
| 영업이익 | 875 | 889 | 935 | 880 | 1,020 |
| 순이익 | 520 | 609 | 510 | 478 | 570 |
| 영업이익률 | 10.4% | 10.3% | 10.5% | 9.5% | 11.0% |
| 순이익률 | 6.2% | 7.1% | 5.7% | 5.2% | 6.1% |
| 매출액증가율 | 10.8% | 2.5% | 4.0% | 3.2% | 7.1% |
| 영업이익증가율 | 7.9% | 1.6% | 5.2% | -5.9% | 15.8% |
| PER | 21.1 | 21.2 | 29.3 | 26.7 | 22.1 |
| PBR | 2.9 | 3.1 | 3.4 | 2.5 | 2.5 |
| 부채비율 | 31.6% | 30.8% | 30.0% | 26.8% | 31.2% |

자료: FactSet, 2019년 추정치, 2019년 4월 3일 기준

Empresas

Copec S.A.

Empresas Copec은 칠레 시총 2위 기업으로, 칠레 전역에 수 천 개의 주유소 체인을 갖춘 에너지 및 임업 회사다. 주요 사업분야로는 임업, 석유, 어업 등이 있다. 그 중 임업이 핵심인데 자회사인 Arauco가 해당 산업 군에서 세계에서 두 번째로 큰 회사이다.

라틴 아메리카에서 가장 큰 산림을 보유하고 있으며 펄프, 패널 등의 제품과 에너지를 생산하고 연료 배급 사업도 한다. 임업(65%), 연료 산업(30%), 기타(5%) 순으로 매출 비중이 나뉜다.

Arauco의 주요 사업은 라틴에서 제일 큰 산림 자산을 통한 임업, 액상 및 LPG 등의 개발 및 유통을 하는 연료산업, 어업과 탄광 등의 기타 산업으로 분류되고, 칠레, 콜롬비아, 페루에서 가장 큰 LPG 배급업체이다. 특히 판넬 및 목재 상품을 통한 매출이 50%로 가장 크며, 펄프가 47%, 산림이 2%를 차지한다. 지역별 매출 비중을 보면 아시아 36%,

북미 28%, 중남미 25%, 유럽이 7%이다.

Empresas Copec은 연료산업부분에 많은 자회사를 갖고 있다. 크게 정유 개발 및 유통을 관리하는 COPEC*, 액상 및 LPG 개발 및 유통을 관리하는 Abastible, 천연가스 개발 및 유통사인 Metrogas로 나뉜다.

3사 모두 자회사가 있으며 지난해 칠레 및 콜롬비아에서 50%를 넘는 시장 점유율을 기록했다. ExxonMobil이 영위하던 콜롬비아, 페루, 에콰도르 사업을 인수하며 공격적으로 사업을 확장해 가고 있다. 2010년도부터 Empresas Copec은 국제화를 슬로건으로 내걸었다. 16년도에 Mapco 회사를 인수하며 미국에도 진출하는 등, 적극적인 해외투자를 하고있다. 현재 전체 자산의 40% 비중을 해외에 두고 있다.

*1934년 칠레의 기업가들이 경제대공황 때 칠레 연료 수입 및 유통 안정화를 위해 Compania de Petroleos de Chile(COPEC)를 설립하였다.

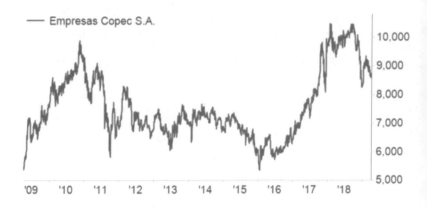

| Empresas Copec S.A. | | | | | (CLP,십억, %) |
|---|---|---|---|---|---|
| | 2015 | 2016 | 2017 | 2018 | 2019 |
| 매출액 | 11,894 | 11,293 | 13,208 | 15,390 | 15,764 |
| 영업이익 | 756 | 661 | 830 | 1,228 | 1,080 |
| 순이익 | 353 | 375 | 415 | 687 | 660 |
| 영업이익률 | 6.4% | 5.9% | 6.3% | 8.0% | 6.8% |
| 순이익률 | 3.0% | 3.3% | 3.1% | 4.5% | 4.2% |
| 매출액증가율 | -12.6% | -5.1% | 17.0% | 16.5% | 2.4% |
| 영업이익증가율 | 16.0% | -12.6% | 25.5% | 48.0% | -12.0% |
| PER | 22.4 | 22.3 | 30.4 | 15.7 | 17.3 |
| PBR | 1.2 | 1.3 | 2.0 | 1.5 | 1.5 |
| 부채비율 | 30.7% | 31.0% | 29.7% | 31.8% | 34.3% |

자료: FactSet, 2019년 추정치, 2019년 4월 3일 기준

Sociedad

Quimica y Minera

칠레 시가총액 3위 기업이며 세계 최대 리튬 생산으로 유명한 글로벌 기업이다. 전 세계 117개 국에 수출한다. 주로 칠레 북부에서 축출한 질산칼륨을 원자재 공정을 통해 주요 판매 상품을 만든다. 주력 사업은 유기비료 사업과 특수 화학 사업이 있다.

1800년대에 미국으로 이주한 후 탄광 및 제련 기술로 성공을 이룬 스위스 Guggenheim 가문이 1차 세계대전 이후 글로벌 탄광들을 매각한 자금으로 칠레에서 Maria Elena 질산염 회사를 창설했다. 이후 1968년 칠레 정부의 지분 매입과 타 회사들과의 합병으로 현재의 SQM이 되었다.

1970년 칠레에 사회주의 정부가 들어서면서 칠레 생산 진흥부(CONFO)에서 SQM의 지분 100%를 매입하며 국영화되었다. 1988년에는 민주화 기조가 흐르면서 다시 민영화 되었다. 1990년대의 민주화 및 개방경제정책 책정을 바탕으로 SQM은 ADR을 통해 국제 시장에 진출(1993)하였다. 그리고 1995년 두 번째 ADR을 통해 뉴욕증권거래소에 상장하게 되었다.

유기비료 사업과 특수화학 사업이라는 큰 틀 아래에서 제품군은 칼륨, 식물 영양소, 아이오딘, 리튬, 공업용 화학품 5가지로 나뉜다. 가장 큰 매출을 차지 하는 제품은 특수 영양소(36%), 리튬(34%), 아이오딘과 칼륨이 각 15% 순이다. 매출 지역별로는 유럽 40%, 아시아 20%, 미국 20%, 남미 지역 10%이다. 최근 아시아와 유럽쪽에서 눈에 띄는 성장세를 보이고 있다.

특수 영양소부문의 Allganic과 Speedfol은 식물의 뿌리 및 나뭇잎을 재료료 한 비료를 판매하고, Qrop과 Ultrasol의 경우에는 흙에 영양분이 되는 비료를 판매한다. Allganic과 Qrop은 특히 고급 제품을 주력으로 한다. 리튬 부문은 크게 탄산 리튬(Lithium Carbonate)과 수산화 리튬(Lithium Hydroxide)이 있다. 탄산 리튬은 주로 전기, 리튬 이온 배터리, 세라믹, 글래스와 같은 산업에서 사용되고, 수산화 리튬은 주로 윤활유와 착색제로 사용된다.

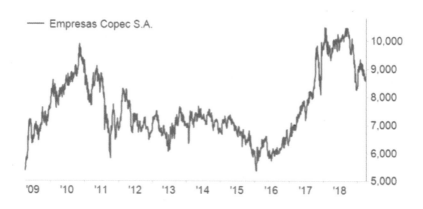

| Sociedad Quimica y Minera de Chile SA Pfd Series B | | | | (CLP,십억, %) | |
|---|---|---|---|---|---|
| | 2015 | 2016 | 2017 | 2018 | 2019 |
| 매출액 | 1,128 | 1,311 | 1,400 | 1,455 | 1,546 |
| 영업이익 | 276 | 323 | 404 | 413 | 451 |
| 순이익 | 140 | 188 | 278 | 282 | 309 |
| 영업이익률 | 24.5% | 24.7% | 28.8% | 28.4% | 30.4% |
| 순이익률 | 12.4% | 14.3% | 19.8% | 19.4% | 20.8% |
| 매출액증가율 | -1.9% | 16.2% | 6.7% | 3.9% | 6.3% |
| 영업이익증가율 | 10.8% | 17.0% | 24.8% | 2.5% | 9.1% |
| PER | 25.1 | 26.7 | 34.7 | 25.4 | 22.5 |
| PBR | 2.1 | 3.3 | 7.1 | 5.0 | 4.3 |
| 부채비율 | 36.4% | 30.2% | 28.3% | 30.7% | 32.6% |

자료: FactSet, 2019년 추정치, 2019년 4월 3일 기준

United States
짝사랑의
흔적

겨울 이불 속 같은 따스함이 느껴지는 순간이 있다. 그 아이의 무릎에 잠시 기대어 누웠다. 포근했다. 엄마 품같은 느낌이었다. 유년시절 대부분의 기억은 사라졌는데 그 순간만큼은 또렷하다. 재수생 시절, 초등학교 4학년 짝꿍이었던 그 아이를 만났다.

노량진 학원 앞 버스 정류장이었다. 다가가 인사를 건네자 그 아이는 웃으며 '야, 염재현!' 하더니 어제 만났던 사이처럼 대화를 이어갔다. 버스가 오자 '나 간다.'라는 한 마디를 남기고 강남역행 버스에 올랐다. 망설이다 나도 따라서 버스에 올랐다. 빈 자리가 많았는데 나는 두 칸 뒤에 앉아 아무 말도 건네지 못했다. 재수생이던 그해 나는 생애 첫 데이트 신청을 했다.

"계몽아트홀에서 <미녀와 야수> 개봉하는데 같이 보러 갈래?"
"야! 시시하게 더빙된 거 보러 가니?"

그리고 우리는 대학생이 되어 몇 번 더 만났다. 군입대 통지를 기다리며 스키장 패트롤로 일하던 겨울, 그 아이는 가끔 전화로 군대는 언제 가냐며 장난스레 말하곤 했다. 1월 중순 통지서가 날아왔다. 2월 9일 입대. 입대 전에 마지막으로 그 아이와 시간을 보내고 싶어 전화를 걸었다.

"내일 뭐하니?"
"왜?"
"그냥 저녁 같이 하고 싶어서."
"야! 하루 전에 전화해서 나랑 볼 수 있을 거라고 생각 했니?"
평상시처럼 장난기와 도도함이 섞인 목소리였다.
"그럼 언제 시간 괜찮니?"
"다음주 월요일 괜찮아."
"그래. 2월 6일에 보자."

"형, 지금 이렇게 입고 나가게? 오늘 그 누나랑 데이트한다며!"
외출 채비를 하는데 동생이 말렸다. 동생은 옷장을 뒤져가며 코디를 다시 해주었다. 약속시간에 늦을까 바삐 채비를 했다. 2월 6일이다. 드디어 그 아이를 만나러 간다. 현관 앞에서 신발을 신고 있는데 전화벨이 울렸다.
"형! 전화왔어."
"나 없다고 해."
"형, 그 누나 같은데"
동생은 수화기를 손으로 막은 채 조용히 말했다. 난 빠르게 전화기를 받아 들었다.

"여보세요?"

"야! 나 오늘 너랑 못 만날 거 같아."

"왜?"

"몸이 안 좋아."

힘없이 수화기를 내려놓았다. '나 내일 모레 입대해.'라고 말하고 싶었지만 내가 너무 처량해 보일 것 같았다. 이틀 후 대구 50사단 신병훈련소로 향했다. 군대에서는 보초근무를 서는 시간을 좋아했다. 보초를 서며 하늘의 구름을 바라보곤 했다. 군대 생활이 익숙해지자 월급으로 매달 카세트테이프를 두 개 샀다. 그리고 한 달에 한 번 그 아이의 학교로 보냈다. 그러면 내가 듣는 노래를 그 아이도 들을 수 있을 것이라 생각했다. 노래를 함께 공유할 수 있다는 상상만으로도 기뻤다. 발신인은 적지 않았다. 대신 보내는 앨범에서 내가 가장 좋아하는 곡명을 발신인 란에 적었다. 시간이 흐르면서 앞으로는 누군가를 순수하게 좋아할 수는 없을 것 같다는 생각이 들었다. 어떠한 계산도 없이 사랑을 할 수 있는 시간이 저무는 느낌이었다.

"여보세요?"

"어…… 나 염재현인데."

"야! 넌 어떻게 연락도 없이 군대를 갔니?"

황당하다는 웃음소리가 들렸다. 복학한지 며칠이 지난 9월 29일, 우리는 다시 만났다. 우연히도 3년전 그 아이를 만난 날이었다. 우리는 압구정 현대백화점 앞 카페 자메이카로 갔다. 그녀는 미국계 회사에 근무하고 있었다. 며칠 밤잠을 설친 만남, 아니 3년을 뒤척였던 만남이었다. 하지만 우리는 일상적인 이야기만 나누다 헤어졌다. 그것이 그녀의 얼굴을 본 마지막 날이었다. 3년 후 친구를 통해 소식을 전해들었다.

"재현아, 소식 모르는구나. 결혼해서 미국서 살고 있대. 네가 자기를 많이 좋아했다고 하던데."

내 마음이 전달된 것 하나면 충분했다. 우린 함께 공유한 것도 별로 없었고 그 아이는 내게 차가웠다. 그런데도 난 그 아이가 좋았다. 나의 첫사랑은 결국 그리워하다 발걸음을 돌리는 외사랑이었다. 그래서 나의 20대에는 그리움으로 차 있다. 시간을 되돌릴 수 있다면 입대 전 전화를 받던 날로 돌아가고 싶다. 그리고 삼익아파트 앞에서 밤늦도록 기다리다 말하고 싶다. '사실 나 너를 좋아해.'

2017년 이른 새벽. 뉴욕의 센트럴파크에서 조깅을 하고 있었다. 어느 순간 공원에서 길을 잃었다. 어떻게 되돌아 가지? 일단 벤치에 앉았다. 주변에 꽃이 만개해 있었다. 숨을 고르고 나니 새벽 공기가 마음을 평온하게 해주었다. 순간 그 아이가 떠올랐다. '미국 어디에 살고 있을까? 이 공원에는 와봤겠지?' 잠시 후, 아침 해가 떠오르고 조깅하는 사람들이 많아졌다. 산책 나온 사람들에게 길을 물어 가까스로 호텔로 돌아왔다.

뉴욕에서의 첫 일정은 뉴욕 증권거래소 객장 방문이었다. 해외 출장을 가면 난 꼭 그 나라의 증권거래소를 공식 방문한다. 그것이 그 나라의 금융시장에 대한 이해의 첫걸음이자 투자자로서 예의라고 생각했다.

글로벌 금융시장의 심장, 뉴욕증권거래소 (New York Stock Exchange: NTSE)의 객장안에 들어섰다. 브로커들에게 매매 체결에 대한 설명을 들었다. 사람이 일일이 주문을 받고 있었다.

다른 나라의 거래소는 모두 전산화가 되어 객장은 아주 고요하다. 우리나라 거래소도 마찬가지이다. 독일의 프랑크푸르트 증권거래소는 적막하다 못해 상황판의 숫자판이 움직이는 소리까지 들린다. 그런데 글로벌 금융시장의 심장인 뉴욕증권거래소에서 사람들이 일일이 주문을 받는 다니. 화려한 전광판 사이로 소리치는 사람들의 모습이 보였다. 뉴스에서의 그 모습 그대로이다. 뉴욕증권거래소는 종목 거래가 전산화되어 있지 않아 브로커들이 수기로 주문을 넣는다.

하지만 2020년까지는 모두 전산화시킬 예정이라고 한다. 앞으로는 사람들로 가득 찬 거래소를 못 보게 될 것이다. 최첨단을 달리는 미국에서 왜 미리 전산화를 안 한 것일까? 거래소 플로어를 이리 바쁘게 움직이는 신성한 노동의 현장을 조금이나마 더 보존하려 했던 것일까. 우리를 안내했던 브로커는 얼핏 보기도 칠순이 넘은 분 같았다. 헤어질 때 인사말도 'Good Bye' 가 아닌 'God bless you.' 였다.

2016년 쉑쉑버거 (Shake Shack)가 강남에 오픈했다. 더운 여름 많은 인파가 몰렸다. 수제버거 가게 하나 오픈하는데 미국 대사까지 오다니. 6개월 후 강남역 매장은 쉑쉑버거의 전 세계 120개 매장 중 매출 1위를 기록했다. 청담점도 매출 3위를 기록했다고 한다.

쉑쉑버거는 2004년 설립한 햄버거 체인으로 2015년 1월 뉴욕증권거래소에 상장되었다. 45.90달러로 시작한 주가는 그 해 5월 최고점인 92.86달러를 기록했다. 그 후 주가는 하락세에 접어든다. 우리나라에 진출한 2016년부터는 30달러 선에서 거래되었다. 이후 우리나라에서의 성공 덕분인지 주가는 60달러를 회복했다.

쉑쉑버거에 보낸 뜨거운 사랑과 비슷한 풍경을 본 적이 있다. 1988년 압구정동에 맥도날드가 국내 최초로 오픈했다. 그때도 햄버거 집은 있었다. 롯데리아가 있었고 패밀리라는 체인점도 있었다. 어머니 친구분이 패밀리라는 체인점을 하셔서 간혹 그곳에 들렀다. 1988년 맥도날드는 새로운 문화의 상징이었다. 1955년 시카고에서 창업한 맥도날드의 주가는 우리나라에 진출했던 1988년 5달러 수준이었다. 상승을 거듭하더니 2019년 3월 말 최고가인 189.9 달러를 기록하였다.

막연히 미국의 문화를 동경하는 외사랑이 미울 때도 있다. 하지만 미국 출장길에서 3대 수제버거인 쉑쉑버거, 파이브 가이즈, 인 앤 아웃을 모두 들르는 내 모습을 보며 피식 웃었다. 그래. 짝사랑이면 어떻고, 외사랑이면 어떠냐. 내 가슴이 뛰는 곳으로 향하자.

## 미국 주식시장

미국 주식시장의 시가총액은 2019년 3월 말 기준 약 30조 달러로 세계 1위이다. 전세계 시가총액의 약 40%를 차지하고 있다. 산업별 비중은 IT 23.8%, 금융 17.1%, 헬스케어 13.6%, 경기소비재 13.4%, 산업재 10.2%, 필수소비재 7.5%, 에너지 6.0%, 유틸리티 3.2%, 원자재 3.0%, 통신 2.1%의 모습을 보이고 있다.

시가총액 상위 주요기업으로는 Apple(IT), Amazon(경기소비재), Microsoft(IT), Facebook(IT), JPMorgan Chase(금융), Exxon Mobil(에너지), Alphabet(IT), Johnson & Johnson(헬스케어), Bank of America(금융), Wells Fargo (금융), Walmart(필수소비재), Berkshire Hathaway(금융), Chevron(에너지), Visa(IT), UnitedHealth(헬스케어), AT&T(통신), Intel (IT), Home Depot(경기소비재), Pfizer (헬스케어), Verizon Communications(통신) 등이 있다. IT 기업들이 시가총액 상위에 포진해 있으며 다른 산업의 기업들도 고르게 분포되어 있다.

## 미국에 어떻게 투자하면 될까?

우리나라에서 ①펀드, ②국내에 상장된 ETF, ③증권사 해외전용계좌 개설을 통해 미국 주식을 거래할 수 있다. 국내증권사에서 해외증권계좌를 개설하면 미국주식을 거래할수 있고 대부분 인터넷이나 핸드폰으로 온라인 거래가 가능하여 미국 주식을 거래하기는 매우 수월한 편이다.

① 펀드

국내에서 가입 가능한 미국 투자 펀드는 다른 지역에 비해 상대적으로 다양하다. 미국투자펀드를 보유한 운용사는 삼성, 미래에셋, KB, 한화, 하나UBS, 신한BNPP, 흥국, AB, 피델리티 등이 있다. 투자전략도 배당주, 헬스케어 산업, 중소형주 등 다양하다.

② 국내에 상장된 ETF

국내에서 투자할 수 있는 다른 방법은 한국거래소에 상장된 ETF에 투자하는 방법이다. 현재까지는 삼성KODEX, 미래에셋TIGER, 한화ARIRANG 등 이 있다. 다만 거래량 등 유동성 측면에서 해외에 상장된 ETF가 매매의 효율성면에서 낫다.

③ 해외전용계좌 개설을 통한 미국 ETF

미국 주식을 보다 적극적으로 매매할 수 있는 방법이 ETF를 매매하는 방법이다. 미국에 상장된 ETF 거래 편이성에서는 가장 용이하다, 미국 주식을 추종하는 ETF는 셀 수 없이 많다. 추종하는 지수도 다양하고, 산업별로도 다양한 ETF가 상장되어 있다. 일반 ETF 뿐만 아니라 상승에 베팅하는 3배 레버리지 상품도 있고 하락에 베팅하는 3배 인버스 상품도 있어 보다 다양한 전략을 수행할 수 있다.

④ 해외전용계좌 개설을 통한 개별주식 거래

본격적인 미국 주식투자는 미국에 상장된 주식에 직접 투자로 가능하다. 특히 국내증권사에서 미국 주식 거래는 온라인으로 가능하여 투자에는 무리가 없다. 기업들도 우리에게 익숙한 기업들이 많다.

Pepsico

펩시코는 만년 2등이자 100년 동안 코카콜라의 아류로 취급받던 콜라 회사였지만, 스낵, 스포츠 음료 등을 통한 공격적인 사업다각화를 통해 종합 식음료 기업으로 거듭났다. 현재는 펩시콜라를 비롯한 퀘이커 오츠, 게토레이, 프리토레이, 소비, 트로피카나 등의 브랜드를 가지고 있다.

노스캐롤라이나주 뉴베른의 약사였던 캘러브 D. 브래덤이 1898년 자신이 만든 음료에 자신의 이름을 딴 '브래드의 음료(Brad's Drink)'라는 이름을 붙여 팔면서 세상에 소개되었다. 하지만 판매 부진이 지속되면서 여러 번의 파산과 회사명 변경이라는 아픔을 겪게 된다.

1930년대 이후 현대 펩시콜라의 진정한 설립자라고 칭할 수 있는 찰스 거스를 만나면서 성공 가도를 달리게 된다. 작은 사탕 제조업체의 사장이었던 거스는 코카콜라에 대한 원한을 가지고 있었다. 코카콜라가 제공하는 시럽 제품에 대해 할인을 받고 싶어했지만, 매몰차게 거절 당하자 코카콜라를 이길 수 있는 제품을 개발하고자 했다. 결국 새롭 게 재구성된 펩시콜라를 내놓으며 빠른 성공을 거두었다. 1950년대를 거치면서 매출이 11배나 증가하자 본격적인 사업 다각화를 시도하기 시작한다. 1965년 프리토레이(Frito-Lay)와 합병, 1977년 피자헛(Pizza Hut), 1978년 타코벨(Taco Bell), 1986년 세븐업인터내셔널(Seven-Up International), 1986년 KFC 등을 인수하면서 종합 식음료 기업으로 성 장한다.

다만 1997년 이후 외식사업은 Yum! Brands로 분사시키고 비탄산음 료와 스낵에 집중하게 된다. 특히 웰빙 트렌드에 맞춰 탄산음료의 비중 을 줄이고 주스, 스포츠음료 등의 제품군을 조정하며 1998년 주스업체 트로피카나, 2001년 게토레이를 인수하는 등, 대대적인 M&A에 돌입 한다.

2005년 이후 마이너스 성장으로 돌변한 탄산음료 시장을 선제적으로 예언했다는 찬사를 받으면서, 2005년 12월에는 최대의 경쟁업체이자 코카콜라의 시총을 앞지르게 되면서 종합적인 식음료 기업으로 거듭나 게 된다. 2018년 5월 채식 전문업체 베어 식품 Bare Foods 을 인수하고, 8 월에는 이스라엘 탄산수 제조업체인 소다스트림 SodaStream 인수를 발 표하면서 웰빙 트렌드에 보다 적극적인 진출을 선언했다.

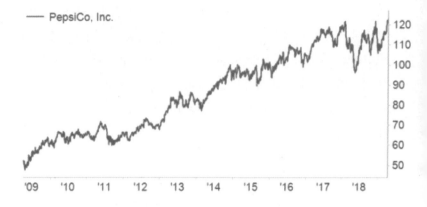

## PepsiCo, Inc.

| PepsiCo, Inc. | | | | | (USD,십억, %) |
|---|---|---|---|---|---|
| | 2015 | 2016 | 2017 | 2018 | 2019 |
| 매출액 | 63.053 | 62.801 | 63.525 | 64.660 | 66.291 |
| 영업이익 | 10.063 | 10.148 | 10.298 | 10.400 | 10.647 |
| 순이익 | 5.452 | 6.329 | 4.857 | 12.515 | 7.749 |
| 영업이익률 | 16.0% | 16.2% | 16.2% | 16.1% | 16.5% |
| 순이익률 | 8.6% | 10.1% | 7.6% | 19.4% | 12.0% |
| 매출액증가율 | -5.4% | -0.4% | 1.2% | 1.8% | 2.5% |
| 영업이익증가율 | -1.2% | 0.8% | 1.5% | 1.0% | 2.4% |
| PER | 27.4 | 24.0 | 35.5 | 12.6 | 22.0 |
| PBR | 12.1 | 13.3 | 15.4 | 10.7 | 12.6 |
| 부채비율 | 45.9% | 48.1% | 48.0% | 41.6% | 43.7% |

자료: FactSet, 2019년 추정치, 2019년 4월 3일 기준

**mastercard.**

Mastercard

마스터카드는 비자와 더불어 글로벌 결제시장을 대표하는 기업이다. 신용카드, 직불카드, 선불카드 등의 결제 서비스를 제공하고 있으며 25,000개 이상의 금융기관들에 의해 공동으로 운영되고 있다.

현재의 위상에 비하면 회사의 출발은 다소 늦은 편이었다. 1958년 경쟁 업체 Visa가 최초의 범용 신용카드를 출시한 이후, 8년이 지난 후에야 웰스파고(Wells Fargo)를 중심으로 캘리포니아의 대표 은행들이 이에 대응한 상품을 출시하기 위해 Interbank Card Association(ICA)라는 공동 법인을 설립한 것이 마스터카드의 시작이다.

이후 Marine Midland Bank(현 HSBC Bank USA)를 선두로 뉴욕의 몇몇 은행들이 추가로 동참해 Master Charge: The Interbank Card 라는 법인으로 성장하게 된다.

1979년에는 오늘날의 'MasterCard'로 사명을 변경하게 되고, 1980년
대는 중국 최초의 첫 번째 결제 기능을 가진 카드를 출시하였다. 90년
대에는 유로페이 인터네셔널과 제휴를 통해 최초의 글로벌 온라인 직
불카드 시스템인 마에스트로 Maestro 를 론칭하는 등, 글로벌 결제 네트
워크에서의 시장 확장에 주력했다.

2002년에는 그동안 전략적 동반자였던 유로페이 인터네셔널과의 통
합을 추진하며 본격적인 외형 확장기에 들어섰다. 2006년에는 급격히
증가된 외형에 걸맞게 사명을 기존 MasterCard International에서
MasterCard Worldwide로 변경하였다. 뉴욕증권거래소에서 IPO까
지 진행하게 된다.

2000년대 들어서는 결제 시장에서의 혁신 선두주자로 자리매김 한다.
2010년에는 전자상거래라는 새로운 먹거리를 공략하기 위해 영국의
DataCash라는 전자상거래 결제 전문업체를 인수한다. 결국 빠르고 간
단하고 높은 보안을 자랑하는 마스터패스 MasterPass 라는 신규 서비스
를 론칭한다. 2014년에는 애플과의 협업을 통해 새로운 형태의 디지털
결제 수단인 애플페이 Apple Pay 서비스를 선보인다. 이로써 어디서나
편안하고 안전한 방식으로 결제 서비스를 사용하게 하였고 모바일 결
제 시장에 새로운 변혁을 가져오게 된다.

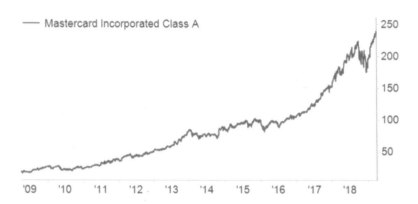

—— Mastercard Incorporated Class A

| Mastercard Incorporated Class A | | | | | (USD,십억, %) |
|---|---|---|---|---|---|
| | 2015 | 2016 | 2017 | 2018 | 2019 |
| 매출액 | 9.667 | 10.776 | 12.497 | 14.950 | 16.753 |
| 영업이익 | 5.088 | 5.884 | 6.879 | 8.357 | 9.649 |
| 순이익 | 3.808 | 4.059 | 3.915 | 5.859 | 7.712 |
| 영업이익률 | 52.6% | 54.6% | 55.0% | 55.9% | 64.5% |
| 순이익률 | 39.4% | 37.7% | 31.3% | 39.2% | 51.6% |
| 매출액증가율 | 2.0% | 11.5% | 16.0% | 19.6% | 12.1% |
| 영업이익증가율 | -3.5% | 15.6% | 16.9% | 21.5% | 15.5% |
| PER | 29.1 | 28.0 | 41.5 | 33.7 | 31.3 |
| PBR | 18.0 | 19.7 | 29.2 | 36.1 | 32.1 |
| 부채비율 | 20.1% | 27.7% | 25.4% | 25.5% | 24.1% |

자료: FactSet, 2019년 추정치, 2019년 4월 3일 기준

McDonald's

McDonald's Corporation은 패스트푸드라는 개념을 정립시킨 기업이다. 전 세계 120여 개 국가에서 현지 사업주와 수수료 계약을 맺는 사업을 영위하고 있으며 23만 명의 근로자들이 종사하고 있다.

맥도날드의 모태는 1940년으로 Richard McDonald와 Maurice McDonald 형제가 개점한 식당이다. 하지만 오늘날의 맥도날드로 불리는 체인점으로 성장시킨 인물은 Ray Kroc이다. Ray Kroc은 이런저런 일을 하며 전전하다 1954년 믹서기 판매원의 신분으로 McDonald 형제의 식당에 들어가게 된다. 그는 McDonald 형제의 식당 운영 방식인 소수의 제품에 집중하고 신속성(간편식)을 추구하는 방식에 매료됐다. Ray Kroc은 체인점의 필요성을 느끼고 있던 McDonald 형제와 새로운 사업 기회를 구상한다. 그리고 1955년 McDonald's System을 설립하게 된다. 6년 뒤 McDonald's System은 맥도날드 상표권의 독점 사용권을 얻어 사업을 시작한다.

저렴한 가격에 일관된 맛을 신속하게 제공하겠다는 목표로 맥도날드는 바쁜 미국인들의 욕구를 파악하여 패스트푸드라는 개념을 정립시켰다. 그리고 미국 경제의 성장과 함께 성장하게 된다. 맥도날드는 글로벌화의 상징이기도 하다. 글로벌화의 상징성은 물가 구매력 측정 도구인 빅맥지수가 대변한다. 맥도날드는 세계 최대 규모의 음식점 체인이다. 약 70개의 공급 사슬과 연계되어 있으며 세계 주요 지수들에 상장되어 있다.

경제 성장으로 사업이 확장된 기업이지만 반대로 삶의 질을 추구하는 트렌드 변화로 2010년 중반부터 성장이 정체되었다. 유해성 논란으로 타격을 입기도 했다.

맥도날드의 주요 수익원은 가맹점 계약을 통한 수수료 수익과 임대료 수입이다. 직접적인 운영이 아닌 라이선스를 통한 수익 창출이 90%를 차지한다. 그래서 부동산 기업으로 변모할 수 있다는 논란이 일기도 했다. 맥도날드가 보유한 부동산과 120개 국가에 진출해 있는 해외시장 침투력을 활용한다면 사업 기회는 무궁무진하다.

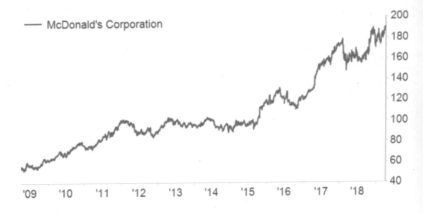

## McDonald's Corporation

(USD,십억, %)

| | 2015 | 2016 | 2017 | 2018 | 2019 |
|---|---|---|---|---|---|
| 매출액 | 25.413 | 24.622 | 22.820 | 21.025 | 20.868 |
| 영업이익 | 7.355 | 7.820 | 8.390 | 8.586 | 9.259 |
| 순이익 | 4.529 | 4.687 | 5.192 | 5.924 | 6.158 |
| 영업이익률 | 28.9% | 31.8% | 36.8% | 40.8% | 44.0% |
| 순이익률 | 17.8% | 19.0% | 22.8% | 28.2% | 29.3% |
| 매출액증가율 | -7.4% | -3.1% | -7.3% | -7.9% | -0.7% |
| 영업이익증가율 | -7.4% | 6.3% | 7.3% | 2.3% | 7.8% |
| PER | 24.6 | 22.4 | 27.0 | 23.6 | 23.3 |
| PBR | 15.1 | - | - | - | - |
| 부채비율 | 63.6% | 83.7% | 87.4% | 94.7% | 103.2% |

자료: FactSet, 2019년 추정치, 2019년 4월 3일 기준

*Johnson&Johnson*

---

Johnson & Johnson

존슨앤존슨은 전 세계에서 가장 꾸준한 성장세를 유지하고 있는 기업 중 하나이다. 미국의 대표 제약, 생활용품 제조업체로 전 세계 57개국에 250개의 자회사가 있다. 약 175개국 이상에서 제품을 판매하고 있다.

존슨앤존슨의 자회사로는 타이레놀, 지르텍, 밴드에이드, 리스테린, 니조랄, 아큐브, 베이비 프로덕트, 클랜앤클리어, 뉴트리지나, 아베노 등이 있다. 이들은 다양한 밀리언셀러 제품을 생산한다. 최근 구글 알파벳과 제휴하여 수술용 의료 로봇을 제작하는 등 새로운 트렌드를 비즈니스 모델에 반영했다.

존슨앤존슨의 연간 배당수익률은 2.67% (Forward 기준, 2018년 10월 기준)이며, 시가총액은 약 3,600억 달러에 달한다. 존슨앤존슨의 R&D 비용은 2015년과 2016년에는 미약하게 증가하다가 17년에 16% 가까이 증가하였다. 이는 주로 신약개발과 라이선스 확보를 위한 목적으로 활용되었다. 존슨앤존슨이 인수합병을 위해 사용한 금액은 2016년 45억 달러에서 2017년 352억 달러로 급증하였다. 이중 300억 달러가 Actelion Pharmaceuticals, Orthotaxy, Zarbee 인수를 위해 사용되었다. 존슨앤존슨이 스위스계 제약사 악텔리온 Actelion Pharmaceuticals 을 인수한 것은 폐동맥 고혈압 치료제 라인업과 후속 파이프라인의 잠재력을 높게 평가했기 때문이다. 이런 라인업을 바탕으로 향후 안정적인 현금흐름을 기대할 수 있을 것이다.

존슨앤존슨은 현금흐름이 풍부한 다양한 사업을 영위하고 있다. 그래서 주가도 상대적으로 변동성이 낮다. 전통적인 배당투자에 적합한 종목이다. 한편 존슨앤존슨은 인디아 정부와 함께 인공 힙 수술을 받은 환자들에게 보상금을 지급할 예정이다. 이와 같은 보상은 8년 전 존슨앤존슨의 인공 힙 이식 수술을 받은 환자들이 대상이다. 환자 당 적어도 2백만 루피가 지급될 예정이다. 지급 대상 환자는 총 4,700만 명이며 최소 1.3억 달러가 소요될 전망이다.

## Johnson & Johnson

(USD,십억, %)

|  | 2015 | 2016 | 2017 | 2018 | 2019 |
|---|---|---|---|---|---|
| 매출액 | 70.200 | 71.937 | 76.481 | 81.534 | 81.045 |
| 영업이익 | 18.368 | 21.350 | 19.565 | 21.253 | 26.156 |
| 순이익 | 15.409 | 16.540 | 1.300 | 15.297 | 23.213 |
| 영업이익률 | 26.2% | 29.7% | 25.6% | 26.1% | 32.1% |
| 순이익률 | 22.0% | 23.0% | 1.7% | 18.8% | 28.5% |
| 매출액증가율 | -5.6% | 2.5% | 6.3% | 6.6% | -0.6% |
| 영업이익증가율 | -12.2% | 16.2% | -8.4% | 8.6% | 23.1% |
| PER | 18.7 | 19.4 | 297.3 | 22.7 | 15.8 |
| PBR | 4.0 | 4.4 | 6.2 | 5.7 | 5.7 |
| 부채비율 | 14.9% | 19.2% | 22.0% | 19.9% | 19.6% |

자료: FactSet, 2019년 추정치, 2019년 4월 3일 기준

Walt

Disney

월트 디즈니는 세계적인 엔터테인먼트 업체로 미디어 네트워크, 스튜디오 엔터테인먼트, 놀이공원, 리조트 관련 사업을 영위한다. 영화, TV 프로그램, 음반, 책, 매거진을 생산하여 캐릭터 및 미디어 제품을 판매한다.

창립자 월트 디즈니 Walt Disney 는 1928년 소리와 음악이 들어간 최초의 미키마우스 만화를 만들었다. 미키마우스 시리즈와 백설 공주와 일곱난쟁이 애니메이션의 유머와 개그, 새로운 캐릭터들의 멍청스러움이 30년대 대공황에 힘들어하는 사람들에게 웃음을 주게 되었다. 결국 큰 성공을 이루게 된다. 1955년 테마파크인 디즈니랜드를 지으며 놀이동산 사업을 시작했고, 이 기간 동안 사업의 확장을 위해 1957년 IPO를 단행했다. 1966년 창립자 월트 디즈니의 별세 후 로이 디즈니 Roy Disney가 자리를 물려받는다. 히트작 <정글 북>이 나오면서 수익이 증가한다.

1980년대 중반 마이클 아이스너 Michael Eisner 가 경영권을 인수하면서 2000년대까지 수많은 명작을 흥행시킨다.

아이스너는 미키 마우스, 피노키오, 백설공주, 일곱 난쟁이, 신데렐라 같은 디즈니만의 캐릭터들과 장편 애니메이션을 만들었다. 인어공주, 미녀와 야수, 라이언킹, 토이스토리까지 만들어내며 10년 만에 시가총액을 15배로 끌어올렸다.

아이스너는 합작을 통해 리조트를 건설했고 프랑스와 홍콩에 디즈니랜드를 오픈하며 확장세를 이어갔다. 하지만 2000년대에 들어 새로운 제작 방식을 선포하며 3D 애니메이션을 출시했으나 흥행에 실패한다. 그러면서 이전 방식을 사용하던 디자이너와 제작자들이 이탈하게 되어 결국 콘텐츠 경쟁력이 약화되었다. 이후 아이스너의 조카인 로버트 아이거 Robert Iger 가 경영권을 갖게 되면서 CG 애니메이션을 시작하게 되었다. 픽사, 마벨, 루카스 필름을 인수한 후 겨울 왕국, 주토피아, 모아나 등의 새로운 애니메이션 흥행에 성공하며 수익성을 높였다.

최근에는 거대 미디어 기업 21섹 폭스사까지 인수하며 몸집을 더욱 키워나가고 있다. 디즈니의 변화 중 가장 큰 부분은 DVD와 게임소프트, 캐릭터 상품, 책 등을 통해 현지화를 허용하기 시작한 것이다. 이제 특정 국가만이 아니라 글로벌 전체를 겨냥하고 있다. 또한 고전을 재활용하고 새로운 캐릭터를 개발하는 등 지속적인 콘텐츠를 만들어 내고 있다.

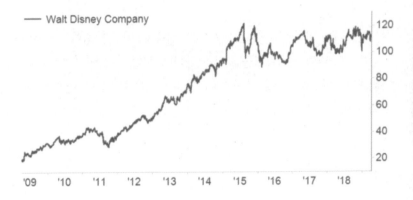

### Walt Disney Company

| | | | | (USD,십억, %) |
|---|---|---|---|---|
| | 2015 | 2016 | 2017 | 2018 | 2019 |
| 매출액 | 52.003 | 55.368 | 54.943 | 59.469 | 66.193 |
| 영업이익 | 12,843 | 14,259 | 13,809 | 14,914 | 15,321 |
| 순이익 | 8,382 | 9,391 | 8,980 | 12,598 | 10,679 |
| 영업이익률 | 24.7% | 25.8% | 25.1% | 25.1% | 25.8% |
| 순이익률 | 16.1% | 17.0% | 16.3% | 21.2% | 18.0% |
| 매출액증가율 | 6.7% | 6.5% | -0.8% | 8.2% | 11.3% |
| 영업이익증가율 | 11.5% | 11.0% | -3.2% | 8.0% | 2.7% |
| PER | 21.0 | 16.2 | 17.3 | 14.0 | 17.2 |
| PBR | 3.7 | 3.4 | 3.6 | 3.6 | 2.9 |
| 부채비율 | 19.7% | 21.9% | 26.4% | 21.2% | 25.4% |

자료: FactSet, 2019년 추정치, 2019년 4월 3일 기준

———————

에필로그

"우리 회사 글로벌운용팀 인원은 고작 다섯 명이고, 해외는 수십 명이 넘는데 어떻게 경쟁이 됩니까?"
"염 과장님, 해외투자를 직접 하려면 그 나라 기업들도 일일이 방문해야 하는데 우리가 어떻게 합니까?"
"펀드를 만들어도 팔려야 하는데, 펀드 판매사인 은행이나 증권에서 우리가 직접 운용한다고 하면 거들떠도 안봅니다."

사실 모두 옳은 말이었다. 우리 펀드 운용사들이 직접 해외투자를 하기에는 분명 무리가 있었다. 하지만 언제까지 외국 펀드매니저들에게 의존을 할 것인가. 그래도 수출 기업에서 힘들게 벌어 들인 외화를 외국 회사에 펀드 운용을 맡기고, 운용보수라는 명목으로 외화를 유출하는 것은 너무 안일한 태도라는 생각이 머릿속을 떠나지 않았다. 해외 기업을 모두 가봐야 한다는 것도 겪어 보기 전에 겁을 먹고 만들어낸 허상이다. 해외펀드의 투자 종목은 100개가 넘는 경우가 많다. 관심종목까지 합치면 500종목도 넘을 것이다. 현실적으로 외국 펀드매니저들도 이렇게 많은 기업을 가기는 어렵다. 투자 대상 기업은 직접 방문해보는 게 좋지만 해외뿐만 아니라 국내 기업의 분석도 리포트를 통해 많은 부분 이루어진다. 서울에서 읽는 리포트나 뉴욕에서 읽는 리포트나 내용은 같다. 끈질긴 설득 끝에 이런 부정적인 여론도 몇 개월이 지나자 한번 해보자는 의견이 조성되기 시작했다.

"염 과장, 한 번 해보자. 언제까지 위탁운용만 할 수는 없을 것 같아."

고전분투 중인 내게 진성남 글로벌운용팀장님의 응원은 큰 힘이 되었다. 하지만 여전히 반대하는 사람들은 많았다. 그래도 꽤 많은 동료들이 함께 고민해주었다. 그리고 마침내 운용 전략회의에서 유승록 대표님께서 결정해 주셨다.

"글로벌 팀에서 해외펀드 직접 운용하겠다는 것, 만들어 보세요."

그리고 많은 이들이 함께 해주었다. 김경하 경영관리부장님은 해외주식 직접 운용에 소요되는 비용은 지출이 아닌 투자라며 1억 원이 넘는 재정 지원을 해주셨다. 신동혁 과장님과 조하진 대리는 내가 관리하던 펀드를 맡았다. 내가 직접 운용펀드 개발에 전념하는 데 도움을 주었다.

그런데 막상 일이 진행되자 겁이 나기 시작했다. 큰소리는 쳤는데 결과물이 안 나오면 어떻게 하지? 하지만 이미 강을 건너 버렸다. 결정되었으니 최선을 다해보는 수밖에 없었다. 고심과 회의를 거듭한 끝에 기업

분석 능력만으로 접근하긴 무리라는 결론을 내렸다. 그런데 문득 투자 모형을 만들어서 접근하면 어떨까 하는 생각이 들었다. 판매사에 가서 우리가 막연히 아시아 투자를 한다고 하면 신뢰도가 떨어질 수 있지만, 투자 모형을 바탕으로 객관적 근거에 바탕을 둔 투자를 한다고 하면 가능하리란 생각이었다.

그날부터 퀀트 모형, 스코어링 모형, 팩터 모형 등 주식 투자모델과 관련된 해외증권사의 리포트, 학계의 논문을 닥치는 대로 읽고 분석했다. 그러면서 워렌 버핏, 피터 린치 등, 저명한 투자자들이 제시하는 투자 기법을 하나씩 모델에 접목시켜보기 시작했다. 원하는 결과가 나오지 않을 수도 있는 무모한 도전이었다. 하지만 자신감이 있었다.

6개월의 작업 끝에 그림이 그려지기 시작했다. 국가별, 각 산업별 투자 모형이 완성되었다. 우선 시장 수익률을 상회할 수 있는 투자 지표를 선별해 내는 멀티 팩터 모형(Multi-factor Model)에서 포트폴리오를 선별한다. 그리고 기본적 분석과 기술적 분석을 활용하는 방식이 운용 구조였다.

남은 과제는 많은 투자 대상 중 어떤 것을 선택하여 펀드를 만드느냐였다. 아시아 투자를 먼저 해보자, 선진국을 먼저 하자, 소비재 산업을 먼저 하자 등, 의견이 다양했다. 당시는 미국 발 서브 프라임 사태로 글로벌 금융위기가 투자심리를 위축시킨 2008년 말이었다. 업무를 마치고 회사 앞 호프집에서 시원한 맥주 한 잔에 하루의 피로를 날려버리고 있었다. 새로 만들 펀드 이야기로 분위기가 무르익을 무렵, 500 cc 호프 잔이 눈에 들어왔다.

"주류 산업 어때?"

"맞다. 사람들은 기쁠 때 다 같이 축배를 들고, 슬프거나 힘겨울 때는 소주 한 잔을 함께 하며 위로를 해주잖아요! 느낌이 좋은데요?"

"그러네요. 주류산업은 맥주도 있고 위스키, 보드카, 막걸리 등 나라마다 특색도 있고. 와인처럼 세련된 이미지도 있으니 투자대상으로 매력적일 거 같아요."

새로운 펀드의 테마가 결정되었다. 당시 글로벌 주식시장은 고점 대비 50% 이상 하락하는 패닉장세였다. 이런 상황을 극복하기 위해 호황과 불황에 관계없이 성과를 낼 수 있는 안정적인 투자대상이 필요했다.

평상시 와인을 즐겨 마시던 김규훈 과장도 공감했다. 다음날 우리는 시장 분석에 돌입했다. 주류기업들은 부채는 적고 현금 자산을 많이 보유하고 있어 재무 상태가 안정적이었다. 또한 배당성향이 높아 안정적 배당 수익을 기대할 수 있었다.

첫 해외 직접 운용펀드가 세상에 나왔다. 땀방울과 정성의 결과였다. 로마신화에서 술의 신 바커스 Bacchus 에서 이름을 따 '바커스 펀드'라는 이름으로 출시했다. 일본, 영국, 네덜란드, 러시아, 프랑스, 필리핀 등 기업에 투자해 운용을 시작했다.  그러나 출시되고 얼마 지나지 않아 글로벌 금융위기의 여파로 투자심리가 얼어붙어 버렸다. 펀드에 투자자금이 모이지 않아 제대로 운용 할 수 없었다. 결국 운용한 지 몇 달 지나지 못해 펀드는 해지되어 역사속으로 사라졌다.

바커스펀드를 떠나 보내고 두 번째로 직접 운용한 펀드는 소비재 기업에 투자하는 아시아 컨슈머펀드였다. 펀드의 성과는 2년 6개월간 +59.2%로 벤치마크 수익률 -6.9% 대비 우수한 성과를 보였다. 그리고 2010년 9월, 드디어 전 세계의 아시아 투자 펀드 중 1등을 하였다. 직접 운용을 할 수 있다고 설득을 해오며 지내 온 3년간의 내 생각이 허황된 것이 아니었음을 확인했다.

우리 아버지 세대가 우리도 자동차를 만들 수 있고, 배를 만들 수 있고, 철을 생산할 수 있다며 도전하지 않았다면 지금의 우리는 없었을 것이다. 지금은 너무 당연한 것들을 과거에는 불가능하고 무모한 도전이라고 여겼던 이들도 많았을 것이다. 오늘날의 한류처럼 머지않은 미래에 우리나라의 펀드매니저들이 전 세계를 누비며 호령하는 날이 오리라 믿는다. 책을 집필하며 해외투자의 경험을 되짚어 보고 글로 적어가는 과정은 즐거운 여정이었다. 봄날의 햇살을 받으며 컴퓨터 앞에 앉았다. 글을 쓰다 보니 여의도 공원의 나뭇잎들이 새싹을 뽐내며 손짓한다.

2019년 봄
벚꽃이 만발한 오늘,
내일에 대한 부푼 꿈을 꾸며
염재현

## 도움을 주신 분들

황웅식 목사님, 박가원 목사님. 여의도 기도모임 신동혁님, 오유석님, 최창하님, 박옥희님, 이현숙님, 강가희님, 샐리김님, 유상용님, 김유경 목사님, 김강희 전도사님과 이구수 회장님을 비롯한 신우회 식구들. 오랜 시간 변함없는 격려와 은혜를 주신 恩師 문우식님, 문휘창님, 왕규호님, 조동성님, 故 김장희님. 아낌없는 지도편달을 해주신 박영각님, 전문 지식과 경험으로 도움 주신 박찬정님, 김대영님, 권석열님, 백현정님, 최애련님. 큰 도움을 주신 최호범님, 오유경님, 전우석님, Alexander Mikael님, 陳本庭님, 정석훈님. 기업자료 작성에 도움을 주신 초상증권 박수정님, 장영애님, 박신영님, 이베스트증권 최아원님, 삼성증권 유호님. 본인 일처럼 적극 도와주신 KB증권 김도균님, 이의주님, 한화증권 장종근님, 이효민님. 책의 초고를 꼼꼼히 읽고 의견을 준 조하진 CFA님, 서정은님, 변귀영님, 이병두님, 竹馬故友 한규진. 행복우물 출판사 관계자 분들 등, 모든 분들께 깊은 감사의 인사를 올립니다.

내게 능력 주시는 자 안에서 내가 모든 것을 할수 있느니라.
I can do all this through him who gives me strength.
_ 빌립보서 4장 13절

환난 가운데 지키시며 모든 일 예비하시고 평안의 길로 인도하시는 하나님께 감사와 영광을 드립니다. 부모님 염영태, 한정숙님께, 미국 오하이오에서 응원해주는 동생 재범과 제수씨 한유리님, 조카 승아와 태경에게, 그리고 하나님의 선물 사랑하는 아들 태윤에게 이 책을 드립니다.

\* 행복우물 출판사 출간 도서

자본의 방식 _ 유기선
해외투자 전문가 따라하기 _ 황우성 외
착한부자를 꿈꾸는 주니어 경제박사 _ 권순우
삶의 쉼표가 필요할 때 _ 꼬맹이여행자
바디밸런스 _ 윤홍일 외
한 권으로 백 권 읽기 _ 다니엘 최
겁없이 살아 본 미국 _ 박민경
멀어질 때 빛나는: 인도에서 _ 유림
흉부외과 의사는 고독한 예술가다 _ 김응수
바람과 술래잡기하는 아이들 _ 류현주 외
꿈, 땀, 힘 _ 박인규
하나님의 선물 - 성탄의 기쁨 _ 김호식, 김창주
죽음 이후의 삶 _ 디펙 초프 라
나는 조선의 처녀다 _ 다니엘 최
뇌의 혁명 _ 김일식
신의 속삭임 _ 하용성
일은 삶이다 _ 임영호
어서와, 주식투자는 처음이지 _ 김태경 외
여우사냥 _ 다니엘 최

원고투고 contents@happypress.co.kr

염 재 현 의
# 해 외 투 자 이 야 기

초판 1쇄 발행 | 2019년 5월 13일
초판 2쇄 발행 | 2020년 2월 25일
지은이 | 염재현
펴낸이 | 최대석
펴낸곳 | 행복우물
기획 | 최연
편집디자인 | 하얀고양이, 홍은정
표지디자인 | 서미선 springtomind.ms@gmail.com
마케팅 | 이예슬, 이정연
등록번호 | 제307-2007-14호
등록일 | 2006년 10월 27일
주 소 | 경기도 가평군 가평읍 경반안로 115
전 화 | 031)581-0491
팩 스 | 031)581-0492
이메일 | contents@happypress.co.kr
홈페이지 | www.happypress.co.kr
ISBN | 978-89-93525-65-6
정 가 | 16,000 원